남도를 품은 이야기

남도를 품은 이야기

2022년 1월 5일 초판 1쇄 인쇄
2022년 1월 10일 초판 1쇄 발행

펴 낸 이 김영애
지 은 이 이윤선
편   집 김배경
디 자 인 엄인향
마 케 팅 윤수미

펴 낸 곳 SniFactory(에스앤아이팩토리)
등   록 2013년 6월 30일 ㅣ 제 2013-000136호
주   소 서울 강남구 삼성로 96길6 엘지트윈텔1차 1210호
　　　　 http://www.snifactory.com ㅣ dahal@dahal.co.kr
전   화 02-517-9385
팩   스 02-517-9386

ISBN 979-11-91656-16-9(03910)
ⓒ 이윤선, 2022

값 20,000원

다할미디어 는 SniFactory(에스앤아이팩토리)의 출판브랜드입니다.

남도를 품은 이야기

이윤선 지음

다할미디어

낮은 이들의 이름을 부르며

'남도 인문학'을 주창하고 신문에 칼럼을 써온 지 수년이 지났다. 왜 이름도 빛도 없는 민중들 그리고 여성의 이름을 표방했는지에 대해, 개펄과 남도 산하의 풍광을 들어 이야기와 노래, 몸짓들에 대해 얘기했다. 무엇이 나로 하여금 아래로부터의 인간 사랑을 말하게 했는지에 대해서도. 권위 있는 인물이나 치적 높은 작품들을 거론하기보다 촌부 아버지의 구릿빛 피부와 흥그레 타령을 잘하시던 어머니의 노래를 사례 삼아 얘기했다. 지위의 높음이나 권위의 서열로 설명할 수 없는 이야기가 대부분이었다.

시대가 그렇게 진보하고 있다 진단했고 그 패러다임에 맞는 처방을 내린 셈이다. 상호 서사의 시대, 촌사람들이 권위를 가질 수 있는 시대임을 구구절절 설명할 필요는 없으리라. 한국학호남진흥원 설립 준비 차, 한 포럼에서 발표한 글이 시작이었다. 그때로부터 나는 얼마나 속절없이 흘러와버렸을까. 남도 인문학의 지평은 얼마나 새롭게 구축되었던 것일까. 소크라테스의 변론에 비하겠냐마는 여기 작은 변명을 남겨, 도래할 남도 인문학의 융성에 쏘시개 삼으려 한다.

한국학의 또 다른 이름, '남도학'

'호남'과 '남도'는 유사한 개념 혹은 동질의 장소를 지칭한다. 소박하게는 전남북 지역만을 통칭하기도 하고, 통시적으로는 호서, 영남 등과 견주어 제주를 포함한(제주도는 1946년 8월 1일 행정법상 전라남도에서 분리됐다) 광역권을 말한다. 호남학이 1908년 「호남학보」(호남학회 창립, 1907)의 창간에서부터 시작되었을까? 그렇다 하더라도 지역학으로서 '호남학'이라는 이름을 사용한 것은 고작 1세기 남짓이다. 무엇이 '호남학' 혹은 '남도학'인가.

호남학은 역사 중심의 용례가 많고 남도학은 문화 중심의 용례가 많다. 특히 남도(南道, 南島 등)라는 개념은 범칭 '남쪽'이라는 방위적 맥락에서 거론되기 일쑤다. 단순히 장소로만 본다면 '호남'보다 더 넓은 권역을 포괄한다. 영남의 서쪽은 물론 금강을 넘어 남북 대칭 개념으로까지 확장(남한 전체를 남도로 기표)해서 사용할 수 있다. 전남대학교 인문학장을 역임한 지춘상은 남도문화에 대해 섬진강 이서,

금강 이남의 권역을 설정하고 그 안의 민속문화적 특질들을 규명한 바 있다. 선험적 의미를 들어 말한다면 '호남학'의 의미는 일정한 권역(제주를 포함하고 있지만, 일반의 인식으로는 사실상의 전남북을 벗어나기 어렵다)을 중심으로 하는 장소적 성격이 강하다.

'남도학'의 의미는 어떤 특질을 중심으로 하는 문화적 성격이 강하다. 호남학은 역사적 입장이나 호국 정신사적 맥락을 드러내는 듯하고, 남도학은 서민문화, 민중문화 혹은 평민문화를 중심으로 하는 민족학적 맥락이 강해 보인다. 말장난 같지만 이름이 함의하는 정체성의 비중을 생각한다면 흘려 넘겨버리기엔 아까운 주제다. '호남학'보다는 '남도학'이 그 용례상 더 넓은 의미의 '한국학'을 포섭하면서도 호남을 기반으로 삼을 수 있다는 뜻이다.

지금까지의 연구 용례들을 보면, 남도학은 종합 학문으로서의 민속학적 범주를 주요 대상으로 삼아왔다. 하지만 민속학은 분과 학문의 작은 단위로 이해되는 경향이 많다. 용어 사용에 한계가 크다는 뜻이다. 무형의 유산 전체를 아우르는, 그러면서도 역사학, 인류학, 사회학 등의 제 분과들을 통섭시키는 개념 설정이 필요한 이유다.

남도 정신의 요체는 민중

호남 지역 무형문화유산의 대부분은 선사시대로부터 역사시대까지, 마한 혹은 백제 나아가 현재까지, 고대철학에서 현대철학까지 아우르고 있다. 광의의 예술과 생활문화가 강조된다. 이런 분석을 할 수 있는 것은 무형문화 분야 관련 연구들이 대부분 호남 지역의 서민문화 곧 민족학(민속학)적 범주를 다루었기 때문일지도 모른다. 결론적으로 남도 지역을 자타가 인정하는 예향의 고장이라 호명하는 것이 우연이 아니었음을 말해주는 증거들이다.

그렇다면 지금 호남의 인문학은 무엇을 요구하고 있을까? 아마도 지역학을 넘어서는, 한해륙 전체를 아우르는 강령(어젠다)이지 않을까? 그래서다. 이름도 빛도 없이 살다 가신 이 땅의 민중들, 그들이 남겼거나 그 후세들이 이어가는 생활문화를 주목한다. 행간을 읽고 여백을 읽어온 이유다. 크고 숭고하다고 칭송되는 것에 비해 겉으로 드러나지 않는 것들이다. 작고 하찮은 것들 속에서 의미를 톺아내는 것이 시대정신이라고 믿어왔다. 예컨대 안동이 조선 유교의 주류를 들어 '한국 정신문화의 수도'라고 말해왔다면 남도는 여성을 포함한 민중들의 생활문화를 토대 삼는 생활문화의 수도라고 해야 하지 않을까 말이다. 이것이 내가 말하는 남도 정신문화의 요체다.

작고 하찮은 것들의 부상

바야흐로 시대는 서민의 인권과 역량이 증대되는 방향으로 전개

돼왔다. 근대 이후의 경향만 보더라도 선거권의 쟁취, 여권의 신장, 지배세력에 대한 항거 등 피지배 계급의 역량이 강화돼왔음을 부인할 수 없다. 왕후장상의 씨가 따로 있는 것이 아니며, 권력과 권위가 하늘로부터 떨어지는 것이 아니다.

이 시대는 가장 낮은 자들이라 호명되는 이들을 부상시켰다. 인권 없던 여성들을 역사의 전면에 내세웠다. 이것을 시대정신이라 부른다면 오늘날 우리가 중요하게 생각해야 할 것은 단연코 서민의 문화다. 오명을 쓰고 있기는 하지만 민중문화라는 호명도 가하다. 한국 정신문화의 요체를 서민의 말과 몸짓과 풍속에서 길어 올려야 시대정신에 부합한다.

'서민학'이라는 용어나 개념이 따로 정립된 것은 없다. 민속학이나 인류학, 철학, 사회학 등에서 이 분야를 지칭해 온 용례를 따을 뿐이다. 어느 지역이고 민족학적 기반이 없을까만 그 상징적이고 유형적인 특징들을 남도 지역을 기반 삼는 '남도 인문학'으로 호명할 수는 없을까? 나는 이를 위해 이것도 저것도 아닌 전이지대의 서식자 도깨비를 한국 사회문화사의 프로타고니스트로 소환했고(졸저 『한국인은 도깨비와 함께 산다』, 다할미디어), 이들의 공간을 잃어버린 레퓨지움으로 해석했다. 중심 심장과 변방 모세혈관이 대등하게 대칭하는 글로뮈론을 얘기해 왔다.

서울에 치인 여타의 지방들이, 낮은 이들이, 민중들이, 여성과 소외된 이들이, 작고 하찮은 것들이 비로소 부상하여 또 다른 중심을 이루는 세상을 꿈꾸어 왔다. 오랜 세월 행간과 여백에 내뱉은 푸념들이 펄펄 살아 시가 되고 소설이 되고, 문학이 되고 철학이 되고, 사람들에 대한 지극한 사랑이 되기를 소망해왔다. 그렇지 않고서야 어찌 시대의 패러다임이 변했다고 말할 수 있겠는가.

이 책은 이렇게 낮은 자들의 이름을 부르며 남도 인문학이라 호명한 언설들을 「전남일보」에 연재한 칼럼 중 42편을 추려 엮은 것이다. 이름도 빛도 없던 변방과 소외된 이들을 기억하고 모두를 일으켜 세울 레퓨지움에 대한 나의 간절한 사랑이다.

2022년 1월

무안만 왕산 자락에서
이윤선 쓰다

차례

"

작고 하찮은 것들 속에서 의미를 톺아내는 것이
시대정신이라고 믿는다.
남도는 여성을 포함한 민중들의 생활문화를 토대 삼는
생활문화의 수도라고 해야 하지 않을까.
이것이 내가 말하는 남도 정신문화의 요체다.

"

1부

우리 스스로의
배내옷이었던 것

어쩌다 한 번 꿈길로 오시는 아버지를 뵈었다. 중우돔방을 입으시고 쟁기를 짊어지셨다. 망뫼산 자락 사래 긴 옹타리논에 가시려는 듯. 살찐 소가 앞서 걸었다. 우리 집에서 기르던 소였을까? 겨우내 보리쌀 섞은 쇠죽을 먹었던 탓인지 도톰히 살이 들었다. 아버지의 잔주름까지 선연한 것은 달음박질친 내 그리움 때문이리라. 빗소리가 후두둑 귓가를 울렸다. 와락, 아버지를 부르며 일어났다. 밖은 아직 어두웠다.

흥얼흥얼 읊조리는
원초적 사랑의 노래

아버지가 돌아가시고 모방(작은방)에 상방을 모셨다. 어머니는 아침마다 상방에 메를 지어 올렸다. 그때마다 향을 피우고 나지막하게 우셨다. 아니지, 노래했다. 솔직히 말하면 나는 그것이 노래인지 울음인지 분간하지 못했다. 초하루와 보름날이면 아예 머리 풀고 앉아 통곡을 하셨다. 삭망제라고 했다. 어떤 때는 슬픔이 묻어 나오다 어떤 때는 아버지에 대한 원망이 묻어나왔다. "아이고 아이고"로 시작되다가 여지없이 "기구한 이 내 팔자야"로 이어졌다.

어머니의 가슴애피, 흥그레소리

어린 나의 아침잠을 깨우는 이 울음소리는 내가 가장 듣기 싫어하던 소리였다. 그 울음은 때때로 잠 많은 내 꿈결 사이를 비집고 들어와 혼몽의 세계로 인도했다. 몇 시간이면 기억에서 없어지던 수많은 꿈들

우리 스스로의 배내옷이었던 것

사이로 마치 익숙한 손님처럼 침입하곤 했다. 어떤 날에는 소리가 잔솔들을 헤집고 뒷까끔(뒷산) 중턱까지 올라 퍼져나가기도 했다. 나는 이 상방이 빨리 없어지기를 고대했다. 그래야 이 지긋지긋한 어머니의 울음소리로부터 아니, 노랫소리로부터 해방될 수 있을 것이므로.

어른 엄지손가락만 한 부나방들 수백 마리가 날아들던 이듬해 여름 날 1년 탈상을 했다. 이제 더 이상 아버지의 흰 고무신이 들어있는 영여와 누런 복관들이 걸려있는 모방에서 잠을 자지 않아도 될 것이란 기대를 했다. 어린 나는 3년 탈상을 하지 않은 것을 다행으로 생각했던 모양이다. 하지만 내 생각이 틀렸다는 것을 곧 알게 되었다. 모방 가득 걸려있던 마포 삼베 상복들을 마당 가득 쌓아놓고 불태운 후에도 어머니의 흐느낌은 그치지 않았다. 나지막했지만 때로는 격정적이고, 가느다란 울음 같았지만 때로는 고운 선율을 가진 그런 파장들이었다. 생각해 보니 어머니의 울음이 아버지의 죽음 때문만은 아니었다. 태내로부터 들었던 소리였을까. 그렇게 싫으면서도 매우 익숙한, 그래서 마치 탁상시계의 울림이나 벽시계의 괘종소리를 듣고서 아침잠에서 깨듯이, 내게는 그 곡조 자체가 일상이 돼있었던 것이다.

그랬다. 어머니의 울음은 아름다운 노래였다. 어머니의 일상을 내밀하게 구술하듯 선율에 담아내던 아리랑 같은 노래. 강원도 지역을 중심으로 이 노래는 아라리란 이름으로 전승되어 왔다. 남도 지역에서는 '흥그레소리'라 했다. 흥얼흥얼 내면의 한을 끄집어낸다는 뜻이다. 이 노랫소리가 어머니의 '가슴앓이(남도 사람들은 '가슴애피'라 했다)' 치료제였음을 깨닫게 된 것은 사춘기가 훨씬 지나고 나서였다.

육자배기토리로 삶과 죽음을 노래하다

흥그레소리가 한을 담아내는 소리만은 아니다. 내면의 깊은 이야기를 드러내는 노래 방식이란 측면에서 보면 아기 어르는 소리 즉, 자장가가 가장 대표적인 흥그레소리라 할 수 있다. 할머니나 어머니에게 위임된 이 요람으로부터의 민요는 자기 아이에 대한 매우 근원적인 사랑을 표현하는 거의 유일한 노래이기 때문이다. 나를 포함해 민요학자 여럿이 이를 주장한 바 있다. 눈에 넣어도 아프지 않을 아이를 가슴에 안거나 등에 업고 부르는 자장가야말로 가장 원초적인 사랑의 노래라는 것을. 하지만 이 노래에서마저 가난한 살림과 어려운 형편, 배부르게 혹은 넉넉하게 키우지 못하는 자괴감, 여성들이 가진 삶 자체의 비애 등을 더불어 읊기도 했다. 살을 베어 먹여도 뼈를 고아 먹여도 부족하다 여겼을 이 짙은 사랑의 노래는 어머니의 어머니로부터, 그 할머니의 할머니들로부터 누대를 상속해 온 살아있는 역사였다.

> 금을 준들 너를 사랴 은을 준들 너를 사랴
> 황금 방석에 너를 앉혀 옥돌 방석에 너를 재워
> 자장 자장 우리 애기 고운 애기 잘도 잔다

동정녀에게 나지 않고 어머니 배 아프게 해 태어난 우리 모두는 어머니들의 이 흥얼거림을 바람삼아 세상에 왔고 그 흥그레소리를 빗물 삼아 성장해왔다. 흥미로운 것은 이 소리가 상여소리와 음악 형

우리 스스로의 배내옷이었던 것

어머니의 나지막한 흥그레소리. 남도 육자배기에 짙게 밴 아름다운 사랑의 노래다.
사진_ 문월식

식이 대동소이하다는 것이다. 요람의 민요와 무덤의 민요가 음악적
으로 동일하다는 것. 남도 지역에서는 이른바 '육자배기토리' 어법으
로 노래하는데, 애기 어르는 소리나 상여소리나 같은 어법이다. 곡조
의 꾸밈음이나 옥타브 차이를 빼고 본질적인 뼈대만을 비교한다면
이 두 노래는 사실상 같은 노래다. 꾸미지 않고 원초적으로 내뱉는
심중의 선율이라는 점만 고려해도 이 점은 의문의 여지가 없다.

　　이것은 우리에게 삶과 죽음에 대한 매우 중요한 성찰의 기회를
제공해 준다. 일찍이 나는 장 그르니에 글을 읽으면서, 그가 고백한
바가 우리 어머니의 흥그레와 같다는 점을 알게 되었다. 그가 성찰한

것처럼 우리가 준비한 수의 한 자락이 사실은 우리 스스로의 배내옷이었던 것이다. 배내옷과 수의는 살아갈 자와 죽을 자가 서로 위임하는 방식을 취한다는 점에서 주목할 만하다. 삶 자체를 이끌어 낸 것이 어머니요, 그 죽음을 갈무리하는 것이 자식이라는 점에서 그렇다. 노래도 마찬가지다. 자장가가 할머니나 어머니에게 위임된 사랑의 읊조림이었다면 만가挽歌는 다시 그 배내옷을 입었던 자녀들에게 위임된 무한한 사랑의 읊조림이기 때문이다.

요람과 무덤의 노래만이 아니다. 일생을 두고 굽이굽이마다 노래를 읊조릴 수밖에 없었던 혹은 노래해야 하는 일종의 질서를 나는 '노래의 통과의례'라고 말한다. 어머니 돌아가신 지 오래인데, 오늘 여기 끄적이는 푸념도 사실은 어머니의 자장가로부터 위임된 사무치는 사랑의 노래일지 모른다.

우리 스스로의 배내옷이었던 것

진흙탕을 건너야
한 필의 베가 된다

세상에 하는 일 없어/ 옥난간에 베틀 놓고/ 흑룡황룡 비친 해에 앉을개를 돌아 놓고/ 그 위에 앉은 양은/ 잉애대는 샘행제요/ 고단하다 눌림대는/ 이수강에 띄워놓고/ 앵기락꿍 도투마리/ 자로 자로 뒤깨내어/ 뱃대 낼치는 소리/ 쩍미르는 소리로다/ 남화수 무지개는/ 북외수로 외야놓고/ 질드리는 배옥이는/ 금사올을 목에 걸고/ 배옹강을 나댕긴다/ 알그닥 짤그닥 짜는 베는/ 언제 짜고 친정에 갈꼬/

남도의 베틀 노래다. 전국적으로 분포한다. 노랫말을 지어나가는 지역별 편차는 있지만 첫머리는 유사하다. "월궁에라 노던 선녀 지상에라 내려오니" 아니면 "하늘에다 베틀 놓고 구름 잡아 잉애 걸고" 등이다. 질펀한 방언들이 마디마디 대구를 이룬다.

씨앗이 앗고 활대 타고

앗는 것은 무엇이고 타는 것은 무엇일까? 앗는 도구는 '씨앗이'다. 목화의 솜털을 털어내는 도구다. 씨를 앗기 때문에 '씨앗이'다. 손으로 돌리는 '꼭두마리'와 '씨앗이동', '씨앗이틀' 등으로 구성되어 있다. '씨앗이동'은 두 개가 맞물려 있고 '씨앗이귀'는 정교하게 홈이 새겨져 있다. 목화가 이 사이로 들어가면 솜털과 씨가 분리된다. 이 과정을 거치면 보송보송한 솜이 탄생한다. 무명 솜이라 한다.

솜은 다시 활대로 탄다. 활은 일반 사냥에서 쓰는 것과 한 가지다. 활대와 활끈으로 구성되어 있다. 활끈은 무명실로 만든다. 활끈에 '밀'을 반복해서 칠하면 무명 솜이 활끈에 들러붙지 않게 된다. '밀'은 콩기름을 헝겊에 묻혀 만든다. 한 손으로 이 활을 무명 솜에 대고 다른 한 손으로 줄을 반복해서 튕기면 솜이 너풀너풀 부풀어 오르는데 이것을 '활로 탄다'고 한다. 이 작업을 하며 부르는 노래가 '활방구 노래'이다. 솜들이 마치 바닥에서 부풀어 오르는 구름 같다.

고추말이와 명두 잣기

벙실벙실하게 타진 솜은 큼지막한 고추 크기로 말아야 한다. '고추말이'라 한다. 수숫대로 만든 '몰대'를 사용해서 '도마' 위에서 한다. 이 작업을 반복하면 약 15센티미터 크기의 고추들이 만들어진다. 비로소 물레에다 잣는다.

우리 스스로의 배내옷이었던 것

물레는 '물레살', '물레 거무줄(거미줄)', '물레 꼭두마리', '물레 굴뚱(굴뚝)', '물레 가래짱', '물레 괴머리', '물레 틀', '물레 가락', '물레 줄', '물레 독(돌)' 등으로 구성된다. 물레 가락은 옛날부터 아주 강한 쇠로 만든다. 가락에는 무명 실로 만든 고동이 있다. 물레 줄을 밖으로 벗어나지 않게 해주는 역할을 한다. 고동은 무명 실에 밥풀을 끈끈하게 칠해서 감는 것을 반복해야 단단하게 들러붙는다. 물레 독은 물레 굴뚱 하부에 '씨악'을 질러 눌러놓는 데 쓴다. 이렇게 해야 물레 줄이 느슨해지지 않는다. 말아놓은 고추 끝을 가락에 묶고 물레 꼭두마리를 반복해서 돌리면 고추에서 실이 나온다. 뽑아져 나온 실은 한 어깨 길이가 되면 '명두'에 올린다. 이를 '잣는다'고 한다. 반복해서 자으면 두툼한 실타래인 명두가 만들어진다. 보통 하룻저녁에 명두를 세 개나 네 개 정도 잣는다. 밤을 꼬박 새기도 한다.

고무레 가래줄, 끄시럼 도투마리

각각의 명두 열 개를 모아 '고무레' 작업을 한다. 명두 열 개를 나란히 꽂는 틀이 고무레다. 다섯 발 정도의 거리를 두고 한쪽은 말뚝을 한 개, 반대편에는 말뚝을 다섯 개 정도 박는다. '쇠를 거는' 작업이다. 각각의 명두에서 뽑아진 열 가락의 실을 한군데로 모아 이 말뚝을 지그재그로, 그리고 순차적으로 반복해서 감는 과정이 끝나야 드디어 한 가래의 명줄 타래가 만들어진다. 반대편 말뚝이 세 개면 세 가래, 네 개면 네 가래, 다섯 개면 다섯 가래라 부른다. 각각의 한 가

진도 소포리 소리꾼 한남예의 씨앗이 모습이다. 사진_ 이윤선

래는 20자에서 30자 정도 된다. '가래줄'이 20자면 베가 20자, 30자면 30자의 베가 만들어진다. 베를 잘 짜는 여성들은 하루에 20자의 베를 짜기도 한다는데 숙련된 노하우가 아니면 어림도 없는 일이다.

'도투마리'에 가래줄을 맨다. 베틀 앞다리 넓적한 사각 나무판을 양쪽에 설치하고 베를 매는 '베대'를 가로질러 묶어 놓은 것을 말한다. 한 가래가 끝날 때마다 '개미'를 칠한다. 개미는 부엌 아궁이의 '끄시럼(그을음)'을 사용한다. 베를 길게 펴놓고 화롯불로 열기를 가하면서 솔로 풀칠을 하며 감아나가는 것을 도투마리 작업이라 한다. 감아나가면서 한 바퀴에 대나무 한 개씩을 사이에 넣는다. 도투마리가 단단하게 감기게 하는 역할도 하지만 명줄이 밥풀 기운으로 들러

우리 스스로의 배내옷이었던 것

붙는 것을 방지하는 역할도 한다. 각각의 실 끝을 '보두집'에 끼운다. 보두집의 '대살' 사이사이로 줄을 끼우는 작업에는 세 사람이 필요하다. 한 사람은 보두집을 잡고 한 사람은 줄을 끼고 한 사람은 줄에 풀칠을 한다. 줄이 헝클어지지 않게 하기 위해서는 솔질을 하면서 손가락으로 잘 쓸어내려야 한다. 그래야 실이 고르게 골라진다. 이것을 '베맨다'고 한다. 정교한 기술을 요하는 작업이다. 때문에 품삯을 받고 전담하는 사람들도 있다.

서른 개가 넘는 마디마디, 이수강에 띄워놓고

도투마리 작업이 다 끝나면 비로소 베틀에 얹는다. 뒤쪽부터 '도투마리', '끄슬대(끄슬심)', '풀소금대', '잉애(잉아)대' 3개가 있다. 잉애대 중에서 맨 아래부터 '눈썹대', '잉애대', '사침대'라 한다. 이어서 '비루(한 앞을 다 짜면 밀어서 도투마리를 눕히는 짓)', '눌림대('잉애솔'과 '사솔'을 벌려주고 눌러주는 작용)', '보두집', '보두', '책발(대로 무지개처럼 만들어 끝에 쇠를 지른 것, 이것이 짱짱해야 베를 힘지게 짤 수 있다)', '몰코(베 감는 나무)', '북', 북 안에 들어가는 '꾸리', 꾸리를 고정시켜 주는 세로로 지른 대나무인 '북딱개' 또는 '눈딱개', '분태(짚으로 만든 허리 받침대)', '앉을개', '베틀', '원산대(나부산대)' 등으로 구성되어 있다.

도투마리에서부터 연결되어 나온 실타래는 '잉애'를 들면 '들술', 잉애를 놓으면 '놀술'이라 한다. 윗줄은 '잉애솔'이라 하고 아랫줄은 '사솔'이라 한다. 이 잉애솔과 사솔 사이로 '배'를 넣어서 씨줄 날줄이 교차되면서 베가 완성된다. '검드렁'으로 칠한 개미 자국이 나오면 두 바퀴 정도 더 감았다가 잘라서 한 필의 베를 만들어 낸다. 까맣게 칠한 개미가 나오면 한 필의 베가 완성된다. 노래 속에는 개미를 기다리는 마음이 층층이 담겨 있다. 노랫말처럼 진흙탕의 이수 강을 건너야 한 필의 베가 탄생한다.

'씨앗이동'에다 '붕알' 넣고 견디는 과정

씨앗이와 물레, 베틀이 하나의 몸이라면 뼈마디는 몇 개일까? 지역마다 부르는 이름이 다르고 특색이 있다 해도 쉰 개를 훌쩍 넘는다. 과정의 마디까지라면 십수 개의 이름을 더 보태야 한다. 한 필의 베 짜는 과정이 그렇더라. 하물며 한 인생을 짜는 일임에랴.

이런 말이 있다. "씨앗이동에다 붕알을 넣고 전디제 못 전단." 베틀 작업을 하던 여인네들에게는 익숙한 말이다. 낯설지 않은 구개음화 발음이다. 응당 남도의 속담으로 사용되었다. 남성의 고환과 고추를 여성의 핍진한 노동판에 소환했다. 씨와 솜털을 분리해주는 도구 '씨앗이'에 비유한 점, 양가적 은유라는 점에서 탁월하다. 질펀한 성적 해학이 주는 유쾌함이 있다. 극심한 고통을 견뎌내야 완성되는 베 한 필의 연대기가 숨어 있다. 여성 전유의 체념과 포기로 읽어내는 것은 구시대적 방식이다. '씨앗이동'에 고환 넣고 견디는 얼터너티브 송alternative song으로 읽어내는 지혜가 요구된다.

특히 성년 초입의 신세대, 아직 다듬어지지 않은 날것의 보물들에

우리 스스로의 배내옷이었던 것

게, 특히 이 글을 우연하게 볼지도 모를, 아니 어쩌면 지금 이 순간 어느 낯선 벼랑 위에 서 있을지도 모를 누군가에게 이 글을 드리고 싶다. 극심한 고통을 견디고 완성되는 한 필의 베, 그것은 극심하고 처절한 고통을 견뎌내며 재구성해가는 일생이기도 한 것을.

사람도, 만물도
수만 번 변해 태어난다

문평천 고막원 나루길. 성근 갈대들이 저희들끼리 서성인다. 반가운 손님이라도 오려나. 빗자루용으로 베어지지 않았으니 그저 겨우내 개펄의 한가운데서 바람을 맞을 것이다. 천변으로 난 몇 개의 늪지들을 휘돌아 영산바다 회진으로 귀환한다. 예까지 자주 나오진 않지만 향수가 또 동했던 것일까. 며칠 후면 한가위가 되니 말이다. 내친 김에 나주목사에 들렀다가 돌아오는 길, 오후 새참 때에 이르고 말았다. 하인 앞세워 추수 가까운 소재동 들녘을 막 들어서니 저 멀리서 부르는 소리가 들린다.

'김성길'이 그의 아우 '천'과 함께 헐떡이며 올라온다. 아우는 등에 갓 익은 막걸리 한 동이를 졌다. 양손에 굴비 한 두름과 빼득빼득 말린 숭어 세 마리를 들고서. 시시때때로 이러하니 매우 익숙한 풍경이다. 직파한 성근 벼들이 이미 고개 숙인 들녘, 초가을 바람이 살랑인다. 삼봉이 머무는 초가집까지는 그리 멀지 않은 길. 주거니 받거니 세사를 논하며 고랑을 거슬러 오른다.

　　　　　　　　　　　우리 스스로의 배내옷이었던 것

정도전은 나주에서 민본주의에 바탕을 둔 통치 철학을 가다듬었다. 나주시 운봉리에 위치한 삼봉 유배지. 사진_ 이윤선

위리안치圍籬安置는 아니지만 영산바다 갯고랑으로 유배 온 터라 사람들 대하는 것이 어려웠다. 하지만 회진 사람들은 정도전을 따뜻하게 맞아주었다. 나라에 죄를 짓고 왔는지 부조리한 권력에 떠밀려 왔는지 관심을 내보이지 않았다. 정치적으로 불리한 입장에 서는 것을 두려워하지도 거부하지도 않았다. 인심이 따뜻하고 일체의 허영을 찾아볼 수 없었다. 때때로 만나는 농부들과 노인들은 대학자 삼봉을 능가하는 경륜과 지혜를 갖고 있었다. 천민들이 모여 산다는 부곡마을인데도 말이다. 뒤늦게 살피니 고려를 세울 때 반대했던 백제의 유민 후손들이라.

삼봉이 이를 깨달은 것은 한참 후의 일이다. 아마도 더 거슬러 오르면 갯고랑을 신출귀몰하게 배질하던 마한 유민들의 후손일지도 모르겠다.

아랫마을 황연의 집에 들러 숭어를 찌고 몇 가지 찬을 보탰다. 이 형제는 삼봉이 더부살이하는 집주인 황연과 벗이다. 제집 드나드는 것이나 다름없다. 삼봉은 이곳 소재동 유배 3년을 이들과 지기지우하며 지냈다. 이들은 술이 익을 때마다 술항아리를 들고 삼봉을 찾았고 삼봉은 세상의 지혜가 필요할 때마다 이들을 찾아 담론했다. 그만큼 이들의 지혜가 출중했다. 조선 건국 후 이들의 이야기는 삼봉에 의해 몇 권의 책으로 남겨진다.

황연의 집 또한 술 잘 담그기로 유명하니 은근히 술 자랑 술맛 겨루기를 한다. 황연이 묻는다. "중추가 가까우니 고향이 그립지 않습니까?" 삼봉이 답했다. "그러지 않아도 내 지난밤에 노래 한 수를 끄적여뒀네." 시 한 수를 내놓는다. 「중추가中秋歌」다.

해마다 보는 한가위 달이건만
오늘밤은 더욱더 애틋하고 아름답구나
하늘과 땅은 온통 고요한데
만리처럼 먼바다와 산은 한 빛이로다
당연히 고향에도 밝은 달이 똑같이 보이리니
온 가족이 아마도 잠 못 이루리
그 누가 알리요 서로 그리워함은
옛날이나 이제나 모두가 까마득하네

우리 스스로의 배내옷이었던 것

고향을 그리워하며 지은 노래다. 삼봉의 실존적 고독은 그러나 패배주의로 남지 않았다. 이른바 나주 사람들의 지혜를 빌어 조선 건국의 기틀을 마련한 것이 이때다.

삼봉이 물었다. "오늘 술은 심히도 달고 때깔이 곱다. 무슨 비결이 있는가?" 김성길이 술 자랑을 늘어놓는다. 황연도 질세라 제집 술 자랑을 늘어놓는다. 심중에 와서 박히는 철학이 들어있다. 취흥이 도도해지니 불교의 윤회론에 대해서도 한마디씩 거든다. 지은 농사의 대부분이 권문세족들과 사찰에 귀속되니 어찌 현세의 삶을 비판하지 아니 하리오. 불가에서는 이를 윤회라 하여 이승에서는 참고 살라 한다. 다음 생에 인과응보의 복락으로 다시 태어난다는 것이다. 이것이 말이 되는가? 기왕에 권문세족들과 사찰의 전횡에 대한 혁명을 생각해오던 차다. 소재동의 막걸리는 그 생각에 불을 질러놓는 격이 되었다. 국가경영의 존립 위기는 다름 아닌 사찰과 무신세족들의 전횡에서 비롯된 것임을 확인하게 되었던 것. 삼봉은 이후 이 경험을 『불씨잡변佛氏雜辨』이라는 저술의 앞머리에 남기게 된다.

술이라는 것은 국麴(누룩)과 얼蘗(엿기름)의 많고 적음, 항아리[甕]가 잘 구워지고 덜 구워짐, 날씨의 차고 더움, 기간의 짧고 김에 따라 서로 적절하게 융화되어야 그 맛이 좋게 된다. 엿기름이 많으면 달게 되고 누룩이 많으면 쓰다. 물이 많으면 싱겁게 된다. 물과 누룩과 엿기름이 모두 적당하게 들어갔다 할지라도 항아리가 덜 구워지거나 또는 날씨가 너무 차고 덥거나 술 담는 기간이 짧거나 오래되는 모든 것들이 서로 어긋나게 되면 술맛이 변한다. 그 맛의 좋고 나쁨에 따라 상하로 구분된다. 지게미[糟粕] 같은 것은 더

러운 땅에 버려져 발길에 채이고 밟히게 된다. 술이 맛있게 되고 맛없게 되는 것이 모두 다 일시적으로 그러한 것이라. 술을 만드는데 역시 인과보응이 있어서 그렇다 하겠는가. 이 비유는 비근卑近한 것이다. 하지만 극히 명백하여 두말할 필요가 없다. 이른바 음양오행의 기는 서로 밀고 엇바뀌어 운행된다. 서로 드나들어 가지런하지 않다. 사람도 만물도 수만 번 변하여 태어나는 것이다. 그 이치가 또한 이와 같다. 성인은 가르침을 베풀어 배우는 사람에게 기질을 변화하여 성현에 이르게 한다. 나라를 다스리는 사람에게는 쇠망을 바꾸어 치안으로 나아가게 한다. 이는 성인이 음양의 기를 돌이켜 천지가 만물을 생성하는 공功에 참여하여 돕는 까닭이다. 어찌 불씨의 인과설이 그 가운데 용납될 수 있을 것인가.

『불씨잡변』은 「불교의 윤회에 대한 변」에서부터 「이단을 물리치는데 관한 변」까지 19책으로 되어 있고 이중 막걸리에 대한 경험은 두 번째 「불교의 인과에 대한 변」에 수록되어 있다. 고려 말, 무신 정권을 비롯한 권문세족들이 전횡을 일삼고 있던 시기. 삼봉이 무신세족들의 전횡 못지않게 불교의 윤회론이 끼친 해악에 대해 생각을 굳힌 시기라 할 수 있다.

삼봉이 3년여 유배를 마치던 날, 황연과 김성길 형제, 소재동 마을 사람들이 문평 나루까지 배웅을 나갔다. 이미 서로의 생각을 다 읽을 수 있는 지기가 된 후였다. 안개 때문에 월출산은 보이지 않았다. 황연이 말했다. "조정으로 돌아가시는 겁니까?" 삼봉이 짙은 해무 내린 영산바다를 응시했다. "아닐세. 강원도로 가야겠네." 김성길이 의아스러워 물었다. "아니 웬 강원돕니까?" 같이 배웅 나왔던

우리 스스로의 배내옷이었던 것

농부 노인이 껄껄껄 웃었다. "이성계를 찾아가시는구려." 뒷날 삼봉의 저서 『금남야인錦南野人』에 나오는 주인공이 바로 이 사람이다. 이후 6년여의 방황 속에서 이성계를 만나고, 그로부터 정확히 10년 만에 조선이 건국되리라는 것을 이 노인(삼봉이 지어낸 가상의 인물이라고도 한다)은 알고 있었을까.

회진나루의 해무가 서서히 걷혔다. 나주목으로부터 내려오는 관선 몇 척이 보였다. 황연이 내 온 막걸리를 한 잔씩 나누어 마셨다. 누룩이 더 들어갔는지 이별의 정한인지 이날 막걸리는 쓴 맛이 더했다.

순환을 아는 자가 어른이다

철없다는 말을 많이 한다. 아이들이 엉뚱한 일을 저질렀을 때 혹은 어른들이 무리한 일을 행했을 때 흔히 내뱉는 말이다. 무슨 뜻일까? 사시사철의 사시와 사철은 같은 말이다. 봄, 여름, 가을, 겨울의 네 계절을 말한다. 철이 사시사철의 줄임말이니 철을 모른다는 것은 계절의 흐름을 모른다는 뜻이다. 네 개의 계절을 합하면 1년이 되므로 1년의 흐름을 모른다는 비유다. 농업이나 어업 본위의 시대에는 계절이 들고남을 아는 것이 대단히 큰 지식이었다. 일 년에 거의 1모작밖에 할 수 없는 우리네 생태환경에서는 한 계절을 허비하는 게 곧 굶어죽는 일에 다름없었으니 말이다.

일 년만 사시가 있는 게 아니다. 한 달에도 사시四時가 있다. 회晦, 삭朔, 현弦, 망望이 그것이다. 회는 음력에서 한 달의 맨 끝 날을 가리킨다. 그믐밤이니 당연히 어둡다는 뜻도 가지고 있다. 삭은 매월 초하루다. 현은 활시위처럼 생긴 달을 뜻하므로 반달이 되는 날이다. 망은 보름달이다. 휘영청 보름달이 뜨면 제의도 하고 소원도 빈다.

우리 스스로의 배내옷이었던 것

응당 무언가를 바란다는 뜻으로 전용되었다. 달이 이지러졌다가 생성되는 이치를 받아 만들어낸 말들이다. 생리를 뜻하는 월경月經이란 말도 여기서 나왔다. 맨스month, 경도經度, 월사月事, 월후月候가 모두 같은 뜻이다. 그래서 '달거리'라 한다. 생명을 잉태하는 인체의 메커니즘도 사시의 흐름과 맥을 같이 한다는 뜻 아니겠는가.

썰물과 밀물 혹은 만조와 간조

남도를 포함한 황해 리아스rias식 문화권에서 한 해와 한 달의 사시 운행을 가장 중요하게 여긴 사례가 물때 인식이다. 전국에서 섬을 가장 많이 보유하고 있는 남도 지역의 생태적 특성이라고도 할 수 있다. 바다를 생업의 터전으로 삼아 활동하는 어민들뿐 만이 아니다. 근래는 낚시꾼들이 물때에 가장 밝은 듯하다.

물때만 알아서는 순환과 흐름의 이치를 다 아지 못한다. 바람을 더불어 알아야 한다. 달의 인력이 만들어낸 밀물과 썰물은 바람과 연동되어 있다. 보름이라는 시간을 주기로 반복되는 물때는 어로활동의 시간을 한정하는 제약조건이다. 바람은 어로활동의 가불가를 결정할 수 있는 조건이다.

만조는 물이 최고로 늘어난 상태에서 다시 썰물이 나가기 전 상태다. 간조는 물이 최저로 빠진 상태에서 밀물이 들어오기 전 상태다. 조석潮汐은 물이 들어오고 나가는 시작점 즉 만조와 간조의 일별 시간이다. 사리는 만조와 간조의 수위차가 높고 조류 흐름도 가장 빠

바다를 터전 삼는 남도에서는 물때를 아는 것이 무엇보다 중요하다. 사진_ 이윤선

른 시기다. 음력으로 보름과 30일이 해당된다. 조금은 만조와 간조의 수위차가 작고 조류 흐름도 가장 약한 시기다. 남도에서는 대개 음력 초야드레 조금, 스물사흘 조금이라 한다. 8일과 23일이 가장 물의 흐름이 약하다는 뜻이다. 무시는 조금 다음날 조금 물때와 비슷한 수위와 조류 속도가 약한 시기다. 예비 조금이라고 할 수 있다. 남도 쪽 조수간만의 차는 물의 유동이 가장 큰 사리 때 약 4m다. 옹

우리 스스로의 배내옷이었던 것

진, 인천 지역으로 올라가면 9m 정도 된다. 발해만 내안으로 들어갈수록 들물과 썰물의 유동 폭이 크다는 점을 알 수 있다. 매 여섯 시간마다 이 들고남을 반복하니 물때의 이치가 참 오묘하다.

물때 이름은 어디서 온 것일까

물때와 관련해서는 관련 학자들의 연구가 많다. 여기서는 김현(전남대 석사학위 논문)의 정보를 인용하여 설명해두기로 한다.

보름 주기 물때는 말 그대로 15일의 하루하루에 그날의 바닷물의 상태를 가리키는 이름을 붙인 구분 체계다. 그래서 물때의 명칭을 15개 사용한다. 이 명칭들이 한 달에 두 번 반복된다. 예컨대 음력 1일과 16일의 물때는 항상 '일곱물'이다. 음력 10일과 25일의 물때는 항상 '한물'이다. 특정 날짜에 특정 물때 명칭이 고정되어 있어 음력 날짜와 물때가 일치한다.

지역에 따라서 세는 방법이 다르다. 고흥 지역은 남해안의 여덟 물때다. 음력 15일을 기준으로 '보름일곱물-야달물-아홉물-열물-열한물-열두물-대갱기-아침조금-스무살한조금-한물-두물-서물-너물-다섯물-여섯물-그물 일곱물'과 같이 센다. "물 다 났소?"라고 물으면 '물이 모두 나갔습니까? 썰물이 다 나갔습니까?'라는 표현이다. 여수 남양면 지역에서는 모두 날물이라고 하고 고흥 나로도에서는 썰물이라고 한다.

방언에는 지역별 편차가 있다. '씨'는 갯벌이 드러나서 작업을 할 수 있는 때, 시기를 가리키는 말이다. 시時의 센 발음이라고 해석된다. 예컨대 "오늘 씨가 좋아서 갯것이 많이 잡힙디다.", "오늘 씨가 어찌 되겠소." 등으로 말한다.

아침조금은 음력 22일과 7일이다. 즉 열세물이다. '아침+조금'의 형태다. 아침조금의 어원은 '아치조금/까치조금'으로 보고 있다. 아치와 까치는 우리 문화 여러 곳에서 사용되는 말이다. '조금'이란 밀물과 썰물의 차가 가장 적을 때를 이르는 말이다. 음력 7일과 8일, 22일과 23일을 말한다. 서정범이 쓴 『국어어원사전』에서는 조금은 '조감〉조금'의 변화 형태라 한다. '조감潮減'이 변한 것으로 본다.

바닷사람들의 물때 지식

바다 가까이 사는 사람들에게 가장 위협적인 자연재해는 바로 바람이다. 바다에서 세찬 바람이 불러일으키는 풍랑은 곧 목숨과 직결된다. 남도의 가장 원해 지역인 흑산군도의 예를 들어본다. 어업을 생업의 근간으로 삼았던 탓에 바다와 바람에 대해 상세한 인지 체계가 발달한 지역이다. 풍선배를 타고 다니던 시절에는 더욱 그러했다. 아무 때나 배 운행을 할 수 있었던 것은 아니다. 바람을 적절하게 이용해야 했기 때문이다. 마파람이 불 때를 기다렸다가 목포로 향한다. 뒤에서 밀어주는 바람이기 때문에 목포까지 하루면 당도할 수 있었다.

반대로 목포에서 섬으로 돌아갈 때는 샛바람을 이용한다. 바람이 잘 맞지 않으면 선상에서 사나흘씩 시간을 보내야 했다. 200여

우리 스스로의 배내옷이었던 것

년 전 홍어장수 문순득의 표류 사례가 단적인 증거다. 가고자 하는 방향의 반대쪽에서 바람이 불면 어떨까? 바람이 그치기를 기다려야 하지만 반드시 가야 할 경우에는 역풍을 타고 전진하는 방법이 있다. 바로 갈지자[之] 항해법을 이용한다.

갈지자 항해는 배를 돌릴 때가 매우 중요하다. '아두줄'을 조정하는 사람을 '아두잽이'라고 하는데 아두질을 잘 못하면 전복되고 만다. 그래서 숙련공이 필요하다. 남도는 서해와 남해를 포함해 물때와 바람 등의 환경에 매우 민감한 지역이다. 전승되는 물때 지식은 선사 고고시대부터 활용되고 전승되어 온 환경적응의 결과물이라고 할 수 있다. 무형문화유산 중에서 가장 토대적인 민속지식이라 할 수 있다.

때를 기다린다는 것

한 해 한 달 속에 사시가 있는 것처럼 하루에도 사시가 있다. 단旦, 주晝, 모暮, 야夜가 그것이다. 단은 지평선 혹은 수평선에서 해가 떠오는 모양을 형용한 글자다. 아침을 나타낸다. 주는 햇볕이 쨍쨍한 한낮을 말한다. 모는 해가 지는 저물녘이다. 야는 문자 그대로 밤이다. 이것을 육십갑자로 늘리거나 혹은 일 분 일 초의 작은 단위 시간으로 수렴해도 원리는 같다. 크게는 우주 운행의 원리요, 작게는 하루, 한 달, 아니면 일 년의 순환 원리라 할 수 있다.

이 순환을 아는 자가 철든 자이고 비로소 어른이라 할 수 있다. 아무리 나이를 먹었어도 이 이치를 모르고 철이 지남을 깨닫지 못하면 철부지에 불과하다. 달의 흐름을 모르고 날의 흐름을 모르면 제때 씨를 뿌리지 못하고 가꾸지도 못하기 때문이다. 당연히 추수 때가 되어도 수확할 것이 없다.

만약 물때가 맞지 않거나 비바람이 강하게 불 때는 어찌 해야 하나? 4차 산업혁명 시대가 도래했으니 기술력으로 돌파하는 방법도 있겠다. 갈지자로 바람을 역류하여 항해하는 방법이다. 그렇지 못하다면 기다려야 한다. 낙향하여 이른바 세월 낚는 강태공들이 역사에 많이 등장하는 이유도 여기에 있다. 역류하는 물때를 기다리는 뱃사람들의 지혜와 같은 것이다. 철도 모르고 물때도 모르면서 무작정 나아갔다가는 필시 난파하기 십상이다.

우리 스스로의 배내옷이었던 것

봄비가 데려온 첫 손님

어쩌다 한 번 꿈길로 오시는 아버지를 뵈었다. 중우돔방을 입으시고 쟁기를 짊어지셨다. 망뫼산 자락 사래 긴 옹타리논에 가시려는 듯. 살찐 소가 앞서 걸었다. 우리 집에서 기르던 소였을까? 겨우내 보리쌀 섞은 쇠죽을 먹었던 탓인지 도톰히 살이 들었다. 아버지의 잔주름까지 선연한 것은 달음박질친 내 그리움 때문이리라. 빗소리가 후두둑 귓가를 울렸다. 와락, 아버지를 부르며 일어났다. 밖은 아직 어두웠다. 실제로 비가 내리고 있었다.

송창식의 〈비의 나그네〉를 틀었다. 왜 이 노래가 생각났는지. 꿈길로 오신 아버지가 나그네 같아서였을지도 모르겠다. 몇 번을 반복해서 들었다. 지붕을 내딛는 새벽비가 어둠을 쫓아내었다. 채 미명을 벗지 못한 산자락들까지 비안개로 자욱하다. 그렇구나. 봄비의 정령이 아버지를 모시고 왔나, 아버지가 봄비를 데리고 오셨나. 아마도 올해는 풍년일 것이다. 호우好雨가 몰아오는 것이 그리운 이들만이 아니기 때문이다.

봄의 전령, 매화

봄비가 데려오는 첫 손님은 아마도 꽃일 것이다. 그중 매화가 으뜸이다. 봄만 되면 여기저기 매화예찬이 쏟아진다. 여인의 정절과 정조를 강조하거나 선비들의 지조와 절개를 강조하기도 한다. 거듭 반복되니 식상하긴 하지만 그럼에도 불구하고 봄의 전령을 말하는데 이만한 것이 또 없다.

역학적으로 보면 겨울은 곤음坤陰에 해당한다. 시간을 분절하고 공간을 나눠 오행의 의미를 부여할 때 만물이 생장을 정지하는 죽음의 계절을 겨울로 표현하는 이유가 여기에 있다. 마치 해 뜨는 동쪽을 새싹의 색깔인 청색으로 정하고 해가 지는 서쪽을 색깔 없는 흰색으로 정하는 이유와도 같다. 그래서다. 매화는 죽음으로부터 소생하는 혹은 환생하는 재생의 꽃이다. 하고많은 해석들이 있지만 단연 매화의 본질은 여기에 있다고 봐야 한다. 그러니 매화 한 송이가 가져오는 봄에 대해 얼마나 많은 의미들을 부여했겠는가. 고려 말기 학자 이숭인李崇仁은 그의 시 〈매화梅花〉에서 이렇게 노래했다.

곤음이 힘을 부리는 것 막기 어려워
만물이 뿌리로 돌아가 쉬이 찾지를 못했는데
어젯밤 남쪽 가지에 흰 송이 하나 생겨났기에
향 피우며 단정히 앉아 하늘 뜻을 쳐다보네

여기서 말하는 하늘의 뜻이야 시인이 처한 사회적 상황과 시대를

우리 스스로의 배내옷이었던 것

읽어내야 해독 가능한 것이리라. 하지만 봄비 내려 매화 만발하는 상황이 새로운 계절 혹은 새로운 시대를 비유하는 것임에는 이론의 여지가 없다. 그렇다고 성경의 은유처럼 봄 혹은 새 시대가 도둑같이 오는 것은 아니다.

어둠 속에서 한 송이 꽃을 피우기까지

용들이 싸우는 들판에 검고 누런 피들이 튀긴다. 주역 곤괘 6효에 대한 설명이다. 상전에 이르기를 용이 들판에서 싸운다는 것은 곤음의 도가 절정에 이르러 건양乾陽에 대적하여 다툰다는 뜻이라 했다.

겨울을 캄캄한 하늘이라 생각해보자. 아니 캄캄한 밤이라고 생각해보자. 밤을 지배하는 용의 비유와 아침을 데려올 용의 비유가 모두 들어있다. 피가 검고 붉다는 것이 이를 은유한다. 한 송이 매화를 피우기 위해 겨울과 봄의 정령들이 한 판 혈투를 벌이는 형국이라고나 할까. 자연의 이치는 검은 피를 뿌리는 용이 이전의 세상을 물려주고 새로운 세상을 내주는 것으로 귀결된다. 이것을 순리라 한다. 봄비가 내려 새로운 세상을 모셔오는데 어두운 세상을 계속할 수 없기 때문이다. 마치 저녁이 오고 아침이 오듯이, 겨울이 가고 봄이 오듯이 밤과 낮이 바뀌고 계절이 바뀌고 이전의 세상과 이후의 세상이 바뀌는 것이다. 이 전투는 계절의 변곡점에서 반드시 일어난다고 해석된다.

시대의 변곡점도 마찬가지 아니겠는가. 문제는 이를 준비하는 단서에 있다. 상전에 이르기를 용육^{用六} 상태에서 영원히 참고 견디며 정도를 지키는 것이 이롭다 했다. 무슨 뜻일까? 곤음이 한 겨울이라면 건양은 한 여름에 비유된다. 봄의 전령 매화가 어찌 봄비 한 번 내린다고 피겠는가. 곤음의 어둠 속에서 한 송이 꽃을 피워내기 위해 궁구하였을 인내와 도전들을 상기시켜준다. 봄부터 소쩍새가 저리 울어대지 않는다면 가을의 국화가 피어날 수 없는 이치와 같다. 참고 견디며 정도를 지켜내지 못하면 아침에 이르지 못하고 봄에 이르지 못하며 한 송이 매화를 피어내지 못한다는 뜻 아니겠는가.

비를 읽으니 봄이 들린다

그림을 읽는다는 뜻으로 '독화^{讀畵}'라는 말을 쓴다. 민화의 문자도^{文字圖}나 상형문자인 한자만을 말하는 것이 아니다. 그림의 본 뜻을 이해한다는 뜻이다. 감상^{感想}이 아니라 독해^{讀解}다. 그렇다면 천지음양의 조화를 전제하는 봄비를 이해하거나 독해하는 것은 독우^{讀雨}라고 할 수 있지 않을까?

비를 읽는다는 것, 특히 봄비를 읽는다는 것은 매우 의미심장하다. 비를 읽어야 봄을 들을 수 있을 것이니 '독우청춘^{讀雨聽春}'이라 할 수 있다. 매화가 필 때는 마치 소나기처럼 우두둑 소리를 낸다고 한다. 광주의 김상윤 선배에게 들은 얘기다. 일시에 피어나기 때문일 것이다.

주역으로 돌아가 얘기해 보면 겨우내 곤음에서 절치부심하다가 건양의 봄을 맞이하는 형국이라. 어찌 소나기 소리를 내지 않을 수

우리 스스로의 배내옷이었던 것

있겠는가. 다시 포은 정몽주의 〈봄의 흥취〉라는 시를 인용해 본다.

> 봄비 가늘어 물방울을 이루지 못하고
> 한밤중에 조금씩 소리가 난다
> 눈이 다 녹아 남쪽 시내 넘쳐나면
> 풀싹이 부쩍 자라나리라

봄비를 천연덕스럽게 노래하고 있다. 이 시를 쓰던 날의 포은을 내 감히 상고할 수 있겠는가마는, 행간을 추적해 보니 도래할 새 세상에 대한 두려움과 포기들이 읽혀지더라. 불안한 시대를 몸으로 부대껴 온 그에게 봄비는 어떤 의미였을까? 악하고 선한 것, 혹은 부정의하고 정의로운 것들을 상관치 아니하고 모든 것들을 소생시켜버리는 저 에너지 앞에서 말이다.

새로운 세상을 열어가는 자들에게도 구시대의 무덤에 묻히는 자들에게도 예외가 없다. 뼈저린 아픔들마저 마치 언덕의 풀들처럼 일으켜 세우기 때문이다. 그래서 이수복은 〈봄비〉에서 이렇게 노래한다.

> 이 비 그치면
> 내 마음 강나루 긴 언덕에
> 서러운 풀빛이 짙어 오것다
>
> 푸르른 보리밭 길
> 맑은 하늘에

종달새만 무어라고 지껄이것다

이 비 그치면
시새워 벙글어질 고운 꽃밭 속
처녀애들 짝하고 새로이 서고

임 앞에 타오르는
향연香燃과 같이
땅에선 또 아지랑이 타오르것다

학창시절 즐겨 외던 시다. 봄비는 만물을 소생시키는데, 오지 못할 그 무엇에 대한 불가역을 봄비라는 소생의 창으로 들여다본 심경이랄까. 매화꽃을 봄의 전령이라 하는 이유는 수많은 율객들의 노래를 통해 증명된다. 혹자는 회천력回天力, 즉 계절을 돌릴 수 있는 힘의 꽃이라 한다. 마치 새벽닭이 울지 않으면 하루가 열리지 않듯이 매화가 피지 않으면 봄이 오지 않는 이치다.

호우의 철학, 정몽주의 봄비와 정도전의 설중매

봄비의 정체가 그러한 듯하다. 순리를 말하는 해석보다는 단서가 더 중요하다. 검은 피 붉은 피 뿌리며 들판에서 싸운 이유가 봄의 전령 매화를 피우기 위함 아니었던가. 조선이라는 새로운 나라를 기획

　　　　　　　　　우리 스스로의 배내옷이었던 것

꿈길에 봄비를 데리고 오신 아버지. 겨우내 살지게 먹였던 일소도 앞세우셨다. 영암군 갈곡 논 가는 소와 농부는 아버지 생전 모습을 연상케 한다. 사진_ 이윤선

했던 정도전은 그의 시 〈매설헌도梅雪軒圖〉에서 이렇게 노래했다.

> 고향 산은 아득히 음기가 서려 있고
> 대지의 바람은 차고 눈은 깊이 쌓였는데
> 창을 올리고 편히 앉아 주역을 읽노라니
> 가지 끝에 흰 것 하나, 하늘 뜻을 보이네

삼봉이 올려다 본 가지 끝의 흰 것, 그 꽃의 의미는 무엇이었을
까? 그렇다. 의심의 여지없이 새로운 봄과 새로운 시대였을 것이다.
겨우내 곤음의 동굴 속에서 검은 피와 붉은 피를 튀기며 새로 올 봄

에 대한 혈전을 치렀을 그에게 이 꽃은 남달랐을 것이다.

이제 남도의 모든 언덕들 푸르러질 것이다. 지난밤 비는 백골이 진토 되었을 내 아버지를 꿈길로 모셔오더라. 봄비 소리에 화들짝 놀라 꿈에서 깨어났다. 포은도 삼봉도 푸른 들 데려오는 봄비를 독우 청춘 했을 것이다. 상고할 바가 많다. 곤음의 땅을 일구는 자들이 여기저기 일어나리라. 겨우내 살지게 먹였던 일소 앞세우고 말이다. 검은 피를 쏟아내면서도 새 세상을 거부하는 자들은 순리를 거스르는 자들이다. 그렇다고 순리를 좇는 자들이 무혈 승리하는 것은 아니다. 인내하여 정도를 지키라는 단서를 유념해야 한다. 봄의 전령 매화가 저절로 피는 것이 아니다. 짱짱한 보습 끼운 쟁기 짊어진 자들이야말로 매화의 향을 들을만한 사람들이다.

내일도 비가 오려나. 보아하니 봄비와 관련된 절절한 노래들이 많다. 송창식의 노래 한 곡 더 들으며 봄비를 묵상하려 한다. 매화 터지는 소리를 들을 수 있으면 좋겠다.

우리 스스로의 배내옷이었던 것

이승에서 못 푼 고난
풀고 가라

벌써 오래 전 일이다. 이름을 대면 알만한 바닷가의 큰 다리 밑. 물살 거세기로 이름 난 그 바다가 그날따라 고요했다. 바닷가에 제상을 차리고 혼을 건져 올릴 신대를 만들면서 굿은 시작되었다. 이른바 넋 건지기굿 혹은 혼건짐굿이다.

　나 어렸을 때 바닷가에서 종종 봤던 그런 풍경들이다. 언덕배기에는 산신상을 차렸다. 나물 몇 가지, 과일(배, 사과, 참외), 밤과 대추 몇 알씩, 메 한 그릇, 국 한 그릇, 막걸리 한 잔 등. 해변가에는 용왕상을 차렸다. 산신상보다 훨씬 풍부한 차림. 메와 국을 다섯 그릇씩 놓았고 과일도 풍성했다. 사해 용왕과 중앙 신격에게 드리는 제물이다. 이어 '무레밥'을 만들었다. 양푼에 막걸리를 붓고 산신상과 용왕상을 차리고 남은 음식과 과일을 쪼개서 넣었다. 바다에 뿌리기 위한 용도의 제물들이다. 마지막으로 가장 중요한 신대 두 개를 만들었다. 아, 두 개의 신대라니. 지금도 이 생각을 하면 아득해진다. 건져 올릴 혼령이 둘이었던 것이다.

이승에서 허락지 않은 사랑

굿하던 날로부터 50여 일 전이다. 꽃다운 나이, 고등학생이던 남녀 둘이 큰 다리에서 투신했다. 유서도 없었다. 왜 그랬을까? 아마도 이승에서 허락지 않았던 혹은 허락지 못할 난관이 있었으리라. 그래도 그렇지, 개똥밭에 굴러도 이승이 낫다 하지 않던가. 왜 결합이 이뤄지지 못했는지 차마 부모들에게 물어볼 수도 없었다. 하지만 투신을 감행하기까지 겪었을 이 어린 남녀의 마음고생을 짐작하기는 어렵지 않았다. 투신하던 그날의 바다도 굿하던 날 바다처럼 고요했을까. 떨리는 마음으로 마주 잡았을 여리고 여린 두 손들에게, 굿하던 내내 울부짖던 부모들과 친구들에게 내가 해줄 수 있는 말은 없었다. 투신한 둘과 함께 이들의 마음도 이미 물속에 빠져버렸을 것이기 때문에.

굿이 시작되었다. 한 필의 무명천 끝을 신대에 묶었다. 다른 한쪽 끝에는 이른바 '넋밥그릇'을 묶었다. 남도 지역에서는 이를 '혼밥그릇'이라 부르지 않고 통상 넋밥그릇이라 부른다. 이 밥그릇 안에는 종이로 오린 넋, 돈, 쌀, 돌 몇 개를 함께 넣었다. 무명천은 일곱 마디의 매듭을 만들어 묶었다. 이를 '고'라고 한다. 일곱 매의 매듭은 출생으로부터 노정된 고난이요, 풀지 못한 한이라 한다. 이를 푸는 것이 '고풀이'다. 이승에서 풀지 못한 고난들을 풀고 가라는 뜻이다.

시간이 흐르면서 대신맥이 검정 돼지와 산 닭을 바다에 바쳤다. '대신받이지숙'이라고 한다. 당골은 끊임없이 노래하며 신대에 묶인 넋밥그릇을 꺼냈다 물에 던지기를 반복했다. 망자들의 부모와 친구들이 번갈아가며 신대를 잡았다. 넋은 쉽게 올라오지 않았다. 이웃집 할머니가 바

우리 스스로의 배내옷이었던 것

고풀이는 원한을 상징하는 흰 무명천의 매듭을 풀며 영혼을 달래주는 절차다. 2009년 명량
대첩축제 진도 씻김굿 재현 장면. 사진_ 이윤선

다를 향해 설득조로 말했다. "어서 올라온나. 모른 바닥에서 살아야제.
모른 자리에서 멋지게 살제. 이쁘다 이쁘, 모른 자리에서 살자" 그랬다.
물속의 어린 영혼들이, 아직 건져내지 못한 육신들이 올라올 땅은 젖지
않은 마른땅이요, 다시 멋지게 살아갈 또 하나의 세상이었던 것이다.

　당골의 노래와 악사들의 반주가 느려졌다가 빨라지기를 거듭한
한 나절 동안 수십 번의 곡성이 망망한 바다로 울려 퍼졌다. 바다 건
너 어디쯤 혹은 바닷속 어디쯤 마치 부끄러워 숨어버렸을 망자 아이
들을 향한 외침과 울음들이 바람에 섞이기를 반복했다.

　당골의 호흡소리가 거칠어지던 오후 어느 때, 신대를 잡고 있던

어머니의 손목이 심하게 흔들렸다. 정신없이 신대를 흔들어대기 시작했다. 당골이 물었다. "아들이 뭐라고 하나?" 어머니가 흐느끼며 대답했다. "집에 가자고 한다." 더 이상 물을 수 없을 만큼 목소리조차 흔들렸다. 이내 당골이 바닷속으로부터 넋밥그릇을 들어올렸다. 아들의 혼령이 들어있다고 믿는 넋밥그릇을 들어 올리자 어머니는 실신해 쓰러지고 말았다. 한참이 지난 후 딸의 넋도 그렇게 올라왔다. 당골이 말했다. "이제 끝났소." 굿에 참여했던 친지며 친구들이 비로소 안도하는 듯했다. 두 개의 넋밥그릇을 가슴에 품고 집으로 돌아왔다.

넋들의 혼인과 씻김

산 너머 달등마을로 돌아온 것은 이미 땅거미가 내린 시간이었다. 먼저 도착한 악사들이 신랑, 신부 허재비(허수아비)를 만들었다. 허재비에 눈과 코와 입을 그려넣었다. 비로소 굿청에 웃음들이 터져나왔다. "영락없이 OOO 닮았다." "신부가 너머 이쁘다." 여기저기 농담들이 쏟아졌다. 누군가는 노래를 냈다. 한낮의 슬픔들이 금세 어디로 날아가 버린 풍경들이 이어졌다.

방에는 신방이 꾸려졌다. 마당에서 왁자지껄한 폐백이 끝난 후 인형(망자 허재비)들은 신방으로 옮겨졌다. 당골은 병풍을 치고 안쪽에 요를 깔았다. 두 인형을 나란히 눕힌 뒤 새로 만든 고운 이불을 덮어주었다. 윗목으로 술상을 차렸다. 이승에서 맛보았을지도 모를 좋은 술을 나눠마시게 될 것이다. 신발을 벗기고 병풍으로 신방을 가렸다. 누군가 밖에서 엿보다 말했다. "신랑, 술 쪼끔만 마셔!" 여기저기 웃음이 터졌다. 망자들의 죽음을 벌써 잊은 듯, 새로 열릴 또 하나의 세계에 대해 모두들 기대하는 눈치였다.

다시 마당에서는 한 밤이 지새도록 망자들에 대한 씻김굿이 이어졌다. 때때로 반백 년 훨씬 전에 죽었을 조상들이 출현하기도 하고 어딘지 모를 세계로부터 이런저런 망자들이 초청되기도 했다. 마을 사람들은 이승과 저승을 오가며 진행되는 씻김굿 속에서 울다 웃기를 반복했다. 그랬다. 이들이 건져 올린 것은 파도 사이 흩뿌려졌던 어린 남녀의 넋이라기보다는 그네들이 차마 거두지 못했던, 그래서 울다 웃다를 반복한 모든 이들의 마음이었던 것이다.

고풀이가 필요한 시대

남도씻김굿 고풀이는 막히고 단절된 고리를 풀어내는 의식이다. 어느 누구라고 어느 시대라고 막히고 꼬인 것이 없을까만, 특별히 우리 시대는 한층 더 그러해 보인다. 세대와 세대 간의 갈등과 불화가 말해주는 것이 무엇일까. 소통이 안 되고 막히고 꼬였으니 이것이 '고'다. 더불어 살아야 할 사람들이 개별화되고 주변화되어 겉돈다.

주체主體는 무엇인가? 내 몸과 마음의 주인이 되는 것이다. 심신의 주인이라 함은 무엇인가? 내가 스스로 판단하고 결정하고 책임지는 것이다. 보아하니 계층과 계층 간의 갈등이 깊어져 간다. 빈부격차가 날로 심해진다. 먹을 것이 없어 아사해 죽는 것이 아니다. 상대적 빈곤감으로 메말라 죽는다. OECD 국가 중 자살률·고독사율 최고 혹은 상위를 달린지 십수 년이다.

몸의 문제로 치환해 얘기하면, 꼬아지고 뒤틀린 장기를 회복하는 것이 필요하다. 수많은 종교 지도자들이 단식을 통해 이른바 영성을 추구하는 이유가 뭘까. 이전의 자신을 죽이고 새로운 나를 창조해내려는 일종의 의례다. 국가나 민족은 어떠한가? 선대의 꼬인 역사가 있고, 현재의 질곡이 있으며, 풀어내야 할 미래가 예비된다.

뒤틀리고 꼬인 '고리'들은 과거와 현재의 은유다. 마치 창자가 꼬인 것처럼 형용된다. 실제 고풀이의 형상을 보면 마치 꼬인 창자처럼 질베를 형용했다. 고풀이의 '고'가 은유하는 본질이다. 이 시대야말로 고풀이가 필요한 시대다. 엉킨 고리들을 풀어내기 위해서는 과거와 현재의 '우리'를 죽이는 의례가 필요하다. 그래야 갱생하고 부활한다.

우리 스스로의 배내옷이었던 것

씻김굿

'씻김굿'이란 무엇일까? '죽은 이의 영혼을 깨끗이 씻어주어 이승에서 맺힌 원한을 풀고 극락왕생하기를 비는 굿을 통틀어 이르는 말'로 정의되어 왔다. 죽은 자는 모두 이승에서 원한이 맺혔다는 뜻으로 읽힌다.

과연 그러한가? 표면적으로는 현실부정의 논리 같다. 여기에는 이승의 삶이 더럽혀졌다는 혹은 더럽다는 전제가 작용한다. 대개 이를 생시의 죄를 씻는 것, 곧 부정을 없애는 것으로 풀이한다. 이승의 삶이 고달팠으니 저승에 가서는 좋은 곳으로 가라는 사설들이 이를 대변한다. 그렇다면 씻김굿을 받은 망자들은 어떤 저승으로 갔으며 또 어떤 복락을 누리고 있을까? 이승을 부정적으로만 해석한다면 '개똥밭에 굴러도 이승이 낫다'는 민중들의 언설과는 어떤 심리적 괴리가 있는 것인가?

1986년 진도 영등제 씻김굿 질닦음(길닦음) 장면. 영돈마리가 끝나면 무명천을 팽팽하게 늘여 신칼을 들고 길을 닦는다. 망자의 저승 가는 길을 닦아준다는 의미다. 제공_ 김희태

'영돈마리'의 절차

남도 씻김굿은 대개 열두 거리가 있다고들 한다. 그중 전형을 가지고 있는 거리는 아무래도 '이슬털이'다. 이 씻기는 대목을 전형으로 삼기 때문에 전체 굿의 이름을 씻김굿으로 호명하는 것이니 말이다. 거기에는 보이는 것과 보이지 않는 것이 있다. '이슬털이'의 내면과 외면을 말해야 할 이유다.

씻김굿의 여러 절차가 끝나고 '이슬털이' 순서가 되면 고인을 상징하는 '영돈마리'를 한다. '영돈'은 '영혼靈魂을 넣은 돗자리'라는 뜻이다. 망자의 옷을 돗자리에 말아 세운다. 돗자리 위에는 누룩을 놓는다. 누룩 위에는 또아리(똬리)를 놓는다. 그 위에는 복개 혹은 주발

남도를 품은 이야기

(뚜껑이 있는 밥그릇)에 넋(한지로 오린 신체)을 넣어 올린다. 맨 꼭대기에는 솥뚜껑을 놓는다. 솥뚜껑 아래는 이어서 연행할 '길닦음'에 쓸 '질베(길을 상징하는 베)'의 끝을 연결해둔다. 망자가 미혼이었을 경우 솥뚜껑은 바가지로 대체되기도 한다. 이것이 망자를 상징한다는 것은 불문가지다.

하지만 왜 이런 형식을 갖게 되었을까. 연행에는 맑은 물, 향물, 쑥물이 사용된다. 맑은 물은 청계수요, 향물은 향불과 같은 이치다. 쑥물 또한 기능적, 신화적으로 설명될 수 있다. 이 세 가지의 물을 각각 작은 그릇에 담고 솔가지 혹은 빗자루로 찍어서 씻는다. 찍어낸 물들로 망자를 상징하는 '영돈'을 씻어내린다. '질베'로는 세 가지의 물 즉 삼합의 물기들을 닦아낸다. 신칼로는 연신 솥뚜껑을 두드리며 무가를 연창한다. 여기서 솔가지나 빗자루는 영돈을 씻는 역할을 한다. 무가가 진행되는 동안 영돈은 발끝에서 머리끝까지 깨끗하게 씻긴다.

누룩의 비밀

영돈마리를 하는 문화권에서는 모두 누룩을 사용한다. 남도의 씻김굿만이 아니다. 지역에 따라 '온누룩'을 사용하는가, '누룩가루'를 사용하는지가 다를 뿐이다. 하고많은 것들 중에 왜 누룩을 사용했을까? 망자의 싱징물이라면 누룩 외에도 더 근사한 방식으로 표현할 수 있을 텐데 말이다.

진도씻김굿 중 영돈말이. 제공_ 진도군

누룩의 효능이나 기능에 대해서는 구구절절 토를 달 필요가 없을 것이다. 누룩 효모는 발효의 대명사다. 전 세계의 발효문화 중에서 동아시아 특히 우리나라의 것들이 주목된다. 심지어는 간장, 된장을 담을 때도 전통적으로 누룩을 사용했던 적이 있다. 물론 일부 농가는 지금도 그렇게 한다. 기본적으로 누룩은 술을 만든다. 술은 마시기 위한 것이기도 하지만 신을 경배하는데 사용된다. 다른 지역도 마찬가지다. 집안에서 특히 종가집의 며느리가 감당해야 할 가장 큰 일 중 하나가 술을 만드는 일이었다. 연간 줄줄이 제사를 지내야 하기 때문이다. 그렇다. 제사가 중요하다. 이슬털이에서 누룩을 사용하는 것은 단순히 망자의 신체 이미지를 만들어내기 위해서 사용했다기보다는 이 술과 밀접한 관련이 있다. 이항대립의 경계를 넘는 기술이 그 비밀이다.

경계 넘기를 위한 증류주

이승에서 저승으로 넘어가는 곧 경계 넘기에서 술이 왜 필요할까? 이슬털이가 경계를 넘는 방식이라면 여기서의 술은 경계를 넘기 위해 필요한 장치이거나 기술을 의미할 것이다. 경계를 넘기 위해 발

남도를 품은 이야기

효라는 장치가 필요하다는 뜻인가? 여기서 발효^{醱酵}는 무엇인가? 여러 가지 뜻들이 있지만 기본적으로는, '미생물이 자신의 효소로 유기물을 분해 또는 변화시켜 특유한 최종산물을 만들어내는 현상'을 말한다. 우리말로 '삭힌다', '띄운다', '익힌다' 등의 용어로 설명된다. 하지만 발효 자체에 의미가 있다면 간장을 만들어내는 메주를 사용했을 수도 있다. 망자의 신체 이미지를 나타내는 것이 목적이라면 오히려 얼굴 형태의 메주가 적당할 수도 있으니까. 하지만 그렇게 하지 않았다. 왜 그랬을까? 발효 자체보다는 '술'이라는 키워드가 더 중요했기 때문이다.

술은 신(조상)의 은유라는 점을 주목할 필요가 있다. 음복의 예에서 이를 알 수 있다. 제사상에 올랐던 술은 조상의 단계에 진입한 것이고 이를 후손들이 나누어 마신다. 조상과 합일하기 위해서다. 마치 교회에서 성찬식을 할 때 빵과 포도주를 먹고 마셔 신성을 획득하는 것과 같은 이치다. 따라서 '이슬털이' 의례에서 술 만드는 행위를 모사하는 것은 망자가 조상(신)의 단계에 진입할 수 있는 권위를 획득하는 과정에 다름 아니다. 즉 변칙범주의 경계 넘기를 이행하고 있는 것이다.

씻김굿 영돈마리의 이항대립과 변칙범주에 대해서는 졸저『산자와 죽은자를 위한 축제』(민속원)에서도 자세하게 밝혀뒀고, 새로 나올 기독교 관련 단행본에서도 중요하게 다루었으니 교차 참고 가능하다.

2부

누군가 불러줄
노래 하나 있기를

⋮

✦

　세월은 화살처럼 지나갔다. 두 사람도 어느새 중년의 나이가 되
었다. 이윽고 노둣돌을 다 쌓아 바다 가운데서 만난 이들은 서로 부
여잡고 하염없는 눈물만 쏟아냈다. 평생의 그리움이 사무쳤던 까닭
이다. 하지만 이를 어쩌랴. 들물이 시작되어 되돌아설 수 없었다. 바
다 가운데서 부둥켜안은 채 바닷물 속으로 잠겨 들어가는 것을 사
람들은 발을 동동 구르며 보고 있을 수밖에 없었다. 다시 물이 바뀌
어 썰물이 되었을 때는 양 섬을 연결하는 노두만 드러나 있을 뿐 비
구와 비구니 스님은 온데간데없었다.

효부는 말한다,
뼈대 있는 집안이 뭐라고

"나는 이 씨 문중에 안 묻힐라요." 형수가 대뜸 말했다. 무슨 뚱딴지같은 소리인가 싶어 물었다. "그게 무슨 말씀이시당가요?" 형수가 눈을 흘겼다. "대장들이 줄줄이 묻혀있는 곳에 가면 또 구박받고 시집살이할 터인데, 내가 왜 거기 묻히겠소?" 선산에 줄줄이 묻혀있는 시할머니로부터 시어머니 등을 대장이라 표현한 것이다.

"에이, 그래도 그렇지. 법통이 있는 가문인데요. 열녀를 낳고 효부를 낳은 집안 아닙니까?" 내 너털웃음을 받는 형수의 대답이 쌀쌀하고도 옹골찼다. "흥! 열녀고 효부든 뭐 한다요. 내 죽으면 뼈를 몽글디 몽글게 갈아서 너른 들판에 뿌리라 할라요. 훨훨 잘 날아 댕기게."

그래, 훨훨 날아다니고 싶으셨던 것이구나. 형수에게는 자유롭고 화평해야 할 가정이 종가와 문중으로 불리는 감옥이었던 셈이다. 형수의 말에 더 이상 대꾸할 수 없었다. 살아서도 시할머니, 시어머니, 또 줄줄이 형님네들 등쌀에 평생 부하 노릇만 했는데 선산에 가면 다시 맨 아랫자락에 묻힐 것 아닌가. 종가며 문중 제사로 날이면 날마다 달이면 달마나 가양주 담그느라 허리가 휘었는데, 저승에 가서도 대장 양반들 술 많이 드시려나? 그렇다면 그곳에서도 영락없이 가양주 담그다 후생을 허비하게 생겼다. 형수 돌아가시고 열녀비나 효부기념비를 세운들 그 무슨 부질없는 일이란 말인가.

문중과 종가에 갇힌 '포로들'

남도 지역뿐만이 아니다. 대한민국 방방곡곡 어디를 가나 한 마을 거쳐 열녀각이 있고 효열비가 있다. 이 기념물들이 산속 깊은 곳이 아니라 저잣거리나 눈에 잘 띄는 공간에 배치된 이유는 말할 필요조차 없다.

열녀에 대한 기념은 임진왜란 이후 급속하게 확장되었다. 한때는 열녀를 다룬 문학도 성했는데, 도미설화니 춘향전이니 하는 따위 들이다. 어쨌든 열녀를 기려 '열녀정려비'를 세우고 열녀정문을 만들거나 열녀각을 세우는 일이 전국으로 확대되었다. 각 종가나 문중에서는 이를 크게 선전하며, 가문의 영광이라 자랑했다. 누구라 할 것도 없이 우리 모두가 이와 같이 우쭐댔다. 열녀와 효부가 있어서 뼈대 있는 집안이란 말은 무엇을 의미하는 것일까. 박지원이 「열녀함양박씨전」에서 수절의 폐해를 고발한지가 언제인데 지금도 열녀비를 내세워 가문자랑을 할까. 이를 법통이라 여기고 있기 때문이다. 하지만 이렇게 되묻고 싶다. 그것은 법통인가 밥통인가?

종부 혹은 며느리라는 이름

함평 해보면 모평 마을은 파평 윤씨 집성촌이다. 여진족을 몰아내고 동북 9성을 쌓았다는 고려 장수 윤관(1040~1111) 사당 옆에 열녀비가 있다. 정유재란 때 남편이 왜병에게 살해당하는 것을 막으려다 목숨을 잃었다는 신천 강씨를 기리는 비다. 그 옆에 비가 또 하나 있다. 도생과 사월이라는 노비 부부의 비다. 강 씨 부부가 죽고 어린 아들만 남은 모양이더라. 어쩌겠는가. 충성스런 노비 부부가 이 아들을 잘 보살피고 키워 과거급제를 시켰다는 것 아닌가. 파평 윤씨 문중에서는 이후 대대로 노비 부부의 제사를 지내고 있다 전한다. 맥락을 살펴보면, 강 씨는 남편을 보위하고 노비 부부는 이 가문을 보위했다. 임진왜란 이후 급속하게 확산된 열녀비 건립의 정황을 짐작케 하는 사례다.

완도군 보길도 부황마을 입구에는 열각이 있다. '보길 숙인 김해 김씨 열녀비'다. 남편이 병사하자 물 한 모금 먹지 않고 단식하다 28일 만에 남편을 따라갔다는 이야기. 이거 어디서 많이 듣던 얘기 아닌가? 주군을 따라 죽임을 당하던 순장 제도 말이다. 아니지, 남편을 너무 사랑했던 한 여인의 이야기일 수도 있으려나. 불과 100여 년 전 이야기다. 열녀와 수절의 외면은 이런 형식으로 재확산됐다.

한 가지 사례를 더 보자. 옥과 지역, 선비 송광언의 아내 함평 이씨 얘기다. 삯바느질을 해서 술꾼 남편에게 매일 술을 대접해드린 모양이다. 어느 날 술 한 그릇을 부뚜막에 올려놓았는데 실수로 엎지르고 말았다. 황망해하다가 술 엎어진 자리를 파보니 술이 다시 나

누군가 불러줄 노래 하나 있기를

마리아상을 닮은 신안군 우이도 진리마을의 상원 김씨 열녀각. 사진_ 이윤선

왔다는 거 아닌가. 남편을 잘 섬긴 열녀라 해서 마을 사람들은 이 씨를 기려 열녀비를 세웠단다. 굳이 해석하지 않아도 이유를 짐작할 만한 효부 열녀 이야기들은 각처에 흔하게 전해져 온다. 전쟁 때는 정조를 지켜 자결한 여자들에게 열녀비를 세워주고 조정에서는 그 열녀각에 장려금을 내렸다. 그뿐인가. 지아비가 먼저 세상을 뜨면 그 뒤를 따라 죽은 부인의 열행도 적극 장려됐다. 고려 때 몽골에서 돌아온 여자들을 환대하기는커녕 '화냥년'이라 했던 사실을 환기해보면 시절 무상이라고나 할까.

신안군 우이도 진리마을에는 상원 김씨 열녀각이 있다. 마리아를 닮은 열녀비라고 해서 많이 알려진 동상 형태의 비석이다. 박 씨가 열일곱 되던 해 우이도 김 씨와 혼약을 했는데 약혼한 남편이 바다에 나가 죽었다. 얼굴도 못 본 남편이었다. 하지만 죽은 남편 귀신과 혼사굿을 치르고 시부모를 극진히 모셨다. 박씨는 74세 되던 1907년에 세상을 떴다. 밀양 박씨 문중에서는 그 뜻을 기려 기념비를 세웠다. 수절 과부 열녀의 전형이 조선시대만 관통했던 것은 아닌 모양이다. 들으면 들을수록 슬픈 이야기다.

많은 여성들이 종부 혹은 며느리란 이름으로 호명되며 이른바 가문의 뼈대를 세우고도, 시대가 유수와 같이 흘렀다. 여성 상위시대라는 말이 나오기도 한다. 과연 그럴까? 잘 모르겠다. 말할 수 있는 것은 열녀나 효부가 가진 의미에 대해 이미 오래 전부터 성찰을 시도했다는 것. 그래서 지금 남아있는 기념비, 제각 등의 유물 유적들은 추모와 더불어 성찰의 대상이어야 한다는 점이 아닐까.

하지만 열녀비를 상고하여 재구성할 우리 의식의 단면들이 아직은 중층적이다. 선거 때만 되면 가문, 종교, 혹은 동문을 중심으로 패거리가 되는 경향이 그 증거다. 아직은 희생자로서의 열녀들을 소환할 때가 아닌 모양이다. 다만 나는 바랄뿐이다. 아마 형수가 돌아가시면 천지 사방을 훨훨 날아다닐 수 있겠지만 그 전에 여기저기 여행도 좀 하시고 자유롭게 사실 수 있기를.

누군가 불러줄 노래 하나 있기를

매향, 천년 후의 희망을 묻다

그날따라 영산바다 황혼이 붉디붉었다. 보름사리인데도 잔물결이 일었다. 바람이 찼다. 다시 바람의 달 2월이 시작되고 있지 않은가. 잘게 부서지는 파도들 사이로 바삐 움직이는 일군의 그림자들이 보이기 시작했다. 비린내 나는 바람을 마주한 향도들이었다. 훗날 영산강으로 불리게 될 영산해변. 포구에서 갯고랑으로 열몇 개의 사래 긴 전답을 따라 들어간 곳이었다.

향도들의 잔기침 소리가 간간이 들릴 뿐, 왁자지껄하거나 큰 소리가 나지도 않았다. 인근 남녘의 향도들이 모두 운집했으리라. 그 수가 수백을 헤아리고도 남음직했다. 경상 지역의 사천에서는 천 명이 훨씬 넘는 향도들이 모였다더라. 향도의 우두머리와 강변 사찰 화주가 말없이 손짓으로 지휘를 했다. 나지막하게 지시하는 말들에 위엄이 묻어났다.

개펄에 향나무를 묻다

일군의 무리가 옮기는 것은 육중한 향나무 토막이었다. 대웅전의 상량목으로 써도 충분할 크기였다. 황혼을 받아 붉은 땅이 된 개펄 위로 나지막한 노랫소리들이 내려앉았다. 부엉이 떼 우는 듯한 중음의 목도소리였다. 노랫소리는 크지 않았음에도 긴장감이 배어 나왔다. 아홉 가닥의 굵은 칡 줄로 세 번을 벼린 목도줄 껍질들이 힘에 부치는지 파르르 떨었다. 향도들의 맨발자국이 모래 개펄에 얕은 웅덩이들을 만들 때마다 질펀거리거나 뻐럭거리는 소리들이 수선스러웠다. 아마도 생 바지락 깨지는 소리였을지도 모르겠다. 화주가 어깨를 크게 저어 쉬라는 신호를 보냈다. 아직 이르다. 들물을 기다려야 한다. 목도를 내려놓고 궐련 한 대 피울 참을 넘겼다. 왜 들물을 기다리느냐고 묻는 이들은 없었다. 시작이며 발기라는 들물의 의미를 모르는 자가 뉘 있겠나. 해발 몇 미터라고 하더라. 산자락을 따라 눈길을 옮기니 강변 사찰이 있는 산등성이 해송 숲 사이로 빛바랜 맹감 잎들이 즐비했다.

시선을 영산해로 돌렸다. 모래 개펄로부터 세 발 남짓 갯골 안쪽으로 들어간 자리. 민물과 갱물(바닷물)이 만나는 바로 그 자리. 일군의 향도들이 이미 파놓은 개펄 웅덩이가 보였다. 사실 일 년 한 철을 통틀어 보면, 민물과 갱물이 어디 한 곳에서만 만날 것인가. 한 달로만 봐도 삭망의 사리 때면 갱물이 산자락을 밀고 오르고 초여드레, 스무사흘 조금이면 민물이 무인도를 향해 내달려오지 않던가. 그럼에도 사람들은 이곳을 합수개옹이라고 불렀다. 산골짝을 타고 내려

온 청정수와 아마도 황해 어디 심해를 차고 오른 바닷물이 만나는 꼭지점이라는 뜻이었을 것이다.

드디어 개옹(갯골) 한 질 넘어 돔 바위 주변으로 깨작깨작 물기가 번지기 시작했다. 들물이었다. 향도들이 다시 분주히 움직이기 시작했다. 들물이 차오르기 시작하면 개펄은 순식간에 바다로 바뀌기 때문이다. 길게 파놓은 개펄 구덩이에 향목을 내려놓자마자 이내 바닷물이 조금씩 차오르기 시작했다. 향도들은 한 삽씩의 개펄 흙을 웅덩이에 던져 넣었다. 물이 점점 차오고 있었지만 분주하거나 당황해하지 않았다. 물이 거의 차올라 향나무의 흔적이 보이지 않았다. 우두머리와 화주가 마지막 한 삽을 떠 넣었다. 충청도 지방에서는 수륙재를 더불어 크게 지냈다고 하더라만 돌담 다듬는 석공마저도 감지덕지 구해야 하는 이곳 처지로는 그림의 떡일 수밖에. 그럼에도 진중한 한 삽 한 삽은 그 어느 지역에 못지않은 장엄한 의식이었다. 그렇다. 어디서 많이 봤던 익숙한 풍경. 그것은 위난의 시대를 살았던 향도들 스스로를, 혹은 그 어지럽혀진 마음들을 장사 지내는 집단 매장의식이었던 것이다.

산천수와 바닷물이 만나는 땅, 그 자리에 묻은 마음

왜 향나무를 개펄에 묻었던 것일까? 우리는 통상 이 의식을 매향이라고 하고 이 전말을 비석이나 암석 위에 새겨둔 것을 매향비라고 한다. 이렇게 묻어두었던 향나무를 침향이라고 한다. 침향은 오랜 세월 개펄에 묻혀있었기 때문에 그 단단하기가 최고이며 향 또한 비교할 데 없이 좋다고 하더라. 그래서 사리함을 만들 때도 사용하고 목불을 만들 때도 사용해왔다고.

상고해 보면 이것은 우리 조상들이 향을 피우기 시작하던 때로부터 연원한 것이다. 침향나무가 없는 우리로서는 교역상품이나 선물들로 사용되었을 것이다. 『삼국유사』에는 양나라 사신이 향을 가지고 왔다는 기록이 있다. 이미 신라시대부터 침향나무와 백단나무를 수입했으며 왕실이나 귀족들이 애호했음을 확인할 수 있다. 매향의식도 우리에게 없던 침향을 만들기 위한 수단 중 하나였을 것이란 해석도 있다.

하지만 대부분 매향과 관련해 세간에 알려져 있는 정보는 천년 후에 도래할 미륵세상을 염원하는 의례였다는 것으로 집중된다. 한국 매향비의 내용을 분석한 전 목포해양대 이준곤 교수에 따르면 미륵불이 하생할 때 향을 공양하기 위한 것이 주된 내용이었다고 한다. 일반적으로 미륵하생신앙을 바탕으로 하면서 향도 등의 개별 집단들의 소원을 비는 의례였다는 것. 물론 이 중에는 왕과 국가를 위한 매향의 성격도 나타난다. 주로 미륵신앙과 민간신앙의 교합적인 의미를 지니고 있다고 볼 수 있을 것이다. 전국적으로는 현재 약 15곳 정도의 매향비가 발굴되어 있다. 이 중에서 남도 지역이 압도적이다. 충청, 강원, 경상의 소수를 빼면 거의가 남도 지역에 치중되어 있기 때문이다. 그 이유에 대해 이렇다 할 해석을 한 사람들은 아직 없다. 전라도 사람들이 어려움을 많이 겪었다는 등으로 독해하는 것은 단편적인 것이다.

누군가 불러줄 노래 하나 있기를

매향은 미륵을 기다리며 향나무를 갯벌에 묻어두는 향도들의 공동체 의식이다. 신안군 암태도에 세워진 매향비. 사진_ 이윤선

　나는 이것을 개펄에다 매장하는 방식과 침향으로 재생하는 맥락에서 찾고 있다. 천년 후에 재림할 메시아는 미륵신앙 뿐만 아니라 기독교 신앙으로도 견주어 해석해볼 수 있다. 문제는 지금 여기, 우리의 해석 아니겠는가. 그렇다. 다시 천년을 기다릴 마음들에 관한 것이다. 누가 다시 천년 후에 올 세상을 위하여 그 희망을 묻고 있는지, 지금은 닫힌 바다 영산강변에 앉아 바람을 맞는다. 천년이 지났으나 오신다던 미륵은 오지 아니하였다. 천년이 다시 지나면 또 어떤 미륵이 오실지 나는 알지 못한다. 예수라는 이름의 미륵일지 관음이라는 이름의 미륵일지도 알 수 없다. 다만 바랄 뿐이다. 내 아이들의 아이들이 적어도 전쟁 없는 땅에서 평화롭게 살아갈 세상이 미륵 세상이지 않을까 하는.

산자들을 위해
망자를 호명하다

무안반도 해변에 한 귀인이 나타났다. 정조가 임금에 오른 1777년 (정조 1년)이었다. 귀인은 마을 앞 포구에서 내렸다. 배가 어디서 왔는지 알 수 없었다. 곧장 마을 뒷산으로 올라갔다. 마을 사람들이 따라 갔다. 한 무리의 산짐승들이 모여들었고 바다에는 갈매기들이 운집했다. 한 폭의 민화民畫를 보는 듯했다. 주위를 둘러보던 귀인이 말했다. "나는 선왕의 세자다. 원한이 사무쳐 나라 이곳저곳을 방랑했다. 이곳을 둘러보니 풍경이 너무 아름답다. 내 영혼이 여기 머물고자 한다." 그렇게 말하고는 홀연히 사라져버렸다. 생시가 아니었다. 선명한 꿈이었다.

파도에 실려 온 사도세자의 혼령 궤짝

다음 날 마을 사람들이 모였다. 얘기를 하다 보니 세 사람의 꿈이

72

일치했다. 이 씨, 성 씨, 박 씨가 똑같은 꿈을 꾸었던 것. 해괴한 일이었다. 무슨 의미가 있을까? 궁금해 하면서 헤어졌다. 밤을 맞이한 세 사람은 또 같은 꿈을 꾸었다. 세자의 혼령이 다시 나타나 어제 한 말을 반복했다. 이튿날 마을 사람들이 다시 모였다. 같은 꿈이 반복되는 것에 모두들 놀라워했다. 필시 무슨 계시일 것이리라.

그 일이 있고 며칠 후였을까. 마을 사람 하나가 바닷가에 무엇인가 떠밀려 왔다고 외치는 소리가 들렸다. 모두들 바닷가로 나갔다. 아니나 다를까, 해변가에 까만 궤짝 하나가 있었다. 세 사람의 꿈과 연결되는 물건이라 생각했다. 궤짝을 정성스럽게 모셔왔다. 제단을 쌓고 제사를 지내기 시작했다. 사도세자당思悼世子堂으로 불리는 동암묘제東岩廟祭의 시작이었다.

동암묘와 사도세자당

동암東巖이란 동쪽에 있는 바위라는 뜻이다. 그곳에 사당을 세우고 제사를 지냈다. 이름을 동암묘東巖廟라 지었다. 정면 3칸에 측면 1칸의 맞배지붕으로 만들었다. 사도세자 위패를 만들어 사당 중앙에 모셨다. '동암묘 중수기'를 포함한 편액 4개도 만들었다. 본래 마을의 우실(방풍림 구실을 하는 신성한 숲)이 있던 자리다. 수백 년 동안 자리를 지켜온 해송들이 즐비하다. 사도세자는 고종대에 이르러 '장조莊祖'로 추존되었다. 마을 사람들은 제단과 제사를 폐하기로 했다. 억울함을 벗었으니 더 이상 제사를 지속할 필요가 없어졌기 때문이다.

무안군 운남면 동암묘. 비운의 왕자 사도세자의 안식처가 된 곳이다. 사진_ 이윤선

　그런데 그것이 아니었다. 마을에 흉흉한 일이 생겨났다. 이듬해 또 사도세자가 꿈에 나타났다. 필시 복위가 제대로 되지 않은 모양이라 여겼다. 다시 제사를 지낼 수밖에 없었다. 이때가 1874년(고종 11년)이다. 이후 세 번의 폐단과 중수를 거듭해 현재의 동암묘가 되었다.

　이곳 말고도 사도세자당이라 불리는 곳이 한 군데 더 있다. 신안군 임자면 수도가 그곳이다. 동암묘가 사우 형식의 제단을 마련했다

　　　　　　　　　　누군가 불러줄 노래 하나 있기를

면 수도의 사도세자당은 돌담으로만 만들어져 있다. 주위로는 당산목이 있는 전형적인 해안 도서지역 당산堂山의 형태다. 무안군과 신안군이 행정 지역으로는 나뉘어져 있지만 물길로 따지면 매우 가까운 곳이다. 경기만에서 출발해도 한 물길이다. 사실상 같은 문화권역이라 할 수 있다.

억울한 죽음과 굿판의 신격들

그렇다면 왜 무안반도에서 그리고 신안군의 수도라는 섬에서 사도세자를 모신 마을제를 모시게 되었을까? 사도제자를 안치한 곳은 경기도 화성인데 말이다. 이것은 남도 사람들의 정서와 어떤 관련이 있는 것일까? 일견 유배자나 정파 투쟁에 패해 숨어든 세력들과 관련이 있을 듯하다. 심도 있는 답은 미뤄두기로 하지만, 대신 억울하게 죽은 자들이 무속의 신으로 좌정하는 숱한 사례가 있다는 점만 언급해 둔다.

섬이나 해안 마을에서 모시는 신격들을 분석해보면 대강의 윤곽이 나온다. 대표적인 것이 서해안 여러 지역에서 모시는 임경업(1594~1646)과 남해안 여러 지역에서 모시는 최영(1316~1388)이다. 중국에서 건너 온 전횡(?~BC 202) 등의 신격도 있다. 모두 전쟁에서 패하거나 억울한 죽음을 당한 사람들을 신격화한 사례다. 동아시아 이주 정황도 보여준다.

실제로 억울한 죽음이었는지는 중요하지 않다. 해당 공동체 혹은 굿을 의뢰하거나 신봉하는 자들이 그렇게 느끼고 받아들였다는 점이 중요하다. 예컨대 여수 영당에서는 이순신(1545~1598)을 신으로 모신다. 이 지역 사람들이 충무공의 죽음을 억울하다고 느꼈다는 뜻이다. 대개가 그렇다. 때문에 공동체는 물론 개별 신앙의 신격으로 사도세자가 좌정하는 것은 당연한 것일지도 모른다. 심지어는 근래 대통령들까지 무속 신격으로 좌정하는 사례가 등장한다. 다 그만한 이유가 있다. 이런 맥락을 이해하는 사람이라면 이 현상 자체에 토를 달 필요는 없다.

마을에서는 유교식 제례에서부터 마당밟이 등의 굿에 이르기까지 다양한 제의를 행한다. 개별 굿의 경우 주로 무속의례를 행한다. 이를 통칭하는 것이 이른바 '굿판'이다. 무당이나 마을제의의 사제들은 이 혼령을 불러내는 지도자다. 그 다음이 문제다. 불러내서 뭘 하는 것일까.

동암마을이 하나의 나라라면

비명횡사했거나 스스로 억울하다고 느끼는 대상을 신격화해 굿판을 벌이는 예는 의외로 많다. 왜 그럴까? 동암묘가 이를 보여준다. 무안반도 해안에 있는 동암묘는 음양오행에서의 동쪽이기도 하다. 해가 뜨는 곳이므로 시작이며 발아發芽다.

무슨 뜻인가? 사도세자의 재기 혹은 재생을 염원하는 소망이 내포되어 있다는 뜻이다. 사도세자는 죽었는데 누가 부활하기라도 한단

누군가 불러줄 노래 하나 있기를

말인가? 바로 그 세력이다. 사도세자를 옹위했던 정치세력의 재기에 대한 소망을 엿볼 수 있다. 이들은 동암묘처럼 동서남북 방위나 숫자, 장소, 상징물 등에 의미를 부여하고 지속적인 굿판을 벌인다. 사건이 일어난 날 혹은 망자가 죽은 날을 기려 재생이나 재기를 도모한다.

그렇다. 대개의 굿판은 산자들의 욕망을 담아내는 그릇이다. 망자를 호명하거나 소환하는 것도 대부분 산자들의 재기나 영화를 위한 것이다. 동암마을이나 수도마을에서 사도세자를 그들의 공동체 안으로 불러내는 방식에 주목한다. 불려 나온 혼령이 공동체를 위해 어떤 역할을 하는가? 예컨대 동암마을의 이장이 영조나 노론의 혼령들을 불러내 위령하고 마을제사의 신격으로 좌정시키고자 한다면 어떤 일이 일어날까. 구성원들의 현몽現夢이 없는데도 말이다. 이렇게 바꾸어 질문할 수 있다. 동암마을이 하나의 나라라면.

무안군 운남면 동암마을. 1910년에는 목포부에 편입되었다가 1914
년 몇 마을을 합쳐 무안군에 편입되었다. 마을에서는 이 제당을 '사
도세자당'이라 부른다. 동암묘에서 제를 지낸 후 마을의 당산나무에
제를 지낸다. 당산나무가 고사한 후로는 묘에서만 제를 지낸다. 제사
일도 연초에서 한식날로 바뀌었다.

　금기하는 것들이 많다. 조문을 다녀온 사람이나 출산이 임박한
사람은 접근이 금지된다. 제주들은 매 제사 때마다 목욕재계하여 몸
을 깨끗이 해야만 한다. 매우 신성한 공간이기 때문이다. 200여 성
상을 훨씬 넘겨 제사해왔으니 그 역사가 짧지 않다.

　신안군 임자면 수도의 사도세자당은 그 역사를 가늠하기 어렵다.
아마 무안의 동암묘와 비슷한 시기에 생겨난 것이리라 추정한다. 군
단위만 다르지 사실상 같은 물길 권역이기 때문이다. 궤짝이 떠밀려
온다든지 생존인물을 신격화했다는 점이 특징이다. 해안표착형 설
화 중의 하나다.

　영화 〈사도〉는 사도세자의 굿판 장면이 있어 주목할 만하다. 사
도세자가 몸부림치며 굿판을 벌이는 장면이 인상적이다. 미친 듯이
북을 두드려대며 무가를 노래한다. 아마 실제로 미쳤을지도 모른다.
자신에게 덧씌워질 운명을 벗어버리기 위한 몸부림이었다.

　사도세자뿐만이 아니다. 비명횡사한 다른 사람들의 경우도 크게
다르지 않다. 주목할 것은 굿판의 기능이 해원상생에 있는가, 누군

+ × + ×

가를 해치기 위한 척살에 있는가에 있다. 비운을 벗어나기 위한 몸부림의 굿판을 벌인 사도세자는 어떻게 되었나. 결국 뒤주에 갇혀 죽었다. 살려고 벌인 굿판이 스스로를 죽이는 굿판이 되었다고나 할까. 그것도 아버지 영조의 손에 말이다.

훗날 정조는 이 비극을 여러 형태의 선양사업과 의례로 끌어낸다. 수원 화성이 대표적이다. 기능으로 보면 이 모두가 굿당이고 굿판인 셈이다. 상생굿일까, 척살굿일까. 나지막이 손을 대고 굿소리에 귀를 기울인다.

전형을 넘어선 진정한 각설이

해방되고 며칠이나 되었을까. 공옥진이 아버지 공대일을 찾았다. 일본에서 돌아온 직후였다. 세토나이카이, 시모노세키를 거쳐 오는 동안 줄곧 아버지를 생각했다. 이틀 밤인지 사흘 밤인지 비몽사몽 몇 날이 지났다. 배는 여수항에 어린 옥진을 내려놓았다.

조국이라니 그런 줄 알지 큰 감흥도 없었다. 그저 혈육들 만날 생각뿐이었다. 고작 열네 살 앳된 소녀. 설움 받고 살던 일본 생활이 주마등처럼 스치고 지나갔다. 현해탄을 가르는 흑빛 파도처럼 마구 달아나는 생각들을 애써 붙잡으려고 하지 않았다. 해방된 나라, 아버지가 계신 나라에 돌아온다는 것이 기뻤다.

어찌어찌 광주로 내달았다. 여기저기 수소문해도 아버지를 찾을 수는 없었다. 며칠 노숙을 했다. 나라는 어지러웠다. 저자에 모이는 사람들은 날마다 나라 걱정이었다. 금방이라도 무슨 일이 일어날 것만 같았다. 대놓고 싸우는 자들을 보니 금방이라도 나라가 두 동강 날 것만 같았다. 어떤 이들은 만주에 있는 형제들을 찾아 북으로 떠

누군가 불러줄 노래 하나 있기를

났다고 했다. 조선에서 가야금을 가장 잘 한다던 안기옥도 이미 북으로 떠난 후였다. 판소리 〈열사가烈士歌〉를 지어 그리도 존경받던 박동실도 북으로 떠나버렸다.

아버지도 뉘우치며 세월을 보냈을까

소문에는 위안부로 팔려간 동무들도 많다 했다. 어린 나이에 유명을 달리한 친구들 소식도 들었다. 모질게 살았지만 목숨을 부지한 것이 천만다행이라 생각했다. 아버지에 대한 원망이 없는 것은 아니었다. 딸을 몸종으로 팔아넘긴 아버지였다. 판소리 심청가를 부를 때마다 그 생각을 했다. 원망이 쌓여 그리움이 되었을 것이다. 아버지도 심학규처럼 딸 팔아먹은 죄를 뉘우치며 세월을 보내셨을까?

태평양전쟁이 막바지에 이르던 그 무렵, 아버지 공대일(1911~1990)에게도 징용 통지서가 나왔다. 영장을 막을 돈이 필요했다. 때마침 세계적으로 이름을 떨치던 무용가 최승희(1911~1967)가 광주 공연을 왔다. 밀담이 오고 갔다. 일곱 살 옥진을 몸값 천 원에 팔아넘기기로 했다. 얼굴 반반하고 몸매 괜찮다 싶으면 권번(기생학교)으로 팔아넘기던 시절이었으니 그나마 다행이겠다 싶었다. 아버지는 그런 생각이셨을 것이다. 세계적인 명성을 누리던 최승희였으니 아마 춤도 배울 수 있으리라.

그러나 생각과는 딴판이었다. 식모살이 외에 더 할 수 있는 것이 없었다. 최승희는 방문을 걸어 잠그고 연습을 했다. 어린 옥진은 창문 틈으로 최승희의 춤 연습하는 것을 지켜봤다. 손들이 천 개로 만 개로 변화하며 움직이는 보살춤을 이때 처음 볼 수 있었다. 때때로 엿보는 것을 들켜 혼이 나기도 했다. 어쩌다 한 번씩 옥진을 불러다 춤을 가르쳐줬다. 그렇게 7년이 흘렀다. 1945년 8월 15일 정오, 라디오에서 천황의 항복 선언이 흘러나왔다. 옥진은 조선으로 가는 배에 타고서야 이 방송의 의미를 알게 되었다.

소녀의 울음과 '병신춤'

귀국 후 한 사람을 만났다. 그가 이끄는 대로 따라갔다. 호남고등학교 앞 대양리 다리 밑이었다. 많은 패거리들이 운집해서 살고 있었다. 남도의 앉은뱅이, 곱사, 사팔뜨기, 외팔이, 절름발이, 곰배팔이, 언챙이들이 모두 모인 듯했다. 처음에는 겁이 났다. 이런 흉측한 세상이 또 있을까 싶었다. 하지만 보이는 것과 딴판이었다. 옥진의 손을 잡아 끈 것이 각설이 우두머리여서였을까. 이들은 열네 살 옥진을 꽃 대하듯 했다. 아니지, 옥진 스스로가 꽃이 되어 있었다. 밥을 얻어오는 패, 잔칫집을 찾아나서는 패, 장타령을 부르며 유희하는 패거리 등 무질서한 듯 보였지만 그 안에는 일사불란하게 유동하는 에너지가 있었다. 때때로 이들은 장타령 연습을 했다. 밥을 얻어먹기 위한 수단이었다.

흥취가나 장타령을 부를 때는 여기저기서 우죽우죽 기어 나와 몸짓을 했다. 구멍 난 깡통을 마치 북춤 추듯이 두드려댔다. 옥진이

누군가 불러줄 노래 하나 있기를

보기에는 민망하기 그지없었다. 눈을 똑
바로 뜨고 바라보기가 어려웠다. 곱사
의 등은 더 굽어지고 곰배의 다리는
더 오그라졌다. 문둥이의 손발 삭신은
새끼 꼬이듯 틀어졌다. 절뚝거리는 홀때기는
병든 캥거루 같았다. 안짱다리는 동서남북을
향해 뒤뚱거렸다. 제법 멀쩡하다 싶은 놈도
똥 누는 몸짓을 해대는가 하면 소아마비는
온몸을 뒤뚱뒤뚱 틀어댔다. 옥진은 쏟아져
나오는 웃음을 들키지 않으려 애꿎은 뱃살
을 꼬집었다. 그러다 갑자기 한 친구가 생각
났다. 정상인이 아닌 동생 생각도 났다. 아,
이것은 춤이 아니고 지랄병 아닌가? 그 친구
가 때때로 간질을 앓을 때 쓰러지던 모습이
떠올랐다. 게거품을 내며 오로지 흰 창만 드
러내놓던 눈동자도 생각났다. 생각이 여기에
미치니 속으로 터져 나오던 웃음이 싹 사라졌

1인 창무극 창시자 공옥진.
그림_ 다할미디어

다. 대신에 울음이 쏟아져 나왔다. 주체할 수 없는 울음이었다. 대양
다리 난간을 붙잡고 통곡을 했다. 작은 소녀가 그렇게 크게 울 수 있
으리라고 생각도 못 했을 것이다. 하지만 그들은 옥진의 통곡에 놀라
지 않았다. 그저 장타령 연습에 몰두할 뿐이었다. 우두머리가 와서
어린 옥진의 등을 다독여줬다. 공옥진의 '병신춤'이 여기서 탄생하게
되었다.

4개월 여가 지났다. 집집마다 문전걸식을 하던 동료 패거리들이 아버지 소식을 가지고 왔다. 더 이상 망설일 필요가 없었다. 각설이 생활을 마치고 판소리꾼들을 따라 나서게 되었다. 이후 공옥진은 파란만장한 시절을 보내며 이른바 병신춤, 동물춤 등으로 호명되던 모방춤으로 한국의 마당판을 사로잡았다. 노동으로 찌들고 박봉에 힘들었던 한국의 민중사회를 위로해준 춤꾼이고 소리꾼이었다.

몸으로 비틀어 쓴 우리 역사

만약 한국 사회가 양심이 있다면 그녀에게 진 빚이 많다는 점을 고백하는 날이 올 것이다. 그녀가 우리에게 남기고 간 것은 몸으로 부대끼고 포효하며 비틀어 쓴 남도의 몸짓, 곧 남도의 역사다.

공옥진이 보여준 몸짓의 전형성은 고전 서사를 차용하거나 판소리의 몇 대목을 부르고 살풀이를 추는 것 혹은 국악의 소품과 의상을 사용하는 차원을 넘어서는 의미를 지닌다. 광대가 지녔던 구술성과 '판의 연행태'야말로 공옥진 공연이 가지는 가장 큰 전통성이다. 무대를 마당으로 바꾸어주었기 때문이다. 예컨대 최승희가 조선적이고 민족적인 일상과 종교적 심미를 근대 무용이라는 무대로 끌어올렸다면 공옥진은 이를 다시 마당으로 끌어내려 재일상화를 도모했다고나 할까? 무엇보다 중요한 것은 전통이라는 이름으로 부여되는 권위를 과감하게 털어내버린 것. 그래서 나는 공옥진을 진정한 각설이였다고 주장한다. 두 번의 각설이패 생활을 통해 얻은 것들, 버려

누군가 불러줄 노래 하나 있기를

지고 홀대받는 사람들의 몸짓을 평생의 화두로 그려낸 것이 공옥진 예술의 세계관이었다는 뜻이다.

그녀 사후, 이 마당 정신을 회복하고 그의 뜻을 계승코자 하는 후학이 얼마나 있을까. 그녀가 비튼 몸짓으로 이 땅의 민중 역사를 새로 써왔듯, 후학들은 그녀가 정리한 원리를 이어받아 새로운 방식의 몸짓으로 또 한 번 역사를 써나가야 하지 않겠는가.

1931년 8월 14일 광주시 서구 양동 157번지에서 태어났다(승주군 송광면 출신으로 잘못 알려졌다). 명창 공대일의 2남 2녀 중 둘째 딸이다. 공대일이 무가와 관련 있는 고사소리를 주로 연행했다는 점이 주목된다. 무계가 가진 사회적 기능을 수행했다고 볼 수 있기 때문이다. 공대일은 박동실 문하에서 공부하여 서편제의 줄기를 이룬다. 일제강점기 광주 권번에서 기생들을 대상으로 소리를 가르쳤다.

　아버지 공대일을 따라다니며 소리와 춤, 민요 등의 소양을 물려받았다. 1937년부터 1944년까지 7년간 일본에서 최승희의 가사 일을 돌본 공옥진은 1945년 귀국, 광주에서 각설이패들과 약 4개월 동안 생활한다. 한국 전쟁 때 다시 정읍 대양리 다리 밑 각설이 거지들과 생활한다.

　대략 1945년부터 1963년 사이, 조선창극단에 입단하는 등 판소리꾼으로 활동한다. 남편의 외도, 첫아들의 죽음 등 곤핍함을 이기지 못해 자살을 결심하기도 하고 불가에 귀의하기도 한다. 언어 장애가 있는 남동생과 척추 장애인 조카가 있던 것도 주목할 대상이다.

　33세에 영광으로 낙향하여 요정 '연좌루'에서 생활한다. 이후 요정 '옥진관'을 차리고 기생들과 생활을 같이 한다. 이때의 기생들과 각설이패 시절의 광대들을 모아 '공옥진국악단'을 만들어 영광 각지를 돌아다니지만, 재정 문제 등 여러 가지 어려움에 봉착해 창극단을 해산하고 만다. 1968년 동경에서 〈곱사춤〉과 판소리 〈심청가〉를 공연한다. 장기인 '병신춤'이 폭발적인 반응을 얻지만 장애인들의 거친 항의를 받고 좌절한다. 이후 옥진관으로 돌아와 인근에 기거하는 장애인과 걸인들을 초대하여 본격적으로 병신춤을 연구한다. 이때 창작한 춤이 〈곱사춤〉, 〈곰배발이춤〉, 〈문둥이춤〉, 〈절름발춤〉, 〈앉은뱅이춤〉, 〈외발춤〉, 〈엉치춤〉, 〈동서남북춤〉, 〈오리발춤〉 등이다.

1978년 공간사랑 공연에서는 57가지의 병신춤을 선보인다. 폭발적인 인기를 얻으며 여러 곳에서 공연했지만 장애인에 대한 비하라는 인식을 불식시키지 못하고 다시 거센 항의를 받는다. '병신춤'이란 이름으로 더 이상 공연을 할 수 없게 돼, 이후 〈동물춤〉을 창안해냈다. 1983년 판소리 〈수궁가〉를 바탕으로 원숭이, 호랑이, 곰, 퓨마 등의 동물을 모방한 1인 창무극 〈수궁가〉를 발표한다.

1998년 뇌일혈로 쓰러진다. 1999년 7월 동숭아트홀 대극장에서 〈환자춤〉이란 이름으로 1인 창무극을 발표한다. 2010년 뒤늦게 〈판소리 1인 창무극 심청가〉란 이름으로 전남도 무형문화재가 되었으며, 2012년 지병으로 별세했다.

누군지도 모르고 불렀다

엄마야 누나야 강변 살자
뜰에는 반짝이는 금모래빛
뒷문 밖에는 갈잎의 노래
엄마야 누나야 강변 살자

너무나 익숙한 김소월의 시다. 〈진달래꽃〉 못지않게 전 국민이 애호하는 시. 『개벽』 1922년 1월호에 실렸다. 그런데 이상하다. 노래를 들어보니 익숙한 가락이 아니다. 우리가 알고 있던 서정적인 동요와 한참이나 거리가 있어 보인다. 뭐랄까. 한마디로 표현하면 장중하다. 무겁고 도도하다. 동요 중에서도 가장 서정적인 맥락을 담고 있는 노래 아니던가? 그렇다.

〈엄마야 누나야〉 노래가 두 개다. 낯설게 느껴지는 노래는 4분의 4박자다. 보다 익숙한 동요는 4분의 3박자다. 현상적인 차이가 박자의 쓰임새에서 나타남을 알 수 있다. 박자의 활용 못지않게 성음의

누군가 불러줄 노래 하나 있기를

격변기를 살다간 작곡가 겸 성악가 안성현. 나주 드들강변에 그의 노래비가 있다. 사진_ 이윤선

굴림 또한 다르다. 전자가 행진곡 같은 무게감을 가지고 있다면 후자
는 아침이슬 같은 청아함을 담고 있다. 예컨대 가곡과 민요의 비교라
고나 할까? 전자가 도도한 드들강의 흐름이라면 후자는 아기자기하
게 흐르는 샛강의 흐름을 연상할 수 있게 해준다. 앞 노래는 안성현
이 곡을 붙였고 뒤 노래는 김광수가 곡을 붙였다. 안성현이 먼저 곡
을 붙였는데 금지곡이 되었다. 왜 그랬을까? 이유가 있다. 안성현이
작곡한 곡 하나를 더 보면 이해가 쉽다.

부용산 오리길에 잔디만 푸르러

부용산 오리길에 잔디만 푸르러 푸르러 솔밭 사이 사이로
회오리바람 타고 간다는 말 한마디 없이 너는 가고 말았구나
피어나지 못한 채 병든 장미는 시들어지고
부용산 봉오리에 하늘만 푸르러 푸르러

이 노래 또한 한때는 불러서는 안 되는 곡이었다. 왜일까? 이른바 빨치산(조선인민유격대)의 노래였기 때문이다. 이 노래를 불러본 사람들은 알겠지만 서정적인 가사에 비해 매우 장중한 선율이다. 그렇다고 혁명적인 노래도 아니다. 가사 하나하나를 살펴보면 안다. 빨치산(가요를 '뽕짝'이라 부르는 것과 비슷하게 부담스런 호명이다)이 즐겨 불렀다는 정황은 맞다.

그보다 더 큰 이유는 이 곡을 지은 안성현에게 있다. 대표적인 월북 예술가이기 때문이다. 한 사람의 작곡가가 한 패턴의 노래만 짓는 것은 아니겠지만 적어도 이 두 노래는 닮아 있다. 가사의 민요적 풍경과 서정이 그렇고 선율의 장중함이 그렇다.

근자에 이 곡을 노래하는 가수들이 많이 늘었다. 시절이 좋아졌다는 뜻이기도 하리라. 1997년 안치환을 필두로 한영애, 이동원 외에도 이 노래를 즐겨 부르는 가수들이며 일반인들을 볼 수 있다. 노래방에 가면 내가 즐겨 부르는 노래이기도 하다. 곡에 얽힌 우여곡절이 많다.

누군가 불러줄 노래 하나 있기를

안성현과 박기동의 애환

이제는 이런저런 지면들을 통해 많이 알려진 이야기가 되었다. 안성현은 영산강의 한 지류인 나주 지석강(드들강)변 출생이다. 일본 도호음악대학을 나왔다. 귀국한 후 목포 항도여자중학교에 근무했다. 지금의 목포여자고등학교다. 1948년, 동료교사 박기동이 죽은 누이를 그리워하며 〈부용산芙蓉山〉이란 시를 쓴다. 전 해에 누이 박영애가 스물넷의 나이로 요절했기 때문이다. 벌교 부용산 아랫자락에서 자랐던 모양이더라. '태백산맥문학관'이 들어선 뒷산이다. 그뿐인가. 곡을 붙인 안성현의 누이 안순자가 열다섯의 나이에 요절한다. 박기동의 시에 안성현이 곡을 붙인 것이 필연이었음을 말해주는 대목이다.

1948년 4월 11일 목포 평화극장에서 5학년생 배금순에 의해 초연된 이 노래는 입에서 입으로 전해져 세간에 알려지게 되었다. 여순사건과 한국동란으로 이어지는 한치 앞도 내다보지 못하는 시절이었다. 연행과 구금을 번갈아 당하던 이들에게 이 노래는 어떤 의미였을까? 유치의 계곡으로 지리산으로 도망하던 이들이 불렀던 서정의 노래 〈부용산〉 말이다.

지금은 목포여자고등학교 입구와 드들강변 자락에 안성현의 노래비가 우두커니 서 있을 뿐 더 이상의 말이 없다. 안성현의 비를 세울 수 있는 세상이 왔다는 것만도 다행스런 일이랄까. 그렇다면 안성현은 왜 월북을 하게 되었을까?

안성현의 월북

안성현이 불가피 월북하게 된 이유를 여러 가지 거론할 수 있다. 하지만 지금까지의 정설은 아버지 안기옥(1894~1974년) 때문이라고 한다. 최승희의 딸 안성희가 1950년 목포에서 공연을 하고 북으로 올라가게 되었는데, 북에 있던 아버지 안기옥을 만나보기 위해 이들을 따라 월북했다는 것이다.

아버지 안기옥은 1930년대부터 민속음악연구소를 개설하고 산하 창극단과 민족음악단을 설립하여 민족혼 고취에 나선 사람이다. 당시 창작 판소리 〈열사가〉를 지어 민족혼을 일으켜 세우려던 담양의 박동실과 쌍두마차격의 활동을 했다고 볼 수 있다. 1946년 평양으로 가서 조선음악연구소의 소장을 맡는다. 이후 북한 1급 배우 칭호를 받기까지 북한 음악의 토대 역할을 하게 된다. 북한의 초기 음악사에서 성악의 박동실, 기악의 안기옥, 무용의 최승희가 한 역할이 크다.

안성현도 아버지를 닮아 음악적 재능이 출중했다. 지금 남한에 남아있는 열한 곡의 노래만으로도 그 지형을 짐작해볼 수 있다. 민감한 문제이니 추정은 불가하다. 대체로 말할 수 있는 것은 안성현의 월북이 아버지 때문이라는 점. 혹은 그의 음악세계가 지향했을 민족음악의 문제 정도이지 않을까? 어쨌든 이름도 거론하지 못하던 시절을 지나 나주시, 영암군을 중심으로 안기옥 선양사업을 벌이고 있고 '안성현기념사업회'를 중심으로 재조명 작업이 이루어지고 있기도 하다. 일부의 반대가 있기 때문에 순조롭지는 않다.

누군가 불러줄 노래 하나 있기를

주의할 점이 있다. 관련자들의 연구에 의하면 최승희의 남편 안막은 안기옥, 안성현 집안과는 관계가 없다. 안성현을 소개하는 대부분의 소개에 안막을 연결시켜놓은 정보들은 대거 수정해야 한다.

가야금을 집대성한 안기옥

나주 드들강변 사람 안기옥은 어떤 사람인가? 한마디로 말하면 가야금 산조를 집대성한 사람이다. 본래 '심방곡' 등으로 불리던 가야금 독주 장르를 창조한 것은 영암의 김창조. 우리가 흔히 국악이라고 호명할 때 성악의 판소리, 기악의 산조를 그 중심에 둔다. 이 중 산조의 시작이 가야금이었으니 그 중요성만큼은 아무리 강조해도 지나치지 않다.

김창조는 거문고산조, 창극, 음악극 등의 기획 연출에도 밝은 사람이었다. 근자의 연구에 의하면 김창조 외에도 일명 '허튼가락'을 연주하거나 조직했던 사람들이 발굴되고 있다. 그럼에도 불구하고 김창조의 영향만큼은 부동의 사실이다. '심방곡'이니 '허튼가락'이니 따위의 호명 방식에서 '산조散調'라는 이름이 왔다. 허튼[散] 가락[調]이니 흩어져 있는 소리들을 가지런히 모은다는 뜻의 한자로 수렴해 쓴 용어임을 알 수 있다.

영산강을 중심으로 나주, 광주, 영암을 들락거리던 김창조에게 안기옥이 가야금을 수학한 것은 어쩌면 자연스런 일이었을 것이다. 안기옥이 사사한 것은 김창조뿐만이 아니다. 나주 남평의 가야금 명인 김달진에게도 심방곡이며 병창 따위의 수학을 하게 된다. 이때가 1900년 초반이다. 김창조가 1856년생으로 1919년 타계했음을 참고할 필요가 있다. 우리 음악의 부침기이자 재창조기이기도 하기 때문이다.

〈부용산〉 2절을 노래할 때

안기옥으로부터 안성현을, 최승희로부터 안성희를, 그리고 박기동을 본다. 우리에게 매우 낯선 이름들이다. 김소월의 시 〈엄마야 누나야〉를 입에 달고 불렀어도 작곡가가 누구인지 모르고 살았다. 곡이 달라졌기 때문이다. 노래방에서 〈부용산〉을 즐겨 부르면서도 그것이 무슨 노래인지 모르고 지내왔다. 무엇이 이들을 가까이하지 못하게 했던 것일까. 시대일까 이념일까 아니면 철학일까.

항도여중에 재직하던 당시 〈부용산〉 시를 지은 박기동은 여수 돌산 출신이다. 1982년 76세의 나이에 호주로 이민을 간다. 가택 수사와 감시를 지속적으로 받은 몸이니 추방이라는 표현이 어울릴지도 모르겠다. 아무도 거들떠보지 않는 사이 귀국해 2002년 사망했다는 얘기를 들었다. 애석하다.

2000년 그가 우여곡절 끝에 〈부용산〉의 2절을 지었다 하더라. 박기동에게 〈부용산〉은 어떤 노래였을까? 본래의 〈부용산〉도 그렇거니와 새로 지은 2절의 가사 또한 그렇다. 여기에 어떤 혁명이 있고 사상이 있나. 그렇다. 이제는 돌아와 〈부용산〉의 2절을 불러야 하지 않겠나. 드들강변 자락에서 〈엄마야 누나야〉를 4분의 4박자에 맞춰

누군가 불러줄 노래 하나 있기를

불러봐야 하지 않겠나. 비로소 안성현과 안기옥을 불러내고 영산강 산하 드들강을 불러내고 영변의 약산 산하 소월의 서해 바다를 불러내야 되지 않겠나. 눈을 들어 남도의 하늘을 올려다본다. 말 없는 하늘이 무심하게도 푸르고 푸르다.

> 그리움 강이 되어 내 가슴 맴돌아 흐르고
> 재를 넘는 석양은 저만치 홀로 섰네
> 백합일시 그 향기롭던 너의 꿈은 간데없고
> 돌아서지 못한 채 나 홀로 예 서 있으니
> 부용산 저 멀리엔 하늘만 푸르러 푸르러

양승희가 편저한 『가야금산조 연구 1』의 자료를 토대로 간략한 생애를 언급해둔다.

1894년 5월 28일 나주군 남평면 대교리에서 세습무계 안영길의 큰아들로 태어났다. 안영길은 농악의 명인, 할아버지는 젓대(대금)의 명인, 증조할아버지는 판소리 광대였다. 1902년 9세에 남도지역 가야금의 대가 김달진에게 심방곡 등을 배웠다. 1904년 11세부터 가야금산조의 시조라 하는 김창조에게 배웠다. 1909년 16세에 수양아버지 정장섭을 따라 경상도, 충청도, 강원도, 함남도, 경기도 등지 전국을 다니며 공연했다. 1916년 23세에 화순 협률사에 참여한다.

1919년 26세에 3.1운동을 하다 경찰에 체포되어 6개월간 옥살이를 한다. 1924년부터 3년여간 '리리협률단'에 소속되어 박동실, 백낙준, 정남희, 김창환, 리동백, 이화중선 등과 교우, 공연한다. 1926년 33세에 광주시청에서 요구한 일본 환영 공연을 거부하여 구속, 3개월 만에 석방된다.

1930년 37세에 서울에서 '조선음악연구소'를 조직하여 박동실 등과 활동한다. 목포극장에서 협률단을 지도한다. 1934년 41세에 정남희, 임상문 등과 농악놀이를 사물놀이 형식으로 만들어 공연한다. 사실상 사물놀이의 탄생이라고 볼 수 있다.

1936년 함흥으로 이사하여 권번을 꾸리고 1940년 이후 한양창극단을 꾸려 활동한다. '재일조선인 탄광노동자 위문단'을 조직해 일본 공연을 한다. 1942년 최승희 무용단에서 반주를 맡는다. 1945년 52세에 박동실 등과 함께 농촌위문단을 조직해 활동한다. 1946년 서울에서 민족음악연구소를 창립하고 산하 창극단과 민족음악단을 건립해 활동한다. 당해 평양으로 건너간다.

1947년 체코슬로바키아에서 열린 제1차 국제청년학생콩쿨에서 가야금산조를 연주하는 등 국제적인 활동을 한다. 1948년 55세에 '조선민족음악단'을 창립하며 단장으로 임명된다. 민족동란 후 1952년 공훈배우 최고 대의원에 임명된다. 1956년 전후 불멸의 〈금강산〉 등 수십 편의 가요를 작곡한다. 1957년 평양음악대학 교원으로 근무하며 김창조 가야금산조를 전수한다. 1958년 음악가 동맹 중앙위원회 부위원장으로 당선된다. 1959년 66세에 인민배우로 임명된다.

1966년 73세에 최고대의원, 인민배우, 국립예술극단 단장, 음악연구소 소장, 국제음악심사위원, 통일전선 상무위원의 직무에서 모두 해임된다. 풍산 채석 광산으로 쫓겨난다. 1970년 77세에 양강도 예술단에서 근무하는 아들 안성현 집으로 돌아온다. 1974년 1월 14일 81세로 사망한다.

땅과 바다를 반복하다

박지도 암자에 젊은 비구^{比丘} 한 분이 살았다. 건너편 반월도 암자에는 젊은 비구니^{比丘尼} 한 분이 살았다. 얼굴을 본 적은 없지만 서로 흠모했던 모양이더라. 하지만 섬이 달라 만날 수는 없었다. 들물이면 바다가 되어 가로막히고 썰물이 되어도 깊은 개펄로 가로막혔기 때문이다. 그럴수록 만나고 싶은 갈망은 더해갔다. 어느 날부터 서로 망태기로 돌을 날라 바닷길을 만들기 시작했다.

세월은 화살처럼 지나갔다. 몇 해나 지났을까. 두 사람도 어느새 중년의 나이가 되었다. 이윽고 노둣돌을 다 쌓아 바다 가운데서 만난 이들은 서로 부여잡고 하염없는 눈물만 쏟아냈다. 평생의 그리움이 사무쳤던 까닭이다. 하지만 이를 어쩌랴. 들물이 시작되어 되돌아설 수 없었다. 바다 가운데서 부둥켜안은 채 바닷물 속으로 잠겨들어가는 것을 사람들은 발을 동동 구르며 보고 있을 수밖에 없었다. 다시 물이 바뀌어 썰물이 되었을 때는 양 섬을 연결하는 노두만 드러나 있을 뿐 비구와 비구니 스님은 온데간데없었다. 신안 안좌도에 속한 박지도와 반월도에 전해오는 '중노두' 전설이다. 썰물이면 개펄에 돌을 놓아 섬과 섬을 건너던 길, 노두 탄생 설화의 한 대목이다.

바다에는 노두, 하늘에는 은하수

개펄 바다를 잇는 노둣돌, 남도 사람들은 이를 노두露頭라 부른다. 서해에서 남해에 이르는 리아스식 해안 개펄에 널리 분포한다. 진도 회동과 모도를 가르는 바닷길도 사실상 같은 현상이다. 진도 신비의 바닷길 설화는 뽕할머니가 호환을 피하고자 기도를 하니 바다에 길이 생겼다는 내용이다. 일 년에 한 번씩 개펄을 뒤엎어 노둣돌을 놓는 신안 지역의 방식과는 다르지만 맥락은 같다. 개펄 위로 놓은 길이기 때문이다.

노두는 노둣돌을 놓아 만든 길, 노도路渡에서 온 말이겠다. 지질과학 백과사전에는 노두outcrop를 '본래 암석이나 지층이 흙이나 식물 등으로 덮여 있지 않고 지표에 직접적으로 드러나 있는 곳'이라고 설명한다. 건조한 지역의 산에서 많이 발달된다. 전남 방언사전에는 해남이나 신안 지역에서 징검다리를 부르는 말이라 한다. 징검다리는 개울이나 물이 괸 곳에 돌이나 흙더미를 드문드문 놓아 만든 다리다. 중간에서 양쪽의 관계를 연결하는 매개체를 비유적으로 이르는 말이기도 하다. 이러한 길은 개펄 바다에만 있는가? 아니다. 하늘에도 길이 있다. 은하수라 부르는 하늘 강이 그것이다.

하늘 강 전설은 견우와 직녀 이야기로 대표된다. 간단하게만 언급하면, 견우는 소를 몰아 논밭을 가는 총각이다. 직녀는 베를 짜서 옷감을 만드는 처녀다. 둘이 사랑하는 사이다. 그런데 만나지 못한다. 이를 가엾게 여긴 까마귀와 까치들이 다리를 놓아 길을 만든다. 오작교烏鵲橋가 그것이다. 문제는 칠월 칠석 단 하루만 이 길이 열린다는 것이다. 그래도 반월도, 박지도의 비구와 비구니보다는 낫지 않은가. 일 년에 하루만이라도 만날 수 있으니 말이다.

진도 신비의 바닷길 뽕할머니는 하늘이 열어 준 바닷길에서 지쳐 죽었고 박지도와 반월도의 연인들도 다시 시작한 들물에 잠겨 죽었다. 하늘 길의 견우와 직녀는 일 년에 한 번씩 만날 수 있는데 왜 개펄 바다의 캐릭터들은 바닷길만 열어놓고 죽고 말까? 이 설화를 공유했던 남도 사람들은 왜 이들을 해마다 만나게 하지 않고 죽여야만 했을까?

땅과 바다를 반복하는 사유의 공간

날씨 좋은 날 볼 수 있는 은하수에 비해 개펄 바다 노두는 하루에 두 번씩 물에 잠긴다. 역으로 두 번씩 드러난다. 달이 뜨고 이지러질 때마다 물을 잡아끌거나 밀기 때문이다. 내가 당초 던졌던 남도 인문학 화두의 시작점이기도 하다. 땅과 바다를 반복하는 변증법의 공간. 장산곶 마루로부터 남해까지 걸쳐 있는 이 공간, 아니 압록강을 휘돌아 발해만을 거쳐 황하, 장강의 하구들을 돌아 하노이 하구로 회유하는 환황해의 바다가 이 사유의 공간이다.

개펄에 돌을 놓아 섬을 잇던 옛 노두. 사진_ 이윤선

땅과 바다를 반복하다

이 바다는 동아시아라는 범주로 확대된다. 여기서 나고 자란 어떤 현인들은 더불어 살아갈 도덕을 만들었고 어떤 이들은 종교를 받아들이거나 새로 만들기도 했다. 날마다 물이 들고나니 치우치지 아니하는 질서를 스스로 체화할 수 있었다. 땅과 바다를 반복하는 공간에서 이들이 보고 들었던 것은 비교적 명백하다. 혹자는 서양으로부터 동양으로 회귀하는 인류문명의 핵심을 중용에서 찾는다. 땔나무꾼에 불과한 내가 늘 보면서 자랐던, 그저 변화무쌍하면서도 반복되는 이 물길 또한 중용의 의미로 읽을 수 있다.

썰물이 되면 노둣돌을 놓아 길을 만들고 들물이 되면 배를 놓아 길을 만든다. 고상하거나 위엄 많은 철학의 체계는 내 알 수 없지만 그저 아버지의 아버지들과 어머니의 어머니들이 그랬던 것처럼 노두를 놓거나 노질을 해 온 배경으로 짐작할 따름이다.

단절에서 연결로, 노두의 인문학

지구상에서 땅과 바다를 표나게 반복하는 공간들이 그리 많지 않다. 3대 갯벌이니 5대 갯벌이니 따위의 언설을 주목하는 이유다. 이 공간이 잉태한 생각들이 얼마나 웅숭 깊은지 모른다. 이를 일상으로 체화해낸 사람들의 능동적인 의식세계를 내 얼마나 흠모하여 추적해왔던가.

나는 유럽 중심이던 세계문명사의 흐름을 새롭게 견인할 동아시아의 명분과 지혜가 이 공간에서 나온다고 믿고 있다. 칠월 칠석에

누군가 불러줄 노래 하나 있기를

하늘 강을 열어 견우와 직녀를 만나게 하는 스토리는 마치 남도의 바다 개펄 강에서 노두를 통해 만나는 연인 전설과도 같다. 하늘에는 까마귀와 까치가 다리를 놓아 오작교를 만들었다. 개펄 바다 노두는 사람들이 돌을 날라다 만들었다. 모두 이것과 저것을 연결하는 이야기다. 연결은 단절로 이어지지만 다시 연결을 이끌어 온다. 변증법이다. 이것과 저것은 작은 동네의 이야기로부터 분단된 나라의 이야기로, 투쟁하는 세계의 이야기로, 하늘 길을 여는 우주의 이야기로 확산된다. 못다 이룬 사랑, 못다 이룬 가족애, 더불어 살아야 할 공동체 등에 국한되는 것이 아니다. 이를 노두의 인문학이라 부를 수 있겠다.

금세기에 성과를 거둔 어떤 문학가나 철학가도 노두의 변증법에 비견되지는 못할 것이다. 나 또한 여기 개펄 한 삽을 뜨고 노둣돌 하나를 더하는 일을 그치지 않는 것은 '중용'의 성과에 필적할 후인들의 왕림을 준비하는 것이라. 다만 바란다. 이러다 어느 날 노둣길 들물에 익사할지라도 누군가 불러 줄 하나의 노래가 있기를. 김원중의 〈직녀에게〉 같은 노래 말이다.

지질 백과사전에서는 노두를 이렇게 설명한다. 일반적으로 토양의 발달은 기후 조건이나 지형에 크게 지배된다. 산악부는 낮은 평지에 비해서 토양이 얇아서 노두가 더 발달되어 있다. 천연 노두는 건조 지역의 산악에 가장 많이 발달됨을 알 수 있다.

　노두의 관찰은 지질조사의 기본이다. 이 관찰에 의해 그 지역의 지질도를 작성하거나 지하의 지질구조를 추정할 수 있다. 석탄·광맥 등이 지표면에 노출된 부분을 가리키기도 한다. 지금 서남해에서 부르고 있는 노두는 이러한 기본적인 뜻을 포함하여 개펄이나 돌을 연결하여 만든 징검다리라는 뜻으로 이해할 수 있다. 즉 개펄에 만든 돌로 만든 길 혹은 개펄로 만든 길이라는 뜻이다. 노두를 놓은 돌이 노둣돌이니 징검다리와 노둣돌과 은하수의 깨알 같은 별들이 모두 한 가지 아니겠는가. 가수 김원중이 불러 우리에게 익숙한 〈직녀에게〉는 고 문병란의 시를 원작으로 삼은 노래다. 그 원문을 다시 읽는다.

　　이별이 너무 길다
　　슬픔이 너무 길다
　　선 채로 기다리기엔 은하수가 너무 길다
　　단 하나 오작교마저 끊어져 버린
　　지금은 가슴과 가슴으로 노둣돌을 놓아
　　면도날 위라도 딛고 건너가 만나야 할 우리

선 채로 기다리기엔 세월이 너무 길다

그대 몇 번이고 감고 푼 실올

밤마다 그리움 수놓아 짠 베 다시 풀어야 했는가

내가 먹인 암소는 몇 번이고 새끼를 쳤는데

그대 짠 베는 몇 필이나 쌓였는가

이별이 너무 길다

슬픔이 너무 길다

사방이 막혀버린 죽음의 땅에 서서

그대 손짓하는 연인아

유방도 빼앗기고 처녀막도 빼앗기고

마지막 머리털까지 빼앗길지라도

우리는 다시 만나야 한다

우리들은 은하수를 건너야 한다

오작교가 없어도 노둣돌이 없어도

가슴을 딛고 건너가 만나야 할 우리

칼날 위라도 딛고 건너가 만나야 할 우리

이별은 이별은 끝나야 한다

말라붙은 은하수 눈물로 녹이고

가슴과 가슴을 노둣돌 놓아

슬픔은 슬픔은 끝나야 한다, 연인아

포구가 하나의 세계라면

조선소 풍경은 남도 사람들에게 매우 익숙하다. 이 풍경들은 출어고 사나 기공식 이후 고기잡이의 풍경으로 이어진다. 예컨대 포구에서 젓중선을 제조하고 나면 이 선박은 서남해 바다에 나가 또 하나의 풍경이 된다. 포구와 바다를 가로지르는 이 풍경은 크고 작은 선박들로 바뀌었을 뿐 변함이 없다.

고장 난 배들은 다시 포구로 실려와 수리하게 된다. 절기에 따라서 고기가 어디로 먹는가(물고기들이 군집을 이루는 형태를 선원들은 이렇게 표현한다)에 따라 조선소, 수리소, 선구점이나 철물점 등의 운영이 활성화되거나 침체되거나 한다. 물고기잡이와 포구의 민속 풍경이 긴밀하게 연결되어 있다. 선구점, 조선소, 포구, 모두 하나의 마을이고 하나의 세계다.

고기잡이 풍경을 대개 세 가지로 구분할 수 있다. 배를 구성하는 요소들, 그물 등 어구를 구성하는 요소들, 고기를 잡는 사람들이 그것이다. 어판장과 고기를 사고파는 재화들로 구성되는 조합 및 은

행 등이 부가된다. 이 세 가지를 하나로 합하면 어선, 혹은 상선이나 여객선 등의 선박으로 집산된다. 하나의 선박 혹은 하나의 선구점이 작은 세계가 되는 셈이다.

세계가 떠나고 돌아오는 공간

그래서다. 어선 하나는 포구를 관통하는 모든 일상사와 생활사가 집적되어 있는 캡슐이다. 어선 한 척에 선창의 골목골목에 산재되어 있는 모든 콘텐츠들을 종합적으로 집산해놓았기 때문이다. 수개월 씩 생활하는 집이요, 마당이요, 삶의 터전이 되는 바다밭이자 바다 들판이다.

고기잡이를 마친 한 척의 어선은 다시 목포의 선창으로 돌아와 골 목골목에 위치한 선구점 등의 가게로 분해된다. 엔진은 엔진대로 그물 은 그물대로 해당 가게로 옮겨진다. 심지어는 작은 볼트 하나까지 실핏 줄 같은 가게들로 분산된다. 기력을 다한 늙은 배는 폐선 되어 일생을 마감한다. 쓸 만한 몸뚱이들은 잘게 잘리고 붙여져 다른 선박에 부박 되기도 한다. 새로 짓거나 고쳐진 배들은 또 다시 출항을 준비한다. 포 구는 그렇게 하나의 세계가 떠나고 돌아오는 공간이다.

조선소에는 완성되거나 수리되는 배가 있다. 그물을 만드는 공장 이나 공간에는 새롭게 개발되거나 수리되는 그물이 있다. 관련한 각 종 소품들이 있다. 배는 풍선 시절의 풍선이나 닻 등의 목재 소품으 로부터 근대 이후 엔진과 에프알피 등의 구성요소들로 변화되어 온

포구가 하나의 세계라면   107

하나의 세계가 떠나고 돌아오는 공간 포구. 목포항에서 본 일출 풍경이 눈부시다. 사진_ 이윤선

과정이 고스란히 드러난다. 소개소나 일반 가게 등지에는 선원과 선단을 구성하는 선주, 선장, 선원들이 있다. 마치 타임캡슐처럼 추적할 수 있는 콘텐츠라고나 할까.

그물은 무명실이나 칡줄을 사용하던 전통시대로부터 나일론실이나 납덩이를 넣어 만든 줄들로 변화되어 왔다. 다양한 어종의 고기잡이 방식이 변화돼 왔음이 그물을 통해 추적된다. 선원 또한 사

누군가 불러줄 노래 하나 있기를

공이라 부르던 선장 및 선원들로부터 서남해 각 도서지역 어민들의 유입, 나아가서는 외국인 근로자를 고용하는 형태들로 변화되어 왔다. 이 모든 네트워크가 한 곳에 집중되어 있는 공간이 포구고 조선소며 선구점이다. 그물 공장이며 선원조합이다.

목포를 예로 들면 앞선창, 뒷선창, 삽진포구 등 세 군데 포구 공간이 핵심이다. 여기서 일어나는 일련의 활동들이 포구의 민속 문화를 이룬다. 내가 포구의 민속 혹은 선구점의 민속이라 이름하는 이유가 여기 있다.

선창에 가면 보이는 것들

안강망, 유자망 등은 앞선창에 있다. 통발, 낚시, 주낙 등의 중소형 어선과 그물들은 뒷선창과 삽진 소형 포구에 있다. 앞선창의 어구는 안강망과 유자망이 주류를 이룬다. 근대기 이후 삼학도 풍경이나 앞선창 풍경은 집산된 어선들이 중심이었다. 지금은 삼학도를 중심으로 마리나항으로 개발 중이다. 서산동에서 만호동에 이르는 앞선창과 목포 역전에 이르는 원도심의 골목골목에는 어시장은 물론 고기잡이와 관련된 가게들이 포진해 있다. 선구점이 그 중심이다. 물고기를 저장하거나 판매하는 시장들도 발달해 있다.

선창의 주요한 풍경은 바로 이 시장이다. 바다로부터 들여온 물고기들이 크게는 수협 어판장을 통해 도시의 곳곳으로 혹은 전국으로 배달된다. 작게는 곳곳의 시장을 통해 경매나 도매 및 소매된다.

생활의 풍경들이 오밀조밀 펼쳐진다. 여관, 식당, 술집, 다방들이 즐비하게 포진해 있다. 밤 문화를 향유하는 오락 휴게 공간의 풍경들이 존재한다. 오랫동안 바다에서 생활하고 돌아온 선원들이 휴식하고 향유하는 공간들이다. 선창의 중요한 풍경 중 하나다. 마리나항이 완성되면 이 풍경은 보기 힘들어질 것이다.

목선 제작소에서 철재 제작소로

조선소는 앞선창, 뒷선창, 삽진 포구 쪽에 고르게 분포되어 있다. 개항시기로 거슬러 올라갈수록 앞선창의 비중이 커진다. 삼학도와 뒷선창, 해안을 둘러싼 시내 외곽으로 전통 목선을 무으던 장소로부터 현재의 에프알피 조선소까지 나아가서는 현대삼호조선소와 그에 종속된 하청업체 조선소들, 개별적인 중형 조선소들까지 풍경이 이어진다. 목선에서 철선으로 다시 에프알피 선박으로 바뀌었으므로 조선소 또한 목선 제작소에서 철재를 다루는 제작소로 변화했다.

조선소는 배를 짓기도 하지만 배를 수리하는 공간을 수반한다. 철선이라도 목재가 많이 들어가기 때문에 목재나 목공소가 필요하다. 뒷선창에서 삽진 포구에 이르기까지 목공소들이 많은 이유이기도 하다. 근자에는 순수하게 목선만을 만드는 곳은 없어졌다. 목선을 다루는 곳은 해양문화재연구소에서 복원하거나 삼학도 마리나에서 요트를 제작하는 정도로 극히 일부에 지나지 않는다.

선원들이 만들어내는 풍경들

선원들도 포구의 중요한 민속 풍경이다. 선구점이나 피복(선원들 의류), 잡화가게 등이 앞선창에 가장 많이 집중되어 있다. 이들 가게들이 선주, 선장, 선원들과 직간접적으로 연결되어 있다. 예컨대 선원들 필수품 중에서 작업복(토시, 물옷, 비옷, 장화, 장갑 등)을 단골 가게에서 구입한다. 고무장갑, 면장갑은 손이 둔해진다고 해서 선내에서 잘 끼지 않는다. 그럼에도 불구하고 선원을 새로 채용하면 기본적으로 제공해주는 용품들이다.

담배도 선원들의 필수품에 속한다. 만화 가게, 담배 가게의 풍경도 포구의 한 풍경이다. 배에서 먹고 자야 하기 때문에 이불도 필수다. 고기를 잡는 시기도 매번 다르고 선단도 새롭게 꾸려지기 때문에 단기간, 장기간 등으로 나누어 노동하는 선원들이 포구에 밀집되어 있다. 잠자리와 먹거리, 놀거리 등을 위한 가게들이 수반되는 것은 당연한 일이다. 여관이나 여인숙, 식당, 다방 등의 가게들이 운영되는 이유다.

빠질 수 없는 풍경 중의 하나는 술집이다. 목포시의 정책방향에 따르면 앞선창을 마리나항으로 개발하고 모든 어선들은 뒷선창으로 정박하게 한다고 한다. 어딘가 이 풍경들을 잡아놓을 수 있는 공간들이 마련되어야 하지 않을까? 박물관이니 전시관이니 하는 공간을 포함한 이 풍경들이 살아 숨 쉬게 하는 그런 공간 말이다.

언제든 다시 돌아올 수 있는 곳

목포 포구에는 가을 조기잡이 배들이 분주하다. 지금은 흑산도, 홍도, 추자도, 제주도 등지의 원해가 조기잡이의 적지다. 섣달이 되면 동중국해, 남중국해까지 내려간다. 옛날에 비해 아주 멀리 나가지는 않는다.

한번 나가면 열흘 정도 조업을 한다. 한사리를 보는 것이니 보름을 바다에서 보내는 셈이다. 풍선 시절에는 3개월이고 4개월이고 어류의 회유가 끝날 때까지 바다 생활을 했다. 망망대해를 보며 생활하다 이윽고 돌아오는 공간이다. 파도와 싸우고 바람과 싸우며 때때로 죽을 고비를 넘기고 돌아온다. 돌아올 수 있는 공간이 있다는 것, 이 얼마나 감사한 일인가. 그래서다. 포구는 어머니 혹은 고향의 다른 이름이다. 언제든 떠나지만 언제든 다시 돌아올 수 있다는 점에서 그렇다. 현대인들의 가장 큰 불행이 고향을 잃어버린 것이라고 한다. 그나마 추석에 고향을 찾을 수 있는 것만으로도 행복한 일이다.

포구로 돌아오는 배들을 본다. 부르터진 손을 싸안고 거처에 드는 선원들을 본다. 외국인 선원들은 수입의 대부분을 아마도 고향으로 송금할 것이다. 우리 부모, 선배들이 서울의 공장이며 중동이며 물설고 낯선 땅에 나가 그러했듯이. 포구의 풍경들이 내게 전해주는 것은 대개 이런 것들이다. 바람이 차다. 오늘 저녁에는 선구점 거리로 돌아가 홍어에 탁주 한잔 기울여야겠다. 포구의 가을이 깊어간다.

　　　　　　　　　　　　누군가 불러줄 노래 하나 있기를

뒷개라 부르는 뒷선창도 앞선창의 풍경과 크게 다르지 않다. 선박의 크기가 상대적으로 작고 따라서 부대용품인 그물이나 생활도구들이 달라질 뿐이다. 선박이 작고 그물이 다르니 응당 대상이 되는 어종도 다르다. 앞선창이 중형이나 대형 어선들이 있다면 뒷선창은 소형 어선들이 정박하는 곳이다.

선박은 크기가 비슷한 것끼리 정박시켜야 한다. 예를 들어 소형 선박을 앞선창에 정박시켜놓으면 큰 배들의 출렁임 때문에 배가 손상되기 쉽다. 앞선창이 중형배를, 뒷선창이 소형배를 정박하는 데 유리한 이유이기도 하다.

삼진산업단지 안쪽으로 작은 포구가 있다. 중형 조선소와 각종 어구, 어망 제작소들이 포진해 있으므로 선구들이 집중되어 있는 풍경을 보여준다. 예를 들면 새우배들이 사용하는 선구들이 집중적으로 분포하는 공간이 있고 그물만을 전문으로 하는 제작소나 수리소 등의 공간이 있으며 기계나 철물을 전문적으로 다루는 공간들도 있다. 앞선창에 도매나 소매로 시장이 발달해 있다.

삼진 포구는 규모도 작고 소형 어선들이 주류를 이루기 때문에 낙지 직매장 등이 운영된다. 신안군 각처에서 잡아온 낙지를 경매하는 곳이다. 이곳에는 삼마이 그물, 낙지주낙, 외마이 그물, 통발 등의 어구를 다루는 배들이 정박한다. 중형이나 소형의 어선들은 게통발, 꽃게 통발, 아나고, 새우 등을 잡는 그물과 어로 도구들이 실려 있고 이들을 다루는 가게들이 빼곡하게 포진되어 있다.

김장은 성찰이다

남도의 김치는 멸치젓갈(멸젓, 남도말로 맬젓)을 많이 넣는다. 탁하다. 김치 색깔이 빨갛지 않은 이유가 여기에 있다. 멸젓이 거무튀튀하니 그럴 수밖에. 중부 이북으로 올라가면 새우젓을 많이 넣기 때문에 색깔이 맑고 곱다. 더 이북으로 올라가면 어떨까? 평양 하면 백김치다. 젓갈이나 고춧가루를 많이 넣지 않는다는 뜻이다. 연변 등 중국의 동북 삼성으로 올라가면 아예 젓갈을 넣지 않는 예가 많다.

맛은 어떨까? 남도의 김치는 멸젓을 많이 넣기 때문에 맛이 깊다. 흔히 곰삭은 맛이라 한다. 새우젓을 많이 쓰는 중부 지역의 김치는 남도김치에 비해 곰삭은 맛이 덜하다. 대신 맑고 상큼하다. 북쪽으로 올라갈수록 맛 또한 맑아진다. 나는 기회 있을 때마다 판소리와 이북 가곡의 성음을 비교하곤 한다. 김치의 깊거나 맑은 맛이 연동되어 있다는 취지다. '맛'과 '멋'의 상관을 가지고 거의 한 학기 강의를 할 때도 있다. 하지만 그 근원을 캐묻게 되면 문제가 달라진다. 남도에서 주로 쓰는 멸치젓갈은 언제부터 먹기 시작했을까?

멸치를 바라보는 두 개의 시선

『근대의 멸치, 제국의 멸치』를 쓴 김수희의 연구에 의하면 멸치가 우리 식탁에 올라온 것은 일제강점기다. 근대기 일본인의 멸치 어장 침탈과 더불어 우리 식탁이 일본식 어식 문화로 변해갔다는 주장이다. 결혼식의 상징처럼 여겨졌던 잔치국수는 더 늦은 6.25 때다. 일본인들의 멸치 어업 근거지인 부산으로 피난민이 몰리면서 멸치로 국물을 내고 배급품 밀가루로 면을 뽑아 한 끼 식사를 해결하던 데서 비롯되었다는 것이다. 한국 어업사의 전개 과정에서 멸치가 주요 어종으로 자리매김하던 역사적 과정을 추적한 소중한 연구결과다. "김수희 박사의 책을 읽으면서 멸치광인 내 몸이 깜짝깜짝 진저리를 쳤다. 나의 멸치 즐기는 식성이 일제의 한반도 강탈 이후에 생겨난 것이라는 책 내용이 마치 바늘처럼 내 몸을 찔렀다." 음식문화사의 최고 전문가인 주영하의 감상이다. 꼭 그래서만은 아니지만 대체로 마른 멸치가 부식의 중요한 부분을 차지하게 된 것이 일제강점기 때라는 점에는 큰 이의를 달 수 없을 듯하다.

그렇다면 가거도나 거문도의 멸치잡이가 일제강점기부터 시작되었다는 말일까? 그것은 아니다. 김수희도 자세하게 분석하긴 했지만 정약전의 『자산어보』나 김려의 『우해이어보』, 나아가 서유구의 『난호어목지』를 꼼꼼하게 살펴봐야 할 이유가 여기에 있다.

정약전이 말한 추어

우선 『자산어보』만 소개한다. 정약전은 대추大鯫, 단추短鯫, 소비추小鼻鯫, 익추杙鯫를 멸치로 생각했다. 추어鯫魚의 추는 뱅어다. 이태원은 이를 분석하여 추어는 멸치, 대추는 정어리, 단추는 밴댕이, 소비추는 까나리, 익추는 청멸로 해석했다. 무슨 말일까? 밴댕이나 까나리 등을 모두 '멸'로 이해했다는 뜻이다. 현재 우리는 이들을 구분하여 부른다. 일본의 경우는 멸치와 정어리를 구분하지 않고 통칭한다. 정약전이 기록한 바를 인용해본다.

몸이 매우 작고, 큰놈은 서너 치, 빛깔은 청백색이다. 유월 초에 연안에 나타나 서리 내릴 때 물러간다. 밝은 빛을 좋아한다. 밤에 어부들은 불을 밝혀 멸치를 유인한다. 함정에 이르면 손 그물로 떠서 잡는다. 국이나 젓갈을 만든다. 말려서 포로 만든다. 말려서 미끼로 사용하기도 한다. 가거도에서는 겨울철에도 잡는다. 몸이 매우 크다. 그러나 관동에서 잡히는 상품보다 못하다. 살피건대 요즈음 멸치는 서민들이 젓갈이나 건어[鱠]로 사용하며 값싼 선물이다.

젓갈뿐만 아니라 건멸치로도 사용했음을 알 수 있다. 지금 전승되고 있는 가거도 멸치잡이 노래와 어업방식의 일면도 볼 수 있다. 정약전이 이 글을 쓸 때가 1800년 초다. 지금으로부터 200여 년 전에 이미 젓갈용 멸치와 건어용 멸치를 어획했다는 뜻이다.

국립민속박물관 오창현의 연구에 의하면 흑산도의 멸치잡이는 음력 3~4월에 정어리의 일종인 '뚝멸', '까나리', 6월 장마철에는 '젓멸치'나 미끼용 멸치, 8월에는 '지리멸', '주바' 및 '고바'로 부르는 볶음용 멸치, 9~10월에는 큰멸치, 중간멸치, 뒤포리(밴댕이), 11월(크리스마스 전후)에는 다시 지리멸을 잡는다. 적어도 거문도를 포함한 가거도에서 젓갈용과 건어용 멸치를 지속적으로 어획해왔음을 알 수 있다. 그래도 문제는 남는다.

젓갈을 먹기 시작한 때

한반도에 젓갈이 처음 등장하는 문헌은 『삼국사기』 신문왕조다. 왕비 김 씨를 맞이할 때 폐백 품목 중에 술, 기름, 꿀, 장, 메주, 포, 젓갈 등이 거론되었기 때문이다. 이외에 동이족의 육젓(육식동물)도 인용되곤 하지만 번잡하므로 생략한다. 김치를 떠나서 삼국시대 이전부터 물고기를 염장해서 보관하는 방식 즉 젓갈의 식용이 이루어졌음을 추정해볼 수 있는 대목이다. 이것이 채소류와 곡류를 만나 김치가 탄생되었을까? 물론 이때의 김치가 오늘날의 김치가 아님은 주지하는 바와 같다. 김치연구소의 박채린에 의하면 삼국 이전의 김치는 저채류菹菜類의 단서만 포착된다. 발효 장채醬菜법과 함께 채소류의 장기 저장법 중의 하나다. 쉽게 말하면 채소류를 소금에 절이는 형식 정도가 될 것이다. 남도 지역에도 오늘날까지 '~지', 혹은 '지쪽' 등의 이름으로 그 흔적이 남아있다. 대개 고려시대까지도 이런 양상은 계속되었던 것으로 보인다.

현재처럼 젓갈과 마늘 고추와 함께 버무리는 형식은 조선시대에 와서야 생겨나게 되었다. 이를 박채린은 '조선적 김치문화'라 부른다. 모 회사가 김치냉장고 이름으로 인용하기도 했던 '딤채'는 김치의 조선시대 용어인 '침채沈菜'에서 온 말이다. 오늘날 '김장'이란 용어의 탄생 내력이기도 하다. 조선시대 문헌자료에 등장하는 이름만 해도 수십 가지가 넘는다. 이 중 해산물을 사용한 이름을 보면 굴김치[石花菹], 해물김치[魚菹], 전복김치[鰒魚菹], 젓갈김치[醢菹] 등을 들 수 있다. 하지만 멸치젓갈을 사용했다는 직접적인 자료를 찾기는 힘들다.

멸치 젓갈을 넣은 김치의 시작

『신증동국여지승람』 남도 지역의 토산조에 보면 여러 가지 해산물들이 나온다. 일례로 진도군의 토산조를 보면 낙지, 대하, 굴, 홍합, 황각, 김, 해삼, 숭어, 전복, 감태, 매산(매생이), 참가사리, 우뭇가사리, 미역 등이 있다. 멸치는 보이지 않는다. 다른 군의 토산조에도 멸치는 없다. 국립해양문화재연구소에 의해 2009년에 발굴되었던 마도3호선은 다량의 목간과 함께 젓갈 그릇들이 발굴되어 학계를 깜짝 놀라게 한 바 있다. 상어, 말린 홍합, 생전복, 견포 등이 확인된다. 젓갈 중에는 전복젓갈이 눈길을 끌지만 멸치젓갈은 없다. 의문이 든다. 남도김치의 상징처럼 여겼던 멸젓의 존재가 역사를 추적할수록 희미해지기 때문이다. 무엇 때문일까?

지금은 거문도와 가거도가 멸치잡이의 상징처럼 여겨지지만 1900년

누군가 불러줄 노래 하나 있기를

상반기 일본인들에 의해 비료용으로 어획되었던 멸치의 최대 어획지는 남도가 아닌 경남이었다. 이것이 점차 식용 마른 멸치로 발전해왔음은 주지하는 바와 같다. 궁금한 것은 까나리나 밴댕이젓을 포함한 멸치류의 젓갈이 언제 김치(침채)에 포함되었을까 하는 것이다.

해물과 젓갈, 어육침출수 등을 동시에 사용한 문헌기록은 빙허각 이 씨(1759~1824)가 쓴 『규합총서』다. 반찬이란 이름으로 등장하는 '섯박지', '동과 섯박지', '동침이' 등 8가지의 김치를 기록하고 있다. 이때 밴댕이젓, 굴젓, 조기젓이 등장한다. 밴댕이는 진도를 포함한 해안 지역에서 '뒤포리'라고 한다. 준치, 낙지, 전복도 넣었다. 1700년대 이후 김치의 감칠맛을 내기 위해 젓국이나 어패류가 사용되고 있음을 확인할 수 있는 자료다. 이후 『부인필지』, 『보감록』, 『시의전서』 등의 기록에도 섞박지에 주로 생조기나 조기젓 외에 밴댕이와 소라 등을 넣었다. 물론 멸치는 등장하지 않는다. 아쉬운 대목이다. 하지만 염두에 둘 것은 베트남의 느억맘이나 맘넨 등 동아시아를 관통하는 발효 액젓들의 정체가 결국은 우리의 젓갈문화와 연결되어 있다는 점이다.

숙성과 묵상의 시간

오늘날의 김치는 다양한 재료와 그보다 더 다양한 문화가 섞여 만들어졌다. 그야말로 문화의 '섞박지'다. 지면상 마늘과 고추 얘기는 다음으로 미루지만 마늘 고추 나아가 포기 배추와 곡류 또한 굉장

삶의 무엇을 저장하고 숙성시킬 것인가. 김장철은 스스로를 성찰하는 시간이기도 하다.
사진_ 이윤선

한 문화사적 의미를 가지고 있다. 근대기 남도의 김치는 멸치젓갈을 많이 넣어 그 맛의 깊음이 한량없고 발효의 정도가 측정할 수 없었다. 판소리의 탁한 성음과 잘 어울렸다. 탁한 소리를 곰삭았다고 하고 곰삭은 표현으로 '귄'과 '한'을 드러내는 것을 남도스럽다고 말해왔다. 하지만 판소리의 탄생을 17세기로 보는 것처럼 지금의 남도김치 즉 멸젓을 많이 넣는 김치문화의 역사를 더 올려 잡기는 힘들다. 출중한 연구자가 나와 해명하지 않는 한 일제강점기 멸치식용의 확

누군가 불러줄 노래 하나 있기를

대설까지도 수용할 밖에. 『자산어보』에서 말했던 멸치들이 동시대에 남도 전반 혹은 전국으로 확대되었다는 증거가 없기 때문이다.

남도문화에 대한 해석도 크게 다르지 않다. 마치 각 가정의 불문율처럼 지켜 왔던 김장을 묵상해본다. 비유해 말하면 김장의 계절은 저장의 계절이자 성찰의 계절이다. 새로 올 한 해를 대비해 저장하는 양식이란 점에서 그렇다. 의례적으로는 '절리'나 단절을 설정하고 새해의 시작을 표상한다 했지만 사실은 그 행간을 생략한 해석일 뿐이다. 체력도 능력도 그 어떤 먹거리도 결국은 저장해둔 것들을 끄집어내어 사용할 것이기 때문이다. 인풋input이 깊고 숙성도가 높을수록 아웃풋output의 양과 질도 성숙되지 않겠는가. 내가 가진 무엇을 저장하고 그것을 어떻게 숙성시킬 것인가를 묵상하는 시간이 필요하다.

세월로 버무린 미학, 김치

무수채지(무채지), 갓물김치, 파김치, 알타리김치(총각김치), 무동치미, 배추동치미, 무장아찌, 열무김치, 무생채김치, 깍두기, 솔김치(부추김치), 갓김치, 얼갈이배추 김치, 솎은 무김치, 솎은 배추김치, 고구마 줄기 김치, 열무 물김치, 싱건지(동치미), 배추 물김치, 돌산갓김치, 얼갈이무잎 배추김치, 배추 풋고추 김치, 고추김치, 톳김치, 표고유자 물김치, 양파김치, 나박김치, 무청고춧잎 김치, 파래 물김치, 감태 김치, 씀바귀 김치, 콩잎 김치, 시금치 장아찌, 무말랭이 깍두기 김치, 열무반지, 자박김치, 외대파김치, 시금치장아찌, 울금가루 넣은 김치.

남도 지역의 김치들

많기도 하다. 모두 내가 남도 곳곳을 다니며 조사한 이름들이다. 물론 이외에도 훨씬 많은 김치 이름들이 있다. 김장김치 외에 계절김치들이 수십 가지다. 계절에 따라 다르고 지역에 따라 다르며, 사람에 따라 다르다. 그뿐인가. 세대에 따라 다르고 시대에 따른 레시피의 변화도 있다. 담아서 바로 먹는 생김치가 있는가 하면 김장김치를 다년간 묵혀서 먹기도 한다. 이들 모두를 통칭하여 김치라 한다.

남도 지역의 김장은 음력 동짓달 즈음이 적기다. 양력으로는 12월, 맞벌이 가정은 1월에 김장을 하기도 한다. 김장이 늦은 것은 당연히 기온이 따뜻한 남도이기 때문이다. 몇 가지 예를 들어본다. 무수채지(무채지)는 무채를 썰어서 담그는 김치를 말한다. 갓물김치는 갓을 썰어서 소금물이 자박자박 차도록 담그는 김치다. 파김치는 파를 가지런히 정돈하여 담근다. 무동치미는 소금물을 많이 넣어 무를 흥건히 담그는 김장김치다. 무장아찌는 무를 작게 잘라서 양념을 넣고 버무린 김치다. 지역 특산물들을 활용한 표고김치, 유자김치, 고추김치 등이 있는가 하면 진도 지역 일부에서는 레시피에 울금을 넣기도 한다. 파래 물김치나 감태 김치, 톳김치는 해안 지역에서 발달한 김치다. 고구마순 김치는 고구마 재배가 많았던 무안, 함평 지역에 남아 있는 전통 김치다. 시대에 따라 변하는 것은 당연한 것인데, 저장술이 발달하면서 김치의 종류가 획기적으로 늘어났을 것이다.

무엇이 전통 김치일까

내가 조사한 사례들을 들어본다. 강진군 병영면 김 씨의 경우 장흥 유치면 산간에서 병영 소읍으로 혼인했다. 민물새우를 이용하여

영광군 최윤자 씨가 차린 차례상에서도 젓갈과 김치(가운데)가 보인다. 사진_ 이윤선

김장김치는 물론 계절김치까지 담근다. 이것이 산간 지역의 영향 때문인지 개별 기호의 차이인지는 알 수 없지만, 약간 비린내가 날 수도 있는 민물새우를 사용한다는 점이 특징적이다.

고흥읍에서 장흥 유치면으로 혼인해 산골짜기 마을에 거주하는 또 다른 김 씨는 친정 고흥의 특산물인 유자와 시댁 장흥의 특산물인 표고를 사용하여 김치를 담근다. 산간의 각종 풀들을 뜯어 계절김치를 담그는 것도 특징 중의 하나다.

해남 군내에서 혼인을 한 장 씨, 붉은 고추를 씨와 함께 넣어서 칼칼한 맛이 우러나게 하는 배추 싱건지를 담근다. 너무 많이 매울 경우 파프리카로 중화시킨다. 부자재로 과일을 많이 넣고 김장김치

남도를 품은 이야기

든 계절김치든 모두 매실액을 넣는다.

농촌에서 소도시 목포로 혼인하여 거주하는 박 씨, 과일을 일체 사용하지 않는다. 친정의 김치를 재현하려고 노력한다 했다. 액젓이나 새우젓을 많이 사용했으며 곰삭은 맛을 즐긴다.

무안 몽탄에서 일로읍으로 혼인한 정 씨, 멸치액젓을 아주 짜게 넣는다. 젓갈이 너무 짜기 때문에 절간한 배추를 물에 씻어서 담으며 새우젓을 일반적으로 사용한다.

승주 송광사 근처에서 태어나 무안 월선리로 혼인한 강 씨, 늦가을 추수 후에 풋고추 달린 고춧잎을 일주일간 소금물에 절인다. 무청을 한나절 정도 절인다. 두 가지를 혼합하여 갖은 양념으로 버무린다. 메주가루와 엿기름가루를 함께 넣는다. 승주 지역의 전통이라고 말한다.

장성군내에서 혼인한 모 씨, 고구마줄기 김치가 특징적이다. 껍질을 벗긴 고구마순을 살짝 데친다. 소금물에 약 30분 정도 절인다. 건져내서 양념에 버무린다. 양념에는 젓갈, 고춧가루, 찹쌀죽, 깨 등을 넣고 부자재로 모양을 내서 썬 생 양파를 넣는다.

제주도에서 무안으로 혼인한 고 씨, 고구마순 김치를 시할머니로부터 배웠다. 대파뿌리, 가지꼭지, 사과껍질, 양파껍질 등을 말려서 저장해 둔다. 다시마 우려낸 물을 사용하고 갈치젓을 쓴다. 홍시를 채에 밭아서 넣는다. 시어질 때까지 아삭거리는 맛이 난다. 이것이 개인적인 노하우일까 전통적인 것일까? 메주가루와 엿기름가루를 사용하는 경우나 고구마순 김치 모두 전통적인 것이라고 주장한다. 수긍이 간다. 김치의 역사적 추적은 이미 많이 알려져 있으므로 생략한다.

발효 음식 중의 대표적인 것이 김치다. 술과 식혜 등에 근접한 경우도 확인된다. 지역특성에 알맞은 재료들을 다양하게 활용한다는 점, 보편적이다.

여수 거문도의 갓김치와 해조류 김치

거문도 내에서 혼인하여 여수로 이주한 박 씨, 바른 먹거리 운동을 하며 반찬가게를 운영한다. 여수 지역 도시민들이 김치를 담아먹거나 구매하는 현황을 포착할 수 있다. 시댁인 거문도에서 담아먹던 갓김치, 아무 재료도 사용하지 않고 오로지 소금물에만 담갔다가 1~2개월 후 꺼내서 물에 씻어 먹는다. 토종 갓김치가 아닌 일명 일본산 갓이라고 하는 종은 톡 쏘는 맛이 거의 없는 채소. 물을 거의 주지 않고 키우면 쏘는 맛이 좀 있다고 하지만 토종갓에 비할 바는 아니다. 토종갓을 선호한다는 뜻이다. 원재료는 갓, 배추 등의 채소이지만 발효를 돕는 부자재는 파, 청각, 양파 말린 것, 양파 설탕 절임, 무말랭이, 양파청, 고추절임물 등이다. 다시마물은 다시마에 멸치, 새우, 버섯 등을 넣고 푹 고아 만든다.

해조류로 김치를 담그기도 한다. 톳김치, 파래 물김치, 감태 김치 등이 그것이다. 예컨대 톳김치를 담글 때는 고구마줄기 김치처럼 살짝 데쳐내는 것이 기술이다. 비율은 본 재료인 배추나 갓, 무 등이 7할 정도, 부자재와 다시마물 등의 기타 부산물이 3할 정도 되게 한다. 젓갈은 일체의 민물새우는 사용하지 않고 국새우나 생새우, 오

여수는 알싸한 맛을 자랑하는 갓김치로 유명하다. 여수 김경희 씨의 김장하는 모습. 사진_ 이윤선

젓, 육젓 등을 사용한다. 멸치젓은 직접 담아서 3년 정도 숙성시킨 후에 한지나 당목(베)에 밭아서 맑은 것만을 사용한다. 생강이 많이 들어가면 맛이 쓰다. 마늘 8할에 생강 2할 정도 넣는 것이 좋다.

거문도의 전통적인 사례와 함께 여수 지역 도시민들이 김치를 생각하고 대하는 태도와 맞물려 있다는 점에서 주목되는 사례다.

김장김치, 오랫동안 삭혀야 꺼낼 수 있는 것들

김치야말로 가장 온전한 슬로푸드다. 기다렸다 먹어야 하기에 슬로 라이프다. 생김치의 사례가 있긴 하지만 소금 삼투압 과정을 거쳐 발효한 이후에 제맛이 난다. 김치의 원리는 어떤 양념과 부자재를 넣는가에 따라 맛이 달라진다는 데 있다. 궁합을 말함이다.

남도 지역은 주로 멸치젓갈을 많이 넣어서 깊은 맛이 난다. 옛사람들은 소금도, 젓갈도 3년 정도 묵은 것을 선호했다. 이 젓갈냄새를 그윽하다, 곰삭았다 등으로 표현한다.

김치의 지역성이라는 게 뭘까? 결국 제철에 나서 지역적 특색을 갖는 재료들을 사용한다는 뜻 아니겠는가. 계절에 따른 차이도 마찬가지다. 여름 열무는 찬 성질을 가지고 있기 때문에 여름 감자, 여름 보리밥을 갈아서 발효 탄수화물을 만든다. 반대로 겨울철이 되면 대개 찹쌀을 갈아서 사용하거나 남도 일부에서는 차조를 사용한다.

절임의 정도에 따라 젓갈의 양이 달라진다. 전통적으로는 찹쌀로 윤기를 낸 사례들이 보고되는데, 지금은 물엿을 사용하는 사례들이 늘었다. 심지어 젓갈에도 물엿이 들어가는 편이다. 계절에 따라 다르긴 하지만 조미 부자재를 가능한 넣지 않고 스스로 발효하게 만드는 것이 중요하다. 부자재가 많이 들어가면 발효의 속도가 빨라진다.

김치는 건강과 관련이 깊다. 예들 들어 몸이 차고 냉한 사람들은 인공물을 가미한 젓갈이나 물엿을 사용한 김치를 먹으면 바로 신호가 온다. 배가 아프거나 소화가 안 된다. 궁합에 맞는 음식을 먹는 것이 중요한 이유다. 궁합이 어디 몸뿐이겠는가. 쓴맛과 감칠맛의 차이는 계절과 지역, 사람과 세대 간의 궁합으로 비유될 수 있다.

김장의 가장 큰 의미는 저장과 숙성, 곧 기다림이다. 설날에 뵙는 부모님, 고향의 어르신들이 바로 김장김치 같은 분들이다. 김장이란 저장과 삭힘, 토산물과 지역성, 시대와 세대 간의 궁합, 오랫동안 삭

남도를 품은 이야기

김치야말로 지역 특성에 맞는 식생활을 추구하는 슬로푸드의 전형이다. 사진_ 이윤선

혀 온 뜻을 상고하는 시간. 잠시도 짬을 못내는 현대인들에게 가장 필요한 음식이 숙성熟成된 김치 아닐까. 레비스토로스가 표방했던 날 것과 익힌 것을 넘어선, 그 시큼한 익힘[成熟] 말이다.

3부

고목이 쓰러지면
땅으로 되돌아온다

✦

    1955년 어느 날 아침, 전쟁의 참화가 채 가시지 않은 시절, 유달산 계곡을 오르다 보니 어디선가 노래 소리가 들렸다. 여리고 작은 목소리, 판소리였다. 가까이 가보니 두 명의 어린 꼬마 아닌가. 어디서 온 명창들인고? 꼬마들이 손을 입에 대고 까르르 웃기만 한다. 아침마다 유달산엘 오르는고? 둘 다 고개를 끄덕인다. 금방 부른 판소리는 무슨 소리인고? 킥킥거리며 고개만 양옆으로 흔든다. 노래만 하는 벙어린고? 그때서야 한 아이가 대답을 한다. "안중근전이야요."

굴 구워먹는 사람들

숯불이 벌겋게 제 몸을 달구더니 이내 손바닥만 한 굴 껍질을 벗겨 낸다. 귀를 기울이니 작은 소리가 들린다. 절정을 못 이겨 입술 밖으로 새어 나오는, 혹은 견디다 못해 입 밖으로 내뱉는 신음소리일지 모른다. 피식 피식, 얼기설기 두툼한 껍질들이 벌어진다. 아가리 안의 속살이 터질 때마다 비대해진 살들이 움찔거린다. 알맹이 사이로 특유의 간물이 흘러내린다. 놓칠세라 받아 마시는 사람들이 보인다. 후루룩, 짭짤하고도 비릿한 맛이 겨울 초입의 바람을 떨쳐낸다.

그리고 보니 여기저기 굴 구워 먹는 사람들이 많다. 왁자지껄 고성방가를 내지르는 무리도 있다. 여지없이 소주와 막걸리를 걸친다. 여러 무리들이 굴을 구워먹는 이곳이 어딜까? 북으로는 여귀산 봉수며 크고 작은 산들이 북서풍을 막아주는 모양이다. 남으로는 넓은 개펄이 끝도 없이 펼쳐져 있다. 해남을 접한 진도 남쪽 해변의 풍경들이다. 해마다 이맘때가 되면 나들이 하는 곳, 올해도 여지없이 굴 구워먹는 마을에 들른다. 이른바 석화마을이다.

고목이 쓰러지면 땅으로 되돌아온다

석화는 자연산일까

『자산어보』에는 '가시굴'을 '석화石花'로 표기하고 바위에 붙어 사는 모습이 꽃처럼 보인다 하여 붙여진 이름이라고 유래를 밝히고 있다. 지금의 '참굴'과는 다르게 당시는 가시굴이 보편적이었음을 알 수 있다.

진도 금갑마을의 예를 들어본다. 투석식은 금갑마을 안쪽의 조간대 개펄을 가가호호 배당하여 실시하였다. 갯돌을 개펄에 투석하여 자연적으로 채묘하고 이를 채취하는 방식이다. 본래 갯바위에 달라붙어 서식하는 자연산 굴을 깨서 먹던 것이 전통이었을 것이다. 이를 좀 더 바다 안쪽으로 돌을 던져 넣어 기르는 방식이니 자연산에서 약간 진보했다고 할까? 자연스럽게 굴 유생이 붙어 성장하기 때문에 굳이 양식이라 말하기도 애매한 굴 양식법이라 할 수 있다.

인공사료 등의 먹이를 전혀 주지 않는다는 것도 특징 중 하나다. 아직까지 진도 지역이 청정바다라는 점에서 투석식 양식이 주는 메시지가 크다. 이것이 발달하여 조하대의 물속에 줄을 매달아 키우는 방식으로 바뀐 것이 오늘날의 수하식 양식 즉 수하연승법이다. 투석식이든 수하식이든 바닷물 속의 미생물과 플랑크톤을 먹고 자란다.

수하식과 투석식의 굴의 비대가 다른 이유는 플랑크톤의 섭취량이 다른데 있다고 한다. 다른 지방에서 인공채묘 방식을 도입해 관리하는 것과는 다르게 남도 지역에서는 갯벌에 나무를 박아서 양식했던 지주식이나 수하식 모두 100% 자연산 채묘를 통해 이루어진다. 왜일까? 그 비밀은 갯벌에 있다.

'굴'이라는 이름의 유래

굴이란 이름이 어디서 왔는지 자세히 알 수는 없다. 몇 가지 단서들을 검토해 본다. 일반적으로 둥그스름하며 오른쪽 껍데기에 편평하고 검은 대롱 모양의 가시가 나 있는 것을 가시굴이라고 한다. 현재의 참굴보다 가시굴이 더 역사적 전통이 있으므로 가시굴에 대한 용어가 발달했을 것으로 짐작된다. 김현이 연구한 '고흥지역의 갯벌 생물과 채취 관련 어휘 연구'에 의하면 '독굴(돌굴)'은 '돌(독)'+'굴'이며 돌에 부착하여 서식한다는 뜻의 명칭이다. 『자산어보』에서 언급한 석화는 '돌굴'의 한자 표기형이다.

주지하듯이 '독'은 '돌'의 남도 말이다. 남도를 기준으로 놓고 보면 '돌굴'보다는 '독굴'이 표준어다. 지금의 '독도'라는 이름도 예컨대 남도 사람들이 울릉도 너머 바다에 나가 지은 이름이라고 말하는 이유이기도 하다. 토굴은 벗굴, 벅굴, 퍽굴, 덕굴 등으로 불린다. 모두 벗[親舊]굴과 동일한 어원으로 추정된다. '토굴'이 굴의 한 종이라는 점에 착안해 볼 때 '벗굴'은 굴과 같은 것, 굴에 가까운 것 등의 의미를 가진 명칭이라 할 수 있다.

굴 양식의 시작

우리나라에 서식하는 굴은 참굴, 가시굴, 토굴, 태생굴, 긴굴, 갓굴 등 아홉 가지 정도로 보고된다. 지금 수하식으로 재배되는 굴은

고목이 쓰러지면 땅으로 되돌아온다

정약전이 『자산어보』에서 "모양은 구름조각 같으며 맛은 달다"고 기록한 굴. 진도군 금갑마을 굴밭에서 굴을 채취하고 있다. 사진_ 이윤선

참굴이다. 선사시대의 굴은 가시굴이 많았다고 한다. 참굴은 한국 연안에 널리 분포되어 있는 종이다. 서남해에서 지주식, 투석식 등의 양식방법을 이용해 오랫동안 양식해 온 방식이다. 연승 수하식이 있기 전까지는 뗏목 연승을 이용한 굴 양식이 이루어졌다.

　여러 연구자들은 1923년 혹은 1928년 경남 가덕도 연안 간사지에서 바닥 양식을 시작했다고 보고한다. 1960년대까지 투석식, 송지식 및 말목 수하식 등 소극적 양식방법으로 생산을 했다는 것이다. 지금의 양식 패턴으로 보면 이 연구들이 주목하는 바를 이해할 수

굴 구워먹는 사람들

는 있다. 하지만 양식이 근현대에 이르러서야 발달한 방식이라고만 볼 수 있을까? 그렇지 않다. 고고학적 발굴 자료나 연구 자료들을 검토해 보면 이것이 최초라고 단언하기 어렵다는 점을 알 수 있다. 선사시대부터 굴 양식이 있었다는 연구결과들이 있기 때문이다.

굴 양식의 역사적 흔적들

역사적으로 보면 고고학 자료에서 굴 양식의 흔적을 찾는다. V. A 라꼬프와 D. L. 브로단스끼가 연구한 「보이스만 신석기 문화에서의 굴 재배」라는 논문에 의하면 연해주 보이스만 문화에서 굴 양식이 발견된다. 연해주의 남쪽인 글라드까야 강 하구에서 두 군데의 자이싸노브까 패총이 발견되었다. 그 속에 굴들이 굴의 천적인 다량의 소라껍질과 섞여 있음을 확인했다.

북한의 북쪽 지역 서포항에도 다층위 유적이 있다. 그중에서 두 층이 보이스만 문화에 해당한다. 일본에서는 3000곳의 패총이 알려져 있다. 기본적으로 죠몽 시대의 것이다. 카소리박물관 도록에는 도쿄만 해안에 위치하는 1000곳의 패총에 대한 언급이 있다. 예컨대 나카자토 패총은 면적이 4.4헥타르이고 두께가 4.4미터인데 해산물 가공공장으로 불렸다. 코이케는 도쿄만에서 굴을 채취한 굴 서식지가 15킬로미터 반경 내에 위치한다고 추정했다.

유럽에서는 기원전 5~4세기경 그리스에서 굴 양식을 했다고 보고하고 있다. 유럽의 대서양 해안 지역에서는 덴마크 지역 패총에 대한 첫 번째 조사 시기부터 패총이 고고학자들의 관심 대상이었다. 우세한 종은 '굴'이다. 이것을 '재배굴(양식굴)'이라고 추정하고 있다.

굴 껍질로 된 큰 패총들이 아메리카 대륙, 호주, 아프리카에도 알려져 있다. 태평양 참굴의 경우 신석기 시대부터 시작하여 이 모든 주기가 사람에 의해 실현되고 통제되었다는 것이다. 동해 연안에서도 최소한의 증거들이 수집되었다. 한반도, 중국, 일본 군도의 여러 지역에서 현재의 굴 재배지와 흡사한, 그리고 고대의 수중 채마밭인 굴 암초들이 남아있다.

굴 구워먹는 마을

진도의 굴 구워먹는 풍경들은 이내 선사시대의 한 풍경으로 거슬러 오른다. 앞바다 건너편 굴곡진 몇 개의 개옹을 지나 닿는 곳이다. 해남 군곡리 패총 유적. 기원 전후 300년, 약 600년에 걸친 유적들이다. 우리로는 철기 시대요, 일본의 야요이 시대에 해당한다. 많은 보물들이 출토되었다. 방대한 면적은 물론 축적된 높이를 보니 3미터를 웃돈다. 엄청난 양이다. 패총의 90%가 굴 껍질이다. 무슨 말일까? 당시의 해남 사람들이 굴을 먹고 살았다는 뜻이다. 지금의 반찬 개념과는 다르다고 봐야 한다. 물론 탄화미炭火米며 사슴 뼈, 맷돼지 뼈, 개머리 뼈 등도 더불어 출토되었다. 쌀을 먹었다는 증거고 개를 데리고 사냥을 했다는 증거들이다. 그렇더라도 거의 대부분이 굴 껍질이라는 것은 주식 대용으로 굴을 먹었음을 추정할 수 있게 해준다.

생굴을 깨 먹었을까? 지금처럼 바다가 오염되지 않았을 것이니 패혈증 등의 위험은 없었을 것이다. 여기서 출토물 중 '시루'를 검토해봐야 한다. 탄화미가 나왔으니 일차적으로는 쌀을 쪘다는 추정이 가능하다. 하지만 굴을 주식 대용으로 삼았다면 이 시루에 굴을 쪄먹었을 가능성도 열어두어야 한다. 군곡리 패총은 이외에도 각종 그릇이며 신나라 시대의 동전, 꼬막 따위로 만든 각종 팔찌 등의 패물 貝物(佩物 포함) 등 흥미로운 기삿거리가 있다. 주목할 것은 시루 등 다양하게 출토된 그릇들이 '굴'을 포함한 남도 지역의 음식사를 추적할 수 있게 해준다는 점이다. 조만간 다시 시간을 내어 굴 구워먹는 마을에 들러야겠다.

고목이 쓰러지면 땅으로 되돌아온다

세상에서 가장 작은 숲, 우실

우실. 마을을 보호하는 울타리다. 우술, 우슬, 마을 돌담, 돌담장, 당산거리, 방풍림, 방조림, 방피림, 사정나무거리, 사장나무거리, 정자나무거리, 노거수림 등 지역에 따라 부르는 이름이 많다. 여러 이름들을 열거하니 알아차릴 수 있겠다. 마을숲 아닌가? 그렇다. 우실을 'Forests(마을숲, maeul-sup)'로 번역하는 이유가 여기에 있다. 경관숲이나 비보숲^{裨補林}이라고도 한다. 관방림이나 어부림 등을 포함하는 개념으로 해석한다. 대개 마을신을 숭배하는 형태 혹은 기피하는 형태로 보존되어 왔다.

'우실'이라는 말은 어디서 왔나

이 이름을 널리 알린 사람은 최덕원이다. 아마도 우리나라 최초의 관련 논문이 그의 「우실 신앙고^{信仰考}」이지 않을까 싶다. 이름 자체는 신안군 지역을 중심으로 서남해 도서지역에서 호칭하던 것이다. 지금은 그의 논고 덕분에 마을숲을 이르는 보통명사로 통용되지만 본래 국어사전에도 나와 있지 않은 용어다. 왜 그럴까? 남도의 서남해 사람들이 부르던 용어였기 때문이다.

본래 말은 '울실'이다. 울타리의 '울'은 가축들을 가두는 '우리'에서부터 '울장', '울타리' 등의 개념으로 이해된다. 둘레를 에워싸 지킨다는 '위圍'의 뜻이 있다. 에우다, 사냥하다는 뜻이 여기서 나왔다. 더불어 숨기고 아끼며 의지한다는 '은隱'의 뜻도 있다. 울타리에 가두니 숨기거나 비밀로 한다는 개념으로 확장된다.

'실'은 무엇일까? 근래 유행하고 회자되는 '마을길'이나 '둘레길', '마실길'에서 알아차릴 수 있다. 마을이란 뜻이다. 남도 지역에서는 마을이라는 공간의 의미보다는 이웃에 놀러나간다는 동사적 개념으로 많이 사용되었다. 흔히들 '마실 간다'고 한다. '촌村' 혹은 '곡谷'의 고어다. 이 곡은 '골', '골짜기'로 말뜻이 연결된다. 마을의 또 다른 이름인 '고을'이란 말이 여기서 왔다. 산꼭대기가 아니라 골짜기에 정주터를 정하던 풍습에서 비롯된 용어. 허한 곳을 보충한다는 비보裨補의 개념으로 연결되니 '비보숲'이 되는 것. 모자란 것을 채운다는 뜻이다.

그렇다면 '울+실'로 불려야 할 텐데 왜 '우실'이 되었을까? 잇몸 말인 'ㄹ'이 'ㅅ' 앞에서 탈락된 음운변화 현상으로 해석한다. 최덕원은 이를 웃숲, 우주숲[wusup]에서 유추하기도 한다. 과연 그럴까?

고목이 쓰러지면 땅으로 되돌아온다

마을을 보호하는 가장 작은 숲

세상에서 가장 작은 숲은 집 울타리 우실이다. 우실 중에서 가장 작은 단위라고 할 수 있다. 대나무나 싸리나무를 엮어 만든 울타리가 쉽게 연상된다. 하지만 이 울타리의 개념은 집을 둘러싸고 있는 대나무나 싸리나무숲으로 확장 해석해야 맞다. 가장 보편적으로 사용된 것이 대나무 숲이다. 야산 중턱이나 마을 주변에 옹기종기 대나무 숲이 있다면 그것은 십중팔구 가옥이나 마을이 있던 자리다. 물론 섬 지역에서 대바구니나 어로 도구를 만들기 위해 경작하던 대나무숲이나 자연스럽게 조성된 밀집 숲도 있지만, 양이 많지 않기 때문에 예외로 한다.

우실이란 말이 보편적으로 사용된 지역은 신안군 일대다. 신안군이라는 행정 지역이 생긴 지 얼마 되지 않았기 때문에 남도의 서남해 지역을 중심으로 통용된 용어인 셈이다. 우실 밭고랑, 우실골, 우실등, 우실 마을, 우실넘골, 우실숲, 우실고개 등의 용례 등을 찾아볼 수 있다.

한반도의 지형상 겨울철의 서북풍을 막는 역할을 한다. 여름철의 동남풍이 싣고 오는 태풍, 바다에서 불어오는 모래바람을 막아준다. 이렇게 말할 수 있다. 세상에서 가장 작은 숲이라고. 집이라는 정주공간으로 불어오는 눈바람과 모래바람을 막아주는 아주 작은 숲 말이다. 흔히 우실을 방풍림으로 해석하는 이유가 여기에 있다.

죽은 자들의 공간도 보호하다

살아있는 사람들의 정주공간만 보호하거나 비보해주는 것은 아니다. 죽은 자들의 공간도 보호하거나 비보해준다.

요즈음 가고 싶은 섬으로 지정되어 널리 알려진 안좌도 박지섬과 반월섬에서는 사람의 성씨를 붙여 부르는 우실들이 있다. 길순이네 우실, 팔봉이네 우실, 백수네 우실 등이 그것이다. 각각 최길순 씨네, 김백수 씨네, 김팔봉 씨네가 조성한 작은 숲이다. 개인의 이름을 따서 부르는 이유가 있을까? 바로 문중 산소를 에워싸는 숲이기 때문이다. 서남해안 섬의 생태 특성상 주로 참시리나무(후박나무와 유사한 종), 소나무 등을 식재해 만들었다.

이 숲들을 만든 이유가 뭘까? 지관이나 점쟁이 등이 등장하거나 조상이 현몽하는 형태로 숲이 조성된다. 꿈속에 조상이 나타나 "문중 산소의 어디 어디 방향이 허하니 그곳에 나무를 심어야 후손이 발복한다"는 등의 주문이 이어지거나, 점쟁이나 지관이 그리 주문하는 예가 그것이다. 왜일까? 조상의 산소를 비바람이나 모래바람으로부터 보호해야 할 현실적 이유가 있기 때문이다. 경사지의 산소가 토사붕괴로 유실되는 등의 위해를 막기 위함이다. 마을숲이나 돌담, 축대의 존재 이유를 설명해주는 방식이라고나 할까?

그렇다. 이 이야기는 마을 정주공간 혹은 도시라는 공동체 정주공간으로 확장 적용된다. 실제로 서남해 섬 지역에서 마을신을 섬기는 당堂 혹은 당산堂山을 '우실'로 호명하는 경우가 많다. 마을신들이 바로 마을숲 우실에서 살기 때문이다. 마을숲을 보호하고 보전해온 원리이다. 물론 우실이 나무숲만으로 조성되는 것은 아니다. 흙으로 만든 우실, 돌로 만든 우실, 목책으로 만든 우실 등은 뒤에서 언급하겠다.

마을신들이 거처하는 곳

사람들은 여러 가지 형태로 이야기를 만들어 유포해왔다. 나는 이를 신성의 원리와 기피의 원리라고 설명해왔다. 마을에는 두 가지의 신들이 산다. 하나는 신성시하는 신이요, 다른 하나는 기피하는 신이다.

신성의 신은 마을의 제사며 축제를 통해 드러난다. 기피의 신은 귀신이며 도깨비 등의 이야기들로 전해진다. 신성한 신들은 마을을 처음 만들거나 세상을 처음 만들었다고 회자된다. 다른 산으로부터 날아오기도 하고 하늘에서 내려오거나 바닷속 용궁으로부터 건너오기도 한다. 마치 집의 이곳저곳에 조상의 다른 표현인 성주신, 조왕신, 터주대감 터주신, 철륭신들을 배치하는 원리와도 같다. 마을을 보호하고 방어하는 기능은 집의 울타리 개념과 동일하다. 귀신이나 도깨비의 거처 공간은 사람들이 기피하는 곳으로 나타난다. 도깨비 터, 초분골, 귀신 나는 곳 등이다.

두 가지 다 보호와 보전의 기능을 한다. 하나는 신성시해서 보호하고 다른 하나는 기피해서 보호하는 것이다. 그렇다. 마을에는 영구적인 보호 혹은 보전공간과 일시적인 보호공간이 있다. 영구적인 보호공간은 사람들이 침입하거나 훼손해서는 안 된다. 신앙하거나

전남 신안군과 진도군 등 도서해안 지역에서 발달한 우실. 사진은 해안 숲을 이루고 있는 완도군 노화도의 우실이다. 사진_ 이윤선

숭앙하는 신들이 거처하는 공간이기 때문이다. 이 공간을 훼손했다가 죽임을 당하거나 불이익을 당한 사례는 '영험담'이라는 이야기 형태로 전승된다. 일시적인 보호공간은 제의나 축제 등의 한정된 기간에만 보호된다. 영구적 보호공간에 비해 보전의 기능이 약하다고 볼 수 있다. 사람들이 마을의 신들을 만들고 유관한 이야기를 유포해온 까닭을 비로소 알 수 있겠다.

고목이 쓰러지면 땅으로 되돌아온다

우실로부터 얻을 지혜

우실은 국가가 관여하는 관방림이나 물고기들의 서식처를 제공하는 어부림 등으로 확대 해석된다. 단지 태풍이나 겨울바람을 막고 해풍의 피해를 막는 정도의 기능에 그치지 않기 때문이다. 숲이 수많은 미생물과 보호생물들을 키우고 동물과 물고기들을 키우며 종국에는 사람의 삶에 이로운 혜택을 제공한다는 것쯤은 근래 트렌드를 통해서도 확인할 수 있다. 숲 해설이니 숲 힐링이니 하는 따위가 바로 그것이다.

그렇다. 우실은 바로 도시 숲의 기능으로 확대 해석된다. 마을숲을 보호하는 여러 가지 신성의 이야기와 기피의 이야기들이 도시 숲의 이야기로 확대 해석되어야 할 이유를 여기에서 깨달을 수 있다. 그렇다면 우리가 사는 도시의 우실은 어디일까? 도시공원? 도시 숲? 나라의 범주에서도 똑같은 질문이 유효하다. 우리나라가 하나의 마을이라면 우리 마을의 우실은 어디일까? 국립공원?

인류 공동체라는 세계의 범주로 확장해도 마찬가지다. 세계가 하나의 마을이라면 우리 마을의 우실은 어디일까? 거기에는 어떤 신성의 공간과 기피의 공간들이 마련되어 있어 이를 영구적으로 보호하게 해줄까? 마을 가꾸기네, 도시설계네 한다는 전문가들이 귀 기울여야 할 점들이 보이지 않는가. 숲을 말하기 위해 고안된 우리의 이야기들 말이다.

우실은 나무숲으로 조성하는 것이 가장 보편적이다. 대나무며 팽나무, 느티나무, 동백나무 등 지역의 생태에 따라 다양한 수종들이 식재 보호된다. 하지만 나무만 사용하는 것이 아니다.

흙을 싸서 만든 토담 우실이 있다. 위난 시에 급하게 보수할 수 있다는 장점이 있다. 돌담 우실도 나무숲 우실만큼이나 상당히 많다. 가옥으로 말하면 돌담이 해당된다. 일부 섬 지역에 남아있는 돌담들이 중요한 이유라고나 할까? 단지 경관의 문제에 그치지 않는다는 점, 아무리 강조해도 지나치지 않다.

이외에 목책으로 만든 우실도 있다. 울짱우실이라고도 한다. 나무 기둥을 박아서 만든 우실이다. 바자우실은 짚이나 대나무, 갈대, 수수깡 등을 그물처럼 엮어서 만들어 마을 앞에 쳤던 우실이다. 말하자면 외풍이나 모래바람 등으로부터 마을을 보호하는 기능을 하는 모든 종류의 방책을 우실이란 이름으로 해석할 수 있다.

형태는 숲이 가장 보편적이다. 숲은 나무를 무더기로 심은 형태다. 일정한 공간에 일직선으로 나무를 식재하는 형태가 많다. 단선으로 나무를 심기도 하고, 복선 혹은 여러 그루의 나무들을 열을 지어 식재하기도 한다. 마을의 신으로 신앙되는 당 혹은 당산을 둘러싸는 형태는 주로 원형이나 타원형을 이룬다. 태극 모양으로 식재하는 경우도 있다. 흔히 자웅교합형이라고도 한다. 흙이나 돌 등 기타 재료들로 만드는 우실은 들어가는 문과 나가는 문을 만들기도 한다.

삿갓 쓰고
양손에 채를 쥐어라

빛바랜 사진 한 장이 스친다. 모 뜨는 현장이다. 여러 명의 남자들이 논둑에서 쇠북(꽹과리와 북)을 치고 있다. 논 가운데서는 여자들 중심으로 모를 낸다. 몇 명의 남자들이 지게로 모를 지고 나른다. 논바닥 이리저리 묶인 모를 던진다. 모두 덩굴 풀로 만든 띠를 둘렀다. 마치 월계관 같다. 특별한 풀도 아니다. 논둑이나 산밭에 자라는 풀들이다. 논 가운데를 보니 차양이 긴 삿갓을 쓰고 북을 치는 이가 있다. 북이 논물에 닿을 듯, 기우뚱기우뚱 위태롭다. 여자들이 노래를 한다. '모뜨는 소리'다. 반주하는 악기들의 협주는 '풍장굿'이다. 몇 가지 특징이 있다.

모내기는 여자들만 한다. 내륙지역과 좀 다르다. 머리에 풀 띠를 둘러쓴다. 풍장굿 하는 사람들 대여섯이 '반고'를 들었다. 반고는 우리가 흔히 볼 수 있는 사물놀이 북과 소고(작은북)의 중간 크기 정도된다. 본래는 이 북을 가지고 노는 놀이를 '반고놀이' 혹은 '법고놀이'라 했다. 이토 아비토 전 도쿄대 교수가 1970년대 초반에 찍은 흑

천변에서 들노래를 하고 있는 인지리 사람들. 제공_ 이토 아비토

백 사진이다. 지금은 사라진 풍경들이다. '남도 들노래'라 해서 국가 지정 무형문화재로 보존되고 있긴 하지만 사진 속의 반고는 아예 사라졌다. 더 큰 특징이 있다. 논 한가운데서 차양 넓은 삿갓을 쓰고 북을 치는 이다. 양손에 채를 쥐었다. 특이하다. 무턱대고 북을 치는 것이 아니다. 북 치는 법이 따로 있다.

진도북 치는 법

삿갓을 쓰고 양손에 채를 쥐고 추는 북춤, 혹은 북놀이는 현재 진도 지역에만 남아있는 전통이다. 이런 형태는 진도가 유일하다. 양손에 채를 쥐었다 해서 '양북'이라 한다. 채를 쌍으로 들고 춘다고 해서 '쌍북'이라고도 한다. 어깨에 메고 친다고 하여 '걸북'이라고도 한

고목이 쓰러지면 땅으로 되돌아온다

다. 대개 다른 지역과 변별하기 위해 '양북'으로 통칭하는 편이다.

진도의 북치는 법에는 몇 가지 유래가 있다. 위에 소개한 풍경을 중심으로 설명하는 것을 '모방구기원설'이라 한다. 남도 들노래에서 보이는 '모내기'나 '지심메기'에서 유래되었다는 주장이다. 정월 초에 연행되는 마당밟이(경상권에서는 주로 지신밟기라 한다)에서 유래되었다는 것을 '농악 기원설' 혹은 '매구 기원설'이라 한다. 우리가 아주 흔하게 볼 수 있는 농악의 한 장면을 떠올릴 수 있다. 장구를 대신했다는 '장구 대용설'도 있다. 장구를 만들기 어려운 시절에 북을 장구 대용으로 사용했다는 주장이다. 북을 어깨에 멜 때 마치 장구처럼 허리끈으로 조인다는 점으로 이를 주장하기도 한다. 동일한 연행태를 놓고 북놀이라는 용어와 북춤이라는 용어를 혼용해서 쓴다. 놀이는 여럿이 모여 추는 춤이고 춤은 혼자 추는 춤인가? 그렇지 않다. 춤과 놀이의 같은 점과 다른 점은 무엇일까? 진도에 전해오는 일명 '유파'를 통해 설명해볼 수 있다.

진도북춤의 명인들

대표적으로 거론할 수 있는 명인들이 있다. 양태옥과 장성천, 박관용은 전남도 지정 무형문화재로 지정되었던 분들이다. 박병천은 진도북춤을 창안해 전국적으로 알린 대표적 인물이다. 김내식은 소포 걸군농악의 북수로 이름나 있는 분이다. 진도북 치는 법이 남도의 대표성을 갖게 된 후 이들을 중심으로 유파라는 이름을 붙여 구분하는 법이 생겼다. 이 관례에 따라 나도 유파 이름을 붙여 부르기로 한다.

양태옥은 '북을 치려면 양태옥 만큼 쳐라'라는 말이 있을 정도로 유명세를 탔던 분이다. 한 발을 들어 북을 내리찍듯이 치는 '다구질 사위'가 특징이다. 장성천은 곽덕환과 더불어 '다듬이질 사위'를 특징으로 연행했던 분이다. 박관용도 비슷한데, 굳이 비교하자면 몸짓에 더 비중을 두고 연행한 분이다. 김내식은 박태주를 승계하고 있는 분이다. 박태주는 일명 '북태주'라고 한다. 성을 '북'으로 바꾸어 부를 만큼 명성이 자자했으니 그 북치는 법을 상상해볼 만하다. 가장 큰 특징은 '다듬이질 가락'과 '다듬이질 사위'다. 박병천은 이들과는 다르다. '다듬이질 가락'이 없다. 이외의 명인들이 '북놀이'에 가깝다면 '북춤'에 가까운 형태라고나 할까. '진도북춤'을 전국화 시킨 장본인이다.

본래 진도북춤이 전국적인 명성을 갖게 된 것은 1983년경 문화재위원이었던 정병호가 덕병리, 상만리 등의 북놀이를 서울에 소개하면서부터다. 이후 여러 연구들이 이어졌고 기왕의 명인들에 대한 관심도 깊어졌다. 전남도 무형문화재로 지정되면서 그 관심도가 더욱 높아졌다. '양북' 혹은 '쌍북'의 특징이 전국화되었던 것. 현재 김내식을 제외하면 모두 2세대, 3세대로 승계 전승되고 있다.

북춤인가, 북놀이인가

진도북 치는 법은 고정적인 것보다는 즉흥적인 측면이 많다. 양

고목이 쓰러지면 땅으로 되돌아온다

손에 채를 쥐었다는 공통점 외에는 제멋대로 춘다. 북을 가랑이 사이에 넣고 어기적거리며 추거나 머리 위로 높이 들고 추기도 한다. 백인백색의 특징을 갖는다고 말하는 이유가 여기에 있다. 하지만 일정한 시기를 거치며 일정한 형태에 종속되는 과정을 거친다. 이른바 스승을 중심으로 유형을 가지게 되는 셈이다. 이를 흔히 '유파'라 한다. 유파 형성의 가장 두드러진 현상은 무형문화재 지정과 관련 있다.

　나는 진도북의 유파를 4가지로 구분해서 설명해왔다. 춤사위의 차이를 그 기준으로 삼아 분석한 설명 방식이다. 북춤과 북놀이의 변별을 여기서 찾아볼 수 있다. 북춤은 춤사위를 중심으로 하는 몸짓에 대한 이름 짓기다. 북놀이는 북가락을 연주하는 타고打鼓를 중심으로 한 이름 짓기다. 독무(혼자 추는 춤)나 군무(여럿이 모여 추는 춤) 모두 북을 두드리는 타고와 몸짓으로 이루어져 있다. 이를 '놀이한다' 혹은 '놀음한다'고 한다. 궁중에서 추는 북춤이나 밀양백중놀이의 오북춤, 전국 농악의 보편적인 설북춤, 양주별산대나 고성오광대 등의 탈춤들이 큰 범주에서는 모두 비슷하다. 하지만 이를 모두 '놀이'라고 하지 않고 '춤'이라고 하는 것은 북을 치는 가락보다 몸짓에 더 비중을 둔다는 얘기다. 북을 치는 음악적 맥락을 '가락'이라 하고 몸짓하는 맥락을 '(춤)사위'라 한다. 가락을 중심으로 하면 북놀이고 몸짓을 중심으로 하면 북춤이다. 전남도 지정 무형문화재로 지정한 이름이 '북놀이'임에도 굳이 '북춤'이라 부르거나 주장하는 이유가 짐작되지 않는가?

국악 오페라 「구국의 고려전사 삼별초」에 등장하는 진도북 놀이 장면. 양손에 채를 쥔 형태는 진도와 경북 구미(무을농악) 등이 있다. 사진_ 이윤선

부드러움과 투박함의 조화

내가 진도북춤의 춤사위와 관련해 고안해낸 이름들이 있다. 씻김 굿이나 다른 춤 이름들에서 차용해 만든 용어들이다. 그중 대표적인 몇 가지만 소개한다.

음악적 측면에서는 '다듬이질 가락', '다구질 가락', '모리가락', '앗는 가락', '품앗이가락' 등이 있다. 몸짓의 측면에서는 '다듬이질 사위', '바람막이 사위', '꽃봉오리 사위', '가위치기 사위', '제기차기 사위', '게걸음 사위', '나비춤 사위', '갈등말등 사위' 등 20여 개 넘게 용어를 고안해 설명해왔다.

고목이 쓰러지면 땅으로 되돌아온다

여기서 굳이 소개하거나 설명할 필요는 없지만 '다듬이질 가락' 과 '다듬이질 사위'는 언급하고 넘어갈 필요가 있다. 이것이 진도북 치는 법의 가장 유형적인 특성이기 때문이다. 예컨대 '다듬이질 사위'나 '다듬이질 가락'은 '다듬이질'하는 것처럼 양손의 채를 번갈아 치며 오른쪽 혹은 왼쪽으로 회전하는 방식이다. 장구 치는 것처럼 자진가락을 넘겨서 치기 때문에 흔히 여성적이라고 한다. 반면 '다구질 가락'은 한 손을 크게 올려 북을 내려찍듯이 치기 때문에 남성적이라고 한다. 진도북을 여성적이면서도 남성적이라고 표현하는 이유가 여기에 있다. 전자를 여리고 부드럽다고 한다면 후자는 투박하고 강하다. 진도북 치는 법의 가장 큰 특징을 들라면 이 양면의 조화라고 할 수 있다. 약하고 강한 것, 탁하고 맑은 것, 높고 낮은 것들의 조화를 꾀하는 가락이요, 몸짓이라는 뜻이다.

진도북 치는 법을 통해 얻는 지혜

안동에 가서는 제사법 가지고 따지지 말고 진도에 가서는 북 치는 법 가지고 따지지 말라 한다. 오래된 얘기다. 안동에는 가문별, 문중별 다양한 제사법들이 있다. 모두 적통을 주장하고 전통을 주장한다. 남의 제사에 감 놔라 배 놔라 하지 말라는 얘기가 여기서 나왔으리라. 홍동백서니 좌포우혜니 하는 법도들이 제각각이라는 말도 되고 제사법의 법통이 그만큼 전통성을 가지고 있다는 뜻도 된다. 핵심은 제사법을 중심으로 삼는 전통이 강하다는 것. 그래서 안동을 정신문화의 수도라 주장하는지도 모른다.

진도의 북 치는 법이 그렇다. 다양하고 제각각이다. 이것이 맞다 저것이 맞다 따지는 것이 불필요하다. 핵심은 진도의 북 치는 법이 가지는 전통성이다. 안동에서 제사법으로 적통을 주장하는 것처럼 진도에서는 북 치는 법으로 적통을 주장한다. 이런 비유들이 왜 나왔을까? 경상권의 문화적 특징과 남도의 문화적 특징을 대별하는 맥락으로 이해해도 무방하리라. 예컨대 안동을 우리나라 전통의 의례적 중심이라고 한다면 진도를 민속 예술의 중심이라 할 수 있다는 뜻이다.

이 특성을 한 마디로 표현하기는 어렵겠지만 항상 내가 인용하는 문구로 설명 가능하리라 본다. 무정 정만조가 진도에 유배할 때 박덕인에 남긴 헌시獻詩다. 「아속청탁雅俗淸濁 완려애유綴麗哀愉」. 나는 이 시를 이렇게 해석한다. 고결하고 속된 것을 넘나들고 맑고 탁한 것을 가로지르며 순결하고 우아한 것을 더불어 보듬고 슬프고 기뻐하는 것을 한 가락에 담아내는 예술 말이다. 박덕인의 가야금과 퉁소, 가곡과 무용의 예법을 보고 감탄하여 헌정한 시다. 그의 후손 박병천이 멋지게 북춤을 추는 모습에서 이 정신을 엿보게 되었다. 양손에 채를 쥐고 북을 치는 법, 그 안에서 무정이 찬탄했던 중용과 중심의 예법을 찾아볼 수 있지 않을까? 어디 북 치는 법뿐이겠는가. 세상 만물이 돌아가는 이치요, 살아가는 법도가 그러한 것을.

　　　　　　　　　　고목이 쓰러지면 땅으로 되돌아온다

전통을 버무려
재창조하는 법

1955년 어느 날 아침, 전쟁의 참화가 채 가시지 않은 시절, 유달산 계곡을 오르다 보니 어디선가 노래 소리가 들렸다. 여리고 작은 목소리, 판소리였다. 가까이 가보니 두 명의 어린 꼬마 아닌가. 말을 걸어본다. 어디서 온 명창들인고? 꼬마들이 손을 입에 대고 까르르 웃기만 한다. 수줍음을 많이 타는 아이들이렸다. 아침마다 유달산엘 오르는고? 둘 다 고개를 끄덕인다. 어리지만 이른 아침부터 소리 공부를 하러 올라온 모양이다. 금방 부른 판소리는 무슨 소리인고? 킥킥거리며 고개만 양옆으로 흔든다. 노래만 하는 벙어린고? 그때서야 한 친구가 대답을 한다. "안중근전이야요."

다시 물어본다. "안중근전? 그런 판소리도 있는고?" "예, 우리 엄마가 가르쳐주신 판소리야요." 더 궁금해진다. 엄마가 가르쳐준다니. "네 엄마 이름이 무엇인고?" 다른 한 친구가 대답한다. "우리 선생님 이름은 장월중선이야요." 고사리 손으로 다시 입을 가리고 웃더니 이내 계곡 밑으로 쏜살같이 달려 내려간다. 날마다 유달산에 올라

소리 공부를 했던 이들, 바로 판소리계의 거목으로 성장한 안향련과 월중선의 딸 정순임이다.

목포 최초 국악원과 장월중선

장월중선張月中仙(1925~1998)이 한국전쟁의 포화를 피해 오갈치라는 섬으로 잠시 피난을 간 것이 1950년이다. 목포 인근의 섬이라는데 구체적으로 어딘지는 모르겠다. 광주와 전국 유랑에서 돌아와 목포에 정착하게 된 것은 남편 정우성이 목포 사람이었기 때문이다. 하지만 1952년 남편이 갑작스럽게 사망하게 된다. 어떤 기록에는 남편이 1955년에 위암으로 사망을 했다고 한다. 슬하에 정순임(1942~)과 정경호, 정경옥을 둔 처지라 살림이 막막해졌다.

그간의 명성을 살려 국악 강습을 해보고자 찾아간 곳이 산정동 노인당이었다. 이때가 1952년이다. 노인당 방 한 칸을 빌려 그간 연마해왔던 다방면의 국악을 가르치게 된다. 공식적이지는 않지만 최초의 목포 국악 강습소 역할을 한 셈이다. 일부 기록에는 1955년이라고도 한다. 하지만 3년여의 격차를 두고 그 설립 시기가 불분명한 것은 사설 국악원과 공식적인 국악원의 개설이 다르기 때문이라고 봐야 한다. 장월중선이 세운 사설학원과 공식적인 국악원이 병존했다는 뜻이다.

당시의 목포는 예기조합이 설립되어 일부 한량들에 의해 국악이 향유되고 있었다. 가야금과 춤의 달인인 무안 사람 이대조와 판소리

고목이 쓰러지면 땅으로 되돌아온다

명인 오수암 등이 회자된다. 하지만 예기조합만으로 예술적 수요를 감당하기가 어려웠다. 목포시지의 강난수가 쓴 기록에 의하면 1940년 7월 10일 죽동 132번지에서 목포권번을 설립하게 된다. 원장에 해남 사람 김원희(당시 동아고무공업주식회사 전무)를 추대하고 북과 시가에 능했던 금종철을 총무로 선임해서 활동을 하게 된다.

예기조합에서 목포국악원까지

해방이 되자 목포 예술계가 들썩이게 된다. 예술인들의 내부적 수요 못지않게 사회적 수요가 커졌기 때문이다. 1947년에는 목포권번의 이름을 '악률사'로 개칭하고 원장에 김남기를, 국악 강사로는 최막동을 선임한다. 한국동란이 발발하고 목포뿐만 아니라 남도의 예술계가 진통을 겪게 된다. 안중근전, 이준열사전, 유관순전 등 창작판소리 열사가를 지어 민족혼을 고무시키려 했던 박동실이 월북하게 되면서 난기류가 형성된다. 장월중선을 포함한 남도 대부분의 소리꾼들이 박동실을 거쳐 가지 않은 사람이 드물 정도였으니 그럴 만도 하다. 전쟁 직후 내놓고 〈열사가〉를 가르치거나 말하지 못했던 이유가 여기 있다.

전쟁 후 혼란기를 거쳐 1953년에는 목포악률사를 '정악원'으로 개칭하고 목포시 대성동 노인당으로 옮겼다. 이때 원장이 조병무였고 안향련의 아버지인 광산 사람 안기선이 강사로 초빙된다. 1955년 목포정악원을 죽동 노인당으로 옮기고 '목포국악원'으로 정식 인가

일제 강점기, 이름난 춤꾼들과 소리꾼들이 활약했던 목포권번. 흰 건물 아래 기와집이 목포권번이다. 제공_ 김희태

를 받게 된다. 원장은 행남사 사장 김창훈이 맡고 장월중선이 강사를, 이인동이 교양부장을 맡아 국악 발전의 전기를 마련하게 된다. 실질적인 목포국악원의 출발이라고 볼 수 있다.

월북인의 소리를 가르치다

목포에서 장월중선이 이룩한 성과는 셀 수 없이 많다. 수많은 제자들을 길러낸 것은 물론이거니와 그녀가 시도한 창작음악들에도 주목할 필요가 있다. 예컨대 1957년에 만들었던 창극 〈은하성銀河城의 달밤〉은 4막 5장 구성의 노래극으로 우리 창극사의 전개 과정을 추적할 수 있는 소재이기도 하다.

고목이 쓰러지면 땅으로 되돌아온다

장월중선이 활약한 목포는 예향의 고장이다. 1971년 목포예총 공연 모습.
제공_ 목포예총

첫 제자로 알려져 있는 안향련을 비롯해 진도의 신영희, 오비연, 안애란, 오지오, 박계향, 박소연, 백인영 등 많은 제자들에게 판소리, 무용, 가야금, 아쟁, 연극, 농악 등을 가르쳤다. 목포 출신 박계향이 정명중학교를 다니다 보성의 정응민에게 소리 공부를 하러 떠난 일화는 유명하다. 이동안(1906~1995)을 목포로 모셔다가 진쇠춤, 승전무, 심불로, 한량무, 태평무, 신칼 대신무 등 여러 가지 춤을 배운 것도 특기할 만하다. 목포를 포함한 남도 지역 춤 전승의 전개 과정을 볼 수 있는 대목이기 때문이다.

김일구가 장월중선에게서 배워 일명 김일구류라는 아쟁산조의 유파를 만들게 된 사연도 특이하다. 당시 장월중선의 동생이 바이올린을 전공했는데 이 활대로 아쟁을 연주해보고 현재의 모양으로 개량하게 된 것이 동기다. 〈열사가〉를 지었던 박동실의 심청가를 가르치기도 했다. 월북인의 소리를 가르친다는 것이 당시로서는 어려운 일이었다는 점에서 고무적이다. 1981년 연좌제가 폐지되고 나서야 우후죽순으로 박동실제 판소리들이 거론되거나 복원된 점을 상기할 필요가 있다.

목포국악원과 유달국악원 활동

1959년에는 목포국악원 임원을 개편한다. 원장에 강진 사람 김현상을, 강사에는 남원 사람 강도근을 선임했고 강도근 이후에는 순천 사람 박봉술을, 1960년부터는 보성 사람 김상용을 강사로 초빙했다. 정응민의 제자였던 김상용은 이후 1973년까지 강사를 역임하며 목포국악원의 중추적인 역할을 하게 된다. 1968년에는 유달노인당으로 이전하였다가 1975년에야 달성동 363번지에 새 건물을 짓고 입주한다. 유달노인당 시절에는 보성 사람 조상현이 북과 소리를 가르쳤다. 남자 판소리에는 조상현, 여자 판소리에는 안향련이라고 할 만큼 당대 최고의 권위를 가졌던 이들이다. 1974년에는 진도 사람 신영희가 강사를 맡았고 1975년에는 소리에 김흥남, 무용에 장복례를 선임하는 등 세를 확장하게 된다.

당시 장월중선은 따로 나와 유달국악원이란 이름으로 제자들을 양성했다. 장월중선이 목포생활을 한 것이 1952년부터 1962년까지 약 10여 년인데도 불구하고 그녀가 이룬 성과가 매우 크다는 점에 주목한다. 1962년 이후 장월중선은 광주, 곡성, 전주, 대구 등지를 거치면서 제자 양성이나 국악 공연에 헌신한다. 1963년에 경주와 인연을 맺고 1998년 타계할 때까지 정경옥, 주희, 김수미 등 수많은 제자들을 양성하게 된다. 경주 중심으로 판소리 명가 장월중선 명창회를 개최하고 명창 장월중선 학술회도 개최하고 있지만 목포를 중심으로 한 남도 지역에서는 거의 주목하지 못한 인물이기도 하다.

잊혀진 이름, 목포의 장월중선

경주의 장월중선은 추모나 계승의 맥락으로 기억되고 있다. 하지만 목포의 장월중선을 기억하거나 추모하는 이들은 거의 없다. 이미 잊혔기 때문이다. 물론 하고많은 예인들 중에 장월중선 한 사람만 중요한 것은 아닐 것이다. 그럼에도 불구하고 전술한 숱한 이름들을 있게 하거나 매개 역할을 한 예인이라는 점에서 상기의 의미가 크다 생각한다.

그녀의 딸 정순임 명창이나 고 안향련은 물론 신영희, 박계향 등 장월중선을 통해 성장한 이들이 많은 것도 환기의 이유다. 서울을 중심으로 한 중앙 예술계보다 목포 혹은 경주라는 지방에서 그 역할을 했다는 점도 주목할 만하다. 옛사람들을 기억해야 하는 이유는 무엇일까? 그들의 성과도 중요하지만 그 성과 혹은 과오가 현재, 여기, 우리에게 주는 메시지가 크기 때문이다.

전통음악 혹은 국악이라 호명하는 장르의 예술들이 오랫동안 고정되어 왔다는 생각은 오해다. 장월중선이 전통을 버무려 재창조하는 방법들을 알려주고 있지 않은가. 다른 많은 공적들 중에서 바로 이 점을 주목하는 것이 남도 지역 후학들의 자세 아닐까 싶다. 해방 공간과 민족 전쟁기를 넘어서면서 부침을 거듭했던 한국음악의 역사를 복원하거나 성찰하는 지점들을 환기시켜준 인물이라는 점에서 장월중선을 기억하는 의미를 되새겨본다.

고목이 쓰러지면 땅으로 되돌아온다

1925년 4월 20일(음) 전라남도 곡성군 오곡면 묘천리에서 장도순과 강인자 사이에 태어났다. 본명은 장순애張順愛다. 장월중선은 예명이다. 월중선이라는 호는 어머니 강 씨와 아버지의 태몽과 관련이 있다. 선녀가 안고 있던 아기를 내주거나 하늘에서 달이 떨어져 품속에 안기는 꿈을 꾸고 태어났다 한다.

호는 예성藝星, 부친 장도순(1892 ~1926)은 명창 장판개의 동생이다. 협률사, 장안사, 연흥사 무대에서 남도잡가를 잘 불러 한똑똑, 신만산포, 김일도, 조정렬, 조진영, 박경수, 김정문 등과 함께 일명 '8잡기꾼'으로 불렸던 인물이다. 조부 장석중은 1915년 3월 26일 결성된 경성구파배우조합 일원이었다. 1903년 고종 7년 순릉참봉 벼슬을 받기도 했다. 혜릉참봉 벼슬을 받은 장판개뿐만 아니라 외아들 장연찬도 판소리에 조예가 깊었다. 안향련이 보성 소리를 연마할 때 장연찬의 도움을 받았다고도 한다. 장판개의 수제자이자 당대 여류 명창이던 배설향(1895~1938)이 장월중선의 큰어머니 격이고 가야금과 무용의 명인 장수향은 막내 고모다.

장월중선은 판소리, 가야금, 가야금병창, 거문고, 아쟁, 전통무 등에 두루 뛰어났다. 일찍부터 재능을 발휘하여 일제강점기부터 임방울 협률사를 비롯해 국극사, 조선창극단 등 창극단체와 여성국극협회, 임춘앵과 그 일행 등 여성국극단체에서 맹활약을 했다. 작곡, 안무는 물론 모든 면에서 예술적 기량이 뛰어난 사람이었다. 김일구류 아쟁산조를 배출할 만큼 창작능력도 뛰어났다. 춤에도 조예가 깊었고 새로운 창극도 만들어내고 필요한 작창도 손수 했다. 무엇보다 최초의 목포국악원에 강사로 들어와 많은 인재를 길러낸 교육자이기도 하다.

38세 때 목포에서 경주로 거처를 옮겨 30여 년 동안 국악의 불모지라고도 할 수 있는 경주 지역에서 국악 붐을 일으킨 장본인이다. 1967년 경주시립국악원을 만들어 인재를 양성했다. 이후 신라국악예술단 창단을 했다. 1993년 경상북도 가야금병창 보유자로 지정되었다. 1995년 화관문화훈장, 1996년 동리대상(판소리 부분)을 수상했다. 1998년 타계했다. 월북한 박동실제 판소리는 한애순, 장월중선에서 정순임으로 이어진다.

모든 생활의 토대였던 그릇

흑산도 진리에 옹기배가 왔다. 바람을 이용해 다니는 풍선風船이다. 사공(선장)과 뱃동무(선원들), 화장(배에서 밥도 짓고 허드렛일을 하는 나이 어린 사람) 등의 일행은 배를 안전하게 정박했다. 항상 그랬듯이 마을에 옹기를 내다 팔았다. 화장 총각은 피리를 잘 불었다. 총각이 피리를 불면 바다가 잠잠해지고 고기도 많이 잡혔다.

이윽고 고향으로 돌아갈 때가 되었다. 옹기장수 일행이 출발하려고 하자 풍랑이 일었다. 배에서 내리니 잠잠해졌다. 배에 오르면 또 풍랑이 일었다. 이상한 일이었다. 항해하려고만 하면 풍랑이 일어나는 일이 계속되었다. 그러던 어떤 날, 사공에게 진리당의 당각시가 나타나 현몽하였다. 화장 총각을 남겨놓고 떠나라는 게 아닌가.

그때서야 사람들은 알 수 있었다. 당각시가 총각 화장을 섬에서 나가지 못하게 풍랑을 일으켰다는 것을 말이다. 일행들은 궁리 끝에 총각을 떼놓고 섬을 떠나기로 결정했다. 당각시를 달래야 하기 때문이었다. 일행들이 모두 떠나고 화장 총각 홀로 남았다. 총각은 흑산

1970년대 해안가에 정박한 옹기배 모습. 제공_ 이토 아비토

도 진리당 소나무에 올라가 날마다 피리를 불었다. 그러다가 지쳐서 나뭇가지에서 떨어져 죽었다. 사람들은 그 사연이 애처로워 나무 아래 묻어주고 바닷가 쪽으로 당을 지어 용신으로 모셨다. 지금도 흑산도 진리당에 가보면 마당에 화장 총각 무덤이 있고 아래쪽으로 용신당이 있다.

생활의 필수품 옹기그릇

흑산도 진리당 설화에서 보듯이 남도 지역 아니 전국의 옹기들은 주로 뱃길을 이용해 운반되고 판매되었다. 육로로 운반하기에는 파손 등의 위험이 크기 때문이다. 남도 지역의 옹기 뱃길은 주로 서해와 남

고목이 쓰러지면 땅으로 되돌아온다

해의 연안들, 영산강, 섬진강 등이다. 극락강, 지석강(드들강), 황룡강에서 나온 배들은 영산강 합수를 따라 서남해 섬 지역으로 도착한다. 섬진강의 배들은 보성강, 탐진강으로 갈라지거나 남해의 섬에 도착한다. 그렇다면 옹

생활 옹기를 실어 나르던 옹기배. 제공_ 이토 아비토

기는 주로 강의 위쪽에서 만들어졌던 것일까?

그렇지만은 않다. 물길 이용이 용이하고 땔감이나 옹기 흙 공급이 용이한 지역들이 옹기를 구웠던 곳이다. 지금이야 옹기장이 무형문화재로 지정되어 특정한 곳만 부각되어 있지만 연대를 거슬러 올라갈수록 옹기점의 분포는 많아진다. 옹기그릇이 생활필수품이었기 때문이다.

접두어가 말해주는 것

강진군 칠량면 봉황리는 본래 '독점'이라고 부르던 마을이었다. 큰 항아리를 만드는 마을이라는 뜻이다. 근대 이후에는 주로 '공방'

모든 생활의 토대였던 그릇

이라는 이름을 사용한다. 예술가라는 존중의 의미도 들어있다. 하지만 '독'이나 '옹' 등의 접두어를 가진 지명은 하대 받던 공간으로 인식되기 일쑤였다. 지금 무형문화재로 존중받는 무굿이나 기예능 보유자들이 천하게 취급받던 맥락과 같은 것이다.

남도 지역의 옹기점 분포를 추적하기 위해 여러 가지 방법을 사용할 수 있다. 현장을 답사하며 관련자들의 구술을 듣는 것이 가장 정확하겠다. 내가 사용한 방법은 『한국지명총람』에 나오는 지명을 분석하고 그 대표 지역을 답사하는 것이었다. 이 방법론을 전북이나 충남, 경남 등 전국으로 확대해도 의미 있는 결과들을 낼 수 있을 것이다.

내가 주목한 『한국지명총람』의 지명들은 접두어를 '점', '독(동)', '옹', '사기' 등으로 사용하는 곳이었다. '점'은 점, 점촌, 점들, 점등, 점토굴, 점곡, 점골들, 점골제, 점골논, 점골보, 점모실, 점앞, 점너메, 점몰, 점텃골, 점골산, 점터새미, 점굴고랑, 점밧골, 점터샘, 점재, 점택굴, 점꿀, 점탯들, 점미테, 점터, 점굴, 점막골, 점등고개 등이다.

'독(동)'의 접두어를 가진 지명은 독굴, 독골, 동막골, 독배기, 동락, 독점재, 독점, 독점보, 독정들, 독점굴, 동막, 동막동, 동막리, 독짐재, 독줌산, 독적골, 독짓골, 독구막골, 독구점골, 독적골 등이다.

'옹'이라는 접두어를 가진 지명은 옹점, 옹구막, 옹구점, 옹점리, 옹기점터 등이다. '사기'라는 접두어를 가진 지명은 사깃등, 사기점골, 사그점골, 사기점, 사그점 등이다. 이외 백틋골재, 백도재, 백도치 등도 옹기점과 관련된 지명들이다. 이렇게 해서 전남 지역 옹기 관련 지명이 168개소가 나왔다. 대개 '점'의 접두어를 사용하는 곳이 가장 많다. 들이나 촌, 언덕(등), 산이나 고개, 논이나 들판, 계곡이나 고랑 등의 지형을 토대로 한 토착어로 구성되어 있다. 어디서 들어봤음 직한 지명들이지 않은가?

전남 점촌과 뱃길의 의미

옹기 관련 지명의 분포 수는 강진을 필두로 해남, 영암 순으로 나타난다. 해남은 '백툿골제'라는 지명을 삼산면과 현산면이 공유하고 있다. 한 곳으로 계산하여 16곳으로 표시했지만 이를 나누면 강진과 같은 수가 된다. 이 지도를 통해 서해와 남해가 만나는 교착지에 가장 많은 옹기터 관련 지명이 집중하고 있음을 확인할 수 있다. 이외 보성과 고흥, 승주(순천), 여천(여수) 등으로 일정한 라인을 그리며 집산되어 분포하고 있다. 서해안 쪽으로는 영암, 무안, 나주 광산(광주) 지역이 눈에 띄고 함평, 영광 지역도 눈에 띈다.

이 자료를 통해 거칠게 확인할 수 있는 것은 내륙지역으로 분류되는 장성, 구례, 곡성 정도를 제외하면 거의 대부분이 서남해의 바다를 끼고 옹기 관련 장소가 형성되었다는 점이다. 서해와 남해 외에 영산강의 본류와 지류, 섬진강의 본류와 지류, 경우에 따라서는 탐진강과 보성강 인근에 형성되어 있는 셈이다. 옹기의 존재 양상 자체가 남도 지역 좁게는 서남해안의 다른 기능들을 포함하는 루트를 말해주는 것 아닐까? 그런 점에서 영산강이나 섬진강에서 연결되는 흑산도를 상상해보는 것도 흥미로울 것이다. 진리당 화장 총각 설화는 이런 맥락에서 만들어졌으니.

보성군 미력옹기는 전통 제조법대로 그릇을 만든다(전남도 무형문화재 37호). 소나무 장작으로 가마 불을 때는 모습. 사진_ 이윤선

옹기 굽는 노인으로 늙고 싶어라

　평생교육원에서 도자기 굽는 법을 배운 적이 있다. 청자나 백자보다 옹기를 염두에 둔 발걸음이었다. 일반적으로 질그릇, 푸레독, 오지, 반옹기 등을 포함하여 옹기라 통칭한다. 크기에 따른 분류를 보면 무안 몽탄 지역의 경우 '부황단지'에서부터 석섬들이 '술항'까지 그 숫자를 헤아릴 수 없을 만큼 많다. 일반적으로 '부황단지'는 '종지'로 호명되고, '술항'은 대독, 중독 등으로 호명된다. 지명의 다양함처럼 옹기 이름도 다양하다.

　옹기의 특성으로 흔히 자연 환원성, 통기성, 방부성, 견고성, 경제

고목이 쓰러지면 땅으로 되돌아온다

성 등을 든다. 이 중에서도 숙성과 발효를 돕는 즉 숨 쉬는 그릇이라는 통기성에 많이 주목하는 편이다.

옹기와 자기는 아날로그와 디지털만큼이나 차이가 있다고들 한다. 그렇다고 점촌에서 옹기만 구운 것은 아니다. 도기, 분청, 청자, 백자를 혼용했음을 알 수 있다. 청자를 굽는 점촌이라고 할까. 하지만 모든 생활의 토대였던 옹기가 몰락한지 오래다.

그래도 옹기가 가진 의미들을 묵상한다. 크기가 다른 옹기 몇 점들을 모아 장독대를 마련했다. 가난해도 좋다. 마치 고목이 스러져 남김없이 땅으로 되돌려 주듯이 그렇게 천천히 스러져갔으면 좋겠다. 옹기 굽는 늙은이로.

옹기를 만들 수 있는 질 좋은 흙들이 발견되는 곳이 있다. 일차적으로 이런 곳에 점촌이 형성된다. 전남 지역에서 가장 선호되던 장소는 나주 지역이었던 것으로 보인다. 1989년 3월부터 11월까지 조사된 전남 지역 공방의 점토 비율을 보면 점토 산지를 알 수 있다. 주로 나주 산포 지역의 점토와 해남 옥천 지역의 점토가 사용되고 있다. 영산포 주변의 왕곡 지역 흙도 좋다고 정평이 나 있다. 정기봉에 의하면 이곳의 흙은 마치 과일 색깔처럼 보라색을 띠고 있다고 한다. 점촌은 좋은 흙과 물을 따라 일정한 권역을 형성하며 집중되는 경향을 보인다.

조선 말 이후로는 경기도, 충청도를 중심으로 가톨릭 신앙과 밀접한 관련을 맺으면서 신앙촌으로 발전한 사례들도 보고된다. 내가 추적하는 한 편의 루트이기도 하다. 내가 과문해서인지 전남 지역에서는 이러한 신앙촌 관련 점촌 보고를 본 적이 없다. 그 관련성을 헤아리기 위해서는 다시 발품을 팔아야겠다. 물론 전국 어디든 일정한 거점을 형성하면서 점촌이 형성되었다는 점은 공통적이다.

점촌의 쇠퇴와 옹기의 쇠락

점촌의 수는 옹기업이 쇠퇴하면서 기하급수적으로 줄어들게 된다. 1972년 요업회지 자료에 의하면 전국의 옹기가마 소재지가 400여 개소에 달한다. 전남에는 47개소의 공방이 확인된다. 그러나 점

영광9　담양7　장성 14　구례 5

광주,광산7

함평3　화순4

나주4

무안5　승주, 여천 11+1　광양5

영암 16　보성 15

신안2　장흥12　고흥10

진도2　해남 16　강진 17

완도1

전남 옹기터의 분포. 한국지명총람의 지명에 근거해 분석했다.

차 감소한다. 1984년의 보건사회부 집계에는 전국 155개소, 전남은 38개가 남아있다. 1989년에는 광주시 삼소동, 무안군 몽탄면 몽강리, 강진군 칠량면 봉황리, 보성군 벌교읍 징광 마을, 나주군 봉황면, 고흥군 고흥읍, 순천시 연향동, 영암군 신북면의 8개 마을 11개소에서 연로한 옹기공들에 의해 겨우 명맥을 유지하고 있다고 보고되었다.

1970년대의 전남 지역 옹기공방에 관한 보고는 이 같은 상황을 잘 나타내준다. 이 마을들은 『한국지명총람』에 나오는 해당 지역 점촌과 같거나 적어도 유사하다. 근대 이후 새롭게 시작한 옹기공방도 물론 있지만 그 전통이나 역사의 맥락은 매우 오래되었다는 뜻이다. 경우에 따라서는 전국에서 가장 왕성하게 옹기 제작이 이루어지던 지역으로 주장하기도 한다.

하지만 근대기에 접어들면서 점차 쇠락기를 맞이하게 되었던 것이다. 한 편의 자료를 보면, 1950년경까지 전국적으로 500여 개의 옹기점이 있었다고 한다. 그러나 1972년 조사에서 400여 개로, 1978년에는 200여 개로 1985년에는 100여 개에도 못 미치는 92개소로 나타난다. 흔히 알려진 플라스틱 파동과 더불어, 새마을운동의 산림보호로 인한 땔감 벌목의 부족, 특히 광명단 사건이 터지면서, 옹기 제작이 급격하게 사양길로 접어든 까닭이다. 광명단은 천주교 신부들에 의해 들어왔다는 설과 일제강점기에 들어왔다는 설이 있다. 결론적으로 서남해안 점촌은 수백 개가 형성되어 있다가 근대기로 오면서 점차 쇠락하고 말았던 것이다.

고목이 쓰러지면 땅으로 되돌아온다

풍속은 변한다

높고 낮은 소리 내며 느릿느릿 돌고 돌아 한동안 서 있다가 이리저리 움직이네

여자들의 마음에는 사내 오길 기다린 것

강강술래 부를 때 그대 역시 찾아오리

둥글게 모여 앉아 바보처럼 웃어보네

이 밤도 깊어가니 손과 발을 맞추어 달빛도 옮겨가고 담 밑도 어두워졌네

금침처럼 고운 손실같이 연한 머리로 어깨를 끼어 앉고 즐겁게 놀아보세

고운 실 꿰어서 비단무늬 이루듯 이 밤이 다 새도록 돌고 돌며 놀아보세

외땀놀이 만들어 외땀질 하여보세

출렁출렁 열린 오이 낙화처럼 떨어지네

이런 놀이 저런 놀이 어느 누가 잘할까

벼슬은 첨지이고 성씨는 차가라네

무정 정만조(1858~1936)가 진도 유배 기간에 쓴 「은파유필」의 한

내용이다. 한가위 강강술래 소리를 듣고 지은 시다. 자세히 살펴본다. 긴강강술래와 자진강강술래, 고사리꺾기, 청어엮기, 외땀놀이(닭잡기) 등이 이루어지고 있다. 여자들과 사내들이 등장한다. 1900년대의 남도 풍경이다. 둥글게 모여 춤추거나 깔깔대며 서로 잡고 잡히는 놀이들, 긴 머리와 엉덩이들이 교차한다. 밤을 새가며 놀았던 풍경들이 눈에 보이듯 자세하다.

처녀들은 왜 이리저리 움직이면서 노래하고 춤추며 또 놀이했을까? 바로 사내들 오기를 기다렸던 것이라. 무정이 지어낸 얘기가 아니다. 유배 10여 년간 목포와 서남해 등지를 오가며 듣고 본 풍속 묘사다. 무엇을 말하는가? 누가 뭐래도 남도 한가위 풍경의 으뜸이 강강술래였다는 것. 한국의 대표적인 이미지가 농악이나 부채춤으로 표상되는 것 이상으로 대표성을 갖고 있음을 말해준다.

놀이에 앞서 여자들은 분주하게 송편을 만들고 떡을 찌며 각종 음식을 만들었을 것이다. 사내들 또한 음식 만드는 일을 거들었을 테고 갓 시작한 추수를 갈무리하느라 무척 바빴을 것이다. 달이 뜨기를 기다려 강가나 바닷가로 쏟아져 나온 이들은 손실 곧 실타래같이 연한 머리를 서로의 어깨에 부비며 한 밤을 지냈던 것이다. 이것은 한가위의 유래 중 들물, 즉 만조滿潮를 구경하고 즐겼던 관조觀潮 풍속과 연결된다.

고목이 쓰러지면 땅으로 되돌아온다

백중에서 한가위로 이어지는 휴식과 의례

　강강술래가 언제부터 한가위의 대표적인 놀이가 되었는지 알 수 는 없다. 또한 한가위가 언제부터 한반도의 대표적인 명절로 자리를 잡았는지도 알 수 없다. "더도 말고 덜도 말고 한가위만 같아라"고 했던 조상들의 말처럼 고된 농사일에서 해방되는 기간이었다는 점, 그래서 조상들에게 제사하는 기간이었다는 점 등이 고려 대상이다. 명백한 것은 이 명절의 이름을 추석秋夕, 곧 가을밤이라 했다는 것.

　대체 어떤 가을밤이었을까? 추석의 다른 이름 '가배嘉排'는 신라 때의 길쌈놀이를 이르는 말이다. '가우嘉優'라고도 하는데 이것이 '한 (크다는 뜻)가우', 한가위로 변했다. 하지만 이것만 가지고 한가위 명절 의 시원을 말하는 것은 옹색하다. 중추절仲秋節, 중추가절仲秋佳節이라 는 호명도 사실상 절기상의 추석이 추수 전이라는 점에서 명쾌한 해 석은 아니다. 중국에서도 중추中秋라 하고 월석月夕이라고 했다. 추석 은 고려 이후 이 뒷글자를 따서 부 른 이름이다.

　구체적인 자료 가 있다. 흔히 약 방의 감초처럼 인 용하는 『삼국사 기』「신라 유리왕 조」다. 유리왕 9

1960년대 진도 지산면 인지리에서 남생이 놀이와 개고리 타령 을 연습하는 모습. 제공_ 설진석

년, 공주의 지휘 아래 여자들이 두 편으로 나뉘어 길쌈 시합을 했다는 것. 시작이 7월 16일이요, 종료가 8월 보름이었으니 백중百中, 百種에서 한가위에 이르기까지 한 달 동안 길쌈 시합을 했다는 얘기다. 이 길쌈놀이에서 진 편이 일어나 춤을 추며 탄식하여 말하기를 '회소 회소'라 했다지 않은가. 그 소리가 슬프고 아름다워 후손들이 〈회소곡〉이라는 노래를 지어 불렀는데 지금 전하는 것은 없다.

『당서』「동이전」신라조에는, 신라인들이 8월 보름에 크게 잔치를 베풀고 관리들이 모여 활쏘기를 한다고 했다. 『북사』「신라전」에는 8월 보름에 음악을 울리고 관리들이 활을 쏘게 한 후 상으로 말과 포목을 준다고 했다. 길쌈 시합이 끝나고 벌인 잔치가 추석이라는 뜻일까? 상기할 것은 추석 자체보다는 백중百中(고려 때는 우란분회盂蘭盆會로 행하고 수많은 곡식과 과일로 공양을 올렸음)이 24절기의 중심이라는 점, 추석까지 한 달간 고된 농사로부터 휴식하며 조상에게 의례를 지냈다는 점 등이다. 우리는 이를 한가위의 기원으로 해석해왔다. 그뿐일까?

보름달 아래 행하던 '들물 맞이하기'

『고려사』「예종 2년조」에 관조 풍속이 보인다. 왕이 문신들과 달을 유희하는 시를 문답하고 대동강으로 거슬러 올라오는 만조 경관을 구경했다는 기록이다. 왜 강으로 거슬러 오르는 들물을 왕이 직접 구경했을까?

고목이 쓰러지면 땅으로 되돌아온다

여러 가지 해석이 가능하다. 중요한 것은 바닷가에서 행해지는 의례 중 대부분을 '썰물'이 아닌 '들물'에 맞춘다는 점이다. 민속 일반의 규칙이기도 하다. 왕이나 지배층에 한정된 풍속이 아니라는 뜻. 더군다나 "어정 7월 건들 8월"을 지내고 난 보름이요, 일 년 세시 중 가장 달이 밝다는 절기 아닌가. '녀름 짓는 달'이 어정 7월이요, 건들 8월이다. '농사짓다' 혹은 '추수한다'의 옛 표현이 '가을한다'인 것과 같다. 비교적 한가롭다는 뜻이다. 조선 중기 이후 이앙법이 보급되었으므로 그 이전은 직파다. 기후가 변해왔음을 감안하더라도 백중에서 한가위에 이르는 이 기간이 모내기와 추수 사이에 끼어있는 비교적 한가로운 농사 시기다.

이 시기를 지내고 맞이하는 추수기의 보름달을 상상해보라. 이것이 상징하는 풍요와 다산, 잉태, 여성, 자궁 등의 민속 모티프들이 들물, 시작, 수확, 가득 참, 밀려옴 등의 개념과 습합되거나 환치되면서 사람들의 상상력을 자극했음을 짐작할 수 있다.

농공감사제인가, 추수감사제인가

『삼국사기』「마한조」에는 5월과 10월의 의례가 기록되었다. 지금의 추석과는 시기가 다르다. 이를 한가위의 기원으로 해석하는 이들도 있다. 7월 보름에서 8월 보름까지 한 달 동안 행했던 길쌈 시합을 상기해보자. 백중놀이는 세벌매기, 호미씻이, 질꼬냉이, 장원질, 소놀이 등 한 해 농사일을 무사히 잘 마쳤다는 감사제의와 연결된다.

국악 오페라 「구국의 고려전사 삼별초」에서 강강술래 장면. 사진_ 이윤선

추석을 농공감사제農功感謝祭로 해석하는 이유가 여기에 있다.

　반면에 마한 사람들의 10월 제의는 추수감사제秋收感謝祭에 해당
된다. 10월을 상달이라 하고 그때의 제의를 상달고사라 하는 이유
다. 최남선의 『조선상식문답』에 보면 "상달은 10월을 말하며 이 시기
는 일 년 농사가 마무리되고 신곡신과新穀新果를 수확하여 감사의 예
를 올리는 기간이다"고 했다. 마한을 포함해 10월에 열리는 천제天祭
는 고구려의 동맹東盟, 예의 무천舞天 등도 포함된다. 따라서 8월 보름
제의는 '올벼심리'라고도 하는 천신제薦新祭(햇곡식을 조상에게 바침)가
그 기원이요, 10월 상달고사가 바로 추수 끝난 후 드리는 추수감사
제에 해당된다.

　　　　　　　　　　　고목이 쓰러지면 땅으로 되돌아온다

그렇다면 마한이나 예나라, 고구려에서 행하던 10월 상달 추수 감사제들은 어디로 가버리고 추석이 설을 포함한 2대 명절로 자리 잡게 되었던 것일까? 햇곡식이 일시에 나오기 어려운 시기가 한가위니 말이다. 송편을 햇곡식으로 만든다고 알고 있지만 이때 다량의 송편을 만드는 것은 불가능하다. 이앙법도 없었고 신종 벼도 없었을 고대의 추수기는 지금보다도 더 늦었을 것이기 때문이다.

몇 가지 단서들이 있다. 8월 15일을 신라가 삼국을 통일한 승전 기념일로 지켰다는 설이 일차 주목 대상이다. 중국의 십오야十五夜(추석)가 가을 절기의 핵심이었다는 점도 주목 대상이다. 아마도 신라가 삼국을 통일한 후, 그리고 중국의 간섭이 강화된 후 마한과 예, 고구려 등지에서 행하던 10월 상달 추수감사제는 '고시레' 등으로 약화되고 8월 보름의 들물 맞이하기와 원무놀이(강강술래) 풍속으로 그 중심을 옮겨왔다고 보는 것이 합리적이다.

그렇다. 풍속은 고정되어 있지 않다. 시대에 따라 사람들이 변하고 사람들에 따라 풍속도 변한다. 대개 3대에 걸쳐 변하지 않고 전승 지속되어 온 것을 '민속현상'이라 한다. 지금은 시절이 더 빨라 변화의 주기도 짧아졌다. 외래 종교라던 가톨릭은 물론이거니와 개신교의 풍속도 1세기를 넘긴지 오래다. 일백 년 후에는 백중[하안거夏安居]이 추석보다 큰 명절이 될지 예배당 추수감사제가 더 큰 명절이 될지 모른다. 결국 사람들이 정하고 만들어간다.

남생이 놀이

남생아 놀아라 촐래촐래가 잘 논다

어 화색이 저 색이 곡우 남생 놀아라

익사 적사 소사리가 내론다

청주 뜨자 아랑주 뜨자

철나무 초야 내저끄락

나무접시가 구갱캥

강강술래의 한 장면이다. 남생이의 동작을 흉내 내는 데서 비롯
된 놀이이자 노래다. '남생이 놀이'라고 한다. 선소리꾼이 "남생아 놀
아라"라고 선소리를 메기면 강강술래에 참여한 남녀노소가 고개를
절래절래 흔들며 "촐래촐래가 잘논다"라고 받아 노래한다.

흉내를 잘 내는 이들이 강강술래 원 안으로 들어가 남생이를 흉
내 내기 시작한다. 궁둥이를 요리조리 흔들어대거나 고개를 이리저
리 젓는 동작들을 한다. 곱사춤, 궁둥이춤, 작대기춤 등이 추어진다.

노래도 반복되고 놀이도 반복된다. 매우 단순하다. 하지만 강강술래에 수반된 놀이 중에서 가장 흥미로운 놀이다. 남생이 놀이를 하는 참여자들의 양상이 천차만별이기 때문이다. 원무를 추는 사람들은 이 가사를 반복하고 원 안의 사람들은 또 다른 사람들을 안으로 끌어들인다. 안무가 곁들여진 강강술래에서는 미리 배역을 정하기도 한다. 춘향이, 방자, 양반, 색시, 포수, 토끼, 원숭이 등의 흉내를 내게 한다. 참여하는 사람들이나 구경하는 사람들 모두 깔깔거리며 웃다가 자지러진다. 우스운 흉내 내기 놀이이기 때문이다. 대개 강강술래에 수반되는 이런 놀이들을 여흥놀이라고 한다.

곡우 남생이와 해남 우수영 달팽이

남생이는 거북이나 자라와 비슷하게 생겼다. 한반도에 서식하는 민물 거북이다. 등 모양이 거북처럼 생겼다. 모양만으로는 자라와 남생이를 잘 구분하지 못하는 이들도 있다. 남생이는 목을 등껍질 속으로 숨겼다가 내밀었다 하면서 기우뚱거리며 걷는다. 뒤뚱거리며 걷는 모습이 우습다. 이 모양을 '촐래촐래'라고 표현했을 것이다.

궁둥이를 심하게 흔드는 것을 성적 모방행위로 해석하기도 한다. 강강술래 여흥놀이 중의 하나인 '바늘귀 꿰자'나 '지와밟기'도 마찬가지다. 앞사람의 허리를 붙잡고 심하게 엉덩이를 흔들어댄다. 성행위의 모의주술로 볼 수밖에 없는 행동이다. 민속 문화 전반에 퍼져 있는 풍요와 다산, 생산력 발휘 기능을 하는 놀이임을 알 수 있다.

해남 우수영에 내려오는 문지기 놀이 장면. 제공_ 우수영강강술래보존회

풍성한 엉덩이가 발산하는 성적 메타포다.

하지만 해남 우수영에서는 달팽이를 '남생이'라고 한다. 남생이 놀이가 달팽이를 잡아 놀이하던 풍습에서 비롯되었다는 주장이다. 실제로 우수영 사람들은 유년 시절에 달팽이를 잡아가지고 놀면서 '남생아 놀아라'라고 노래했다. 달팽이의 양 촉수가 꾸무럭꾸무럭 움직이는 것이 남생이의 뒤뚱거림을 닮기는 닮았다. 하지만 가사에 나온 남생이 놀이를 달팽이 놀이라고 하기는 어렵다. 오히려 본래의 남생이 놀이가 달팽이 놀이로 변화되었을 가능성을 생각해 볼 수 있다. 지역에 따라서는 '촐래촐래' 대신 '발랭이 발랭이'라고도 하고 '출랑이 출랑이'라고도 한다. 가사를 분석해 보면 민물 거북이인 남생이를 모티프 삼았음에 큰 이견을 내가 어렵다.

남도를 품은 이야기

남생이 놀이는 어디서 왔을까

기왕의 초등학교 교과서에 수록된 남생이 놀이 해석은 매우 순화되어 있다. "곡우 남생 놀아라"는 24절기 곡우와 관련되어 있다. 남생이는 9월경 월동에 들어갔다가 음력 3월 중순 곡우에 다시 나오기 때문이다.

'어화색이 저색이'는 "어 허새비 저 새비"가 변한 말이라고 했다. '허새비'는 허수아비의 남도 방언이다. 남생이가 허수아비를 보고 너무 일찍 나온 것을 뜻한다는 것. 그러나 내용 전반을 보면 "어화 새끼 저 새끼"로 해석하는 것이 맞다. 그저 남생 무리를 가리키는 지시어라고 보면 된다. 혹은 "어화 새비 저 새비"로 해석해도 무방하다. 새비는 새우의 남도 방언이다. "익사 적사"는 에너지를 모아 공동 작업을 할 때 내지르는 구호다. 배의 노를 저을 때나 공동 노동을 할 때 흔히 주고받는 노랫말이다. 실제 일부 지역에는 "익사 적사" 강강술래가 있다. 선두 그룹이 "익사"하고 외치면 후진 그룹이 "적사"라고 맞받으며 발을 굴러 뛴다.

"소사리가 내론다"를 아지랑이로 해석했다. 틀린 풀이다. '소사리'는 문자 그대로 '소나무 잎'이다. 남도 지역에서는 소나무 잎을 긁어다 땔감을 했다. 이것을 '소사리 나무'라고 했고 이를 쌓아두면 '소사리 배늘(벼늘)'이라고 했다. 노랫말의 서사적 맥락을 보면 아지랑이로 해석할 아무런 이유가 없다.

"청주 뜨자 아랑주 뜨자"의 청주는 탁주의 윗술 즉 맑은 술이다. 아랑주는 탁주를 다시 증류한 소주를 말한다. 모두 음주와 관련되어 있음을 알 수 있다. "철나무초야 내저끄락"은 "소나무초야 내젓가락"의 뜻이다. 철나무초든 소나무초든 모두 젓가락을 만든다는 뜻에는 변함이 없다. "나무접시 구갱캥"은 나무로 만든 접시 혹은 나뭇잎들을 모아 만든 그릇이고 장절을 맞추기 위해 대구를 넣었다.

남생이 놀이에서 천렵 놀이까지

어디서 많이 보던, 아니 어디서 많이 하던 풍경 아닌가? 그렇다. 바로 천렵川獵의 풍경이다. 곡우가 지나고 남생이가 나온다. 이 새끼 저 새끼 여러 마리의 남생이들이다. 혹은 이 새우 저 새우와 남생이들이다. 물 위에 솔가지 혹은 솔잎들이 떠내려 온다. 청주와 아랑주 등 술을 뜬다. 나뭇가지를 꺾어 젓가락을 만든다. 남생이와 민물새우 등을 천렵하면 매운탕을 끓인다.

지금이야 남생이가 희귀종이 되어 보호되고 있지만 물 맑고 오염되지 않았던 시절, 냇가에는 남생이가 많았다. 이외 각종의 민물 서식종들이 대상이 된다. 붕어나 미꾸라지, 민물조개, 물 깊은 곳에서는 메기나 빠가사리도 좋다. 지금 비밀리에 남생이가 비싼 값으로 팔린다지 않는가. 보양식으로 좋다는 뜻이다. 이열치열 보양식을 언제 먹는가? 바로 삼복더위 단백질 섭취 풍속이다. 이 천렵의 풍경이 강강술래 놀이에만 들어 있을까? 그렇지 않다. 양반네들의 피서 풍경에도 녹아들어 있다. 정학유가 지은 「농가월령가農家月令歌」를 보면 이를 엿볼 수 있다.

남도를 품은 이야기

앞내에 물이 주니 천렵을 하여보세

해길고 잔풍殘風하니 오늘 놀이 잘 되겠네

벽계수 백사장을 굽이굽이 찾아가니

수단화水丹花 늦은 꽃은 봄빛이 남았구나

촉고를 둘러치고 은린옥척銀鱗玉尺 후려내어

반석盤石에 노구 걸고

솟구쳐 끓여내니 팔진미八珍味

오후청五侯鯖을 이 맛과 바꿀소냐

반반한 바위에 솥을 내걸고 은빛 비늘 번쩍이는 민물고기들을 후리질하는 사람들이 보이지 않는가? 매운탕을 끓일 야채, 양념은 물론 솥이나 냄비 등이 필수다. 낚시대와 각종 어구류 등도 수반된다. 천렵 장소에 도착하면 넓적한 바위 위에 솥을 걸고 소나무 잔가지를 모아다 불을 붙인다. 준비해간 도구로 물고기를 잡는 한편 물을 끓인다. 고기가 얼른 잡히지 않으면 '고랑막이'를 한다. 폭이 좁은 곳을 찾아 돌과 흙을 쌓아서 막고 안쪽의 물을 퍼낸다. 청주와 아랑주가 여러 순회 돌게 되면 낮잠을 자기도 하고 노래자랑을 열기도 한다. 취흥이 돋으면 관솔불을 밝혀 밤늦게까지 이어진다. 밤에는 횃불을 만들어 물고기를 잡기도 한다. 동년배들 끼리끼리 혹은 남녀노소 어울려 한 여름의 더위를 몰아낸다.

강강술래 남생이 놀이는 천렵 놀이를 여흥 삼은 것

남생이 놀이가 천엽 놀이에서 왔음을 확인해봤다. 강강술래에서 남생이 놀이에 이어 부르는 노래가 개구리타령이라는 점도 이와 다르지 않다. 천렵이야 냇가에 벌이는 사냥 놀이지만 들판이나 둠벙에서 벌이는 놀이는 개구리 사냥이었다. 이 또한 천렵 못지않은 주요 단백질 섭취 활동이었다.

개고리 개골청 방죽아래 왕개골
왕개골을 찾을라믄 양폴을 뜩뜩 걷고 미나리 방죽을 더듬어
어헝 어헝 어헝 낭 어라디야
삼대독자 외아들 병이 날까 수심인데
개고리는 머하라 잡나 외아들 꾀아진데 데려믹일라고 잡었네

그렇다. 양 팔을 걷어붙이고 미나리 방죽을 더듬어 가면서 개구리를 뭐 하러 잡나. 야윈 삼대독자에게 먹이기 위해서 아닌가. 특히 폐병을 앓는 이들이 선호했던 보양식이 개구리다. 이 맥락에 따라 가사를 해석하면 다음과 같다.

남생아 놀아라 촐래촐래(엉덩이를 요리조리 흔드는 모양) 잘 논다. 어화 새끼 저 새끼(이곳에도 저곳에도, 혹은 이 새우 저 새우) 곡우 남생(곡우에 나온 남생이) 놀아라. 익사 적사(천렵하기 위해 공동체의 힘을 모으는 구호) 소사리(솔잎 또는 솔가지)가 내려온다(물에 떠내려 오는 모양, 즉 매운탕을 끓이기 위한 나뭇가지 모으기). 청주 뜨자

남도를 품은 이야기

아랑주 뜨자(탁주와 소주 등 술을 따르는 모양). **솔나무초**(소나무 가지)야 내 **젓가락 나무접시**(나뭇잎이나 가지를 엮어 임시로 만든 젓가락과 그릇) **구갱캥**(놀이의 재미를 위해 덧붙인 대구).

　　삼복더위의 피서놀이 중 고래의 유속으로 남아있는 천렵만큼 생동감 있는 놀이가 또 있을까 싶다. 강강술래의 여흥놀이는 물론 양반네들의 풍류놀이에 언급되고 노래된 이유일 것이다. 높은 산 깊은 계곡을 찾아 심신을 맑게 하는 효과도 있을 것이니. 따라서 지금까지의 교과서 수록 강강술래 남생이 놀이에 대한 해석이나 놀이 안무는 수정될 필요가 있다. 천렵 풍경과 관련된 놀이이기 때문이다. 아열대로 변한 기후를 실감하는 이즈음 삼복三伏이 오복五伏 되고 칠복七伏 되는 듯한 무더위를 제압하기 위해서는 '뜰망' 하나 메고 물 맑은 냇가로 나가볼 일이다.

4부

남도에서 만나는
세계의 얼굴

신안 우이도 출신인 문순득은 조선시대 홍어장수였다. 1801년 12월 홍어를 사러 태사도로 출항했다가 풍랑을 만나 제주도 남방 유구국을 거쳐 여송국에 표류 기착했고 마침내 마카오, 중국을 거쳐 3년 2개월 만에 귀환한 기록이 「표해시말」이다. 흥미로운 것은 문순득이 다산의 형제들과 직간접적으로 교우했다는 점이다. 정약전이 우이도의 소년 장창대 혹은 문순득을 통해 『자산어보』를 쓸 수 있었던 것처럼 이제는 손에 잡히는 통상에 주목할 때다.

우리가 짐작하지도 못하는
오랜 세월 동안

계량에 봄이 들면 뱀장어 물때 좋아(桂浪春水足鰻鱺)

그를 잡으러 활배가 푸른 물결 헤쳐 간다(撐取弓船漾碧漪)

높새바람 불어오면 일제히 나갔다가(高鳥風高齊出港)

마파람 세게 불면 그 때가 올 때라네(馬兒風緊足歸時)

다산 정약용의 「탐진어가耽津漁歌」 중 첫 노래다. 강진만의 장어잡이를 맛깔나게 읊고 있다. 장어뿐만이 아니다. 탐진강 하류 강진만의 물고기들과 그 맛에 대하여, 자연의 풍성함과 사람들의 인심에 대해 읊어내는 노래다. 다산이 남포에서 배를 오르내리던 시절만의 이야기일까? 아니다. 활배가 변해 동력선이 되고 어살들이 변해 각종의 그물이되었지만 강진만의 물고기 잡이는 근래까지 왕성하게 이어지던 풍속이었다. 그중에서 으뜸은 돌무더기를 쌓아 행했던 장어잡이였다.

탐진의 맑은 물을 받아내고 남도 바다의 짠물을 받아 풍성해진개펄이 그 중심에 있었다. 다산은 여기서 높새바람과 마파람을 말하

　　　　　　　　　남도에서 만나는 세계의 얼굴

고 있다. 어디 바람뿐이랴. 조간대의 생태를 잘 이해하는 사람들은 대번 그 행간을 읽어낸다. 바람의 유영은 조류와 해류의 섞임과 엇갈림으로부터 오는 것임을 알기 때문이다. 작게는 초여드레와 스물 사흘의 '조금'이요, 세물부터 시작해 일곱, 여덟 물에 이르는 '사리'를 읽어낸다. 보름간의 물때를 읽고 계절의 바뀜과 달의 운행을 읽는다.

장어잡이의 가장 오래된 형태 '독다물'

돌무더기를 쌓아 잡는 장어하면 으레 풍천 장어를 떠올린다. 선운강 풍천 장어가 그만큼 이름났기 때문이다. 하지만 선운강만 있는 게 아니다. 다산이 노래했듯 남녘 깊은 강진만의 장어 또한 돌무더기를 쌓아 만든 이른바 '돌그물'로 잡는 장어다. 남도 지역에서 '독살' 혹은 '독다물', '독발'이라 호명하던 오래된 고기잡이 방식의 하나다. 돌담 형식으로 쌓아서 잡는가, 돌무더기를 쌓아서 잡는가의 차이만 있을 뿐 맥락은 같다. 지금이야 그 자취가 희미해졌지만 서해에서부터 남해에 이르는 야트막한 개펄 지역에서 행한 고기잡이 방식 중 하나다.

통발이나 낚시 등 여러 가지 장어잡이 기술 중에서 이 독다물 만큼 고형의 형태를 가진 방식은 그리 많지 않을 것이다. 그물로 돌무더기를 에워싸는 형식 이전에는 손이나 낚시를 이용해 돌틈 속의 장어를 잡았을 것이기 때문이다. 실제로 최근까지도 철사 등으로 고안된 낚시를 입에 물고 물속으로 들어가 돌담 틈의 장어를 잡는 원시형 어로 방식이 행해졌다. 따라서 독다물은 인위적인 개입을 최소화

전통 고기잡이 방식으로 유명한 신안군 한운리 독살. 사진_ 이윤선

하고 개펄 생태 환경을 고스란히 이용한 어로 방식이라 할 수 있다. 사람들의 기억에서 사라지거나 흔적이 없어졌을 뿐 강 하구를 이루는 개펄 지역의 보편적인 어로 방법이었다.

선운강 '장어얼'과 탐진강 '장어다믈'

지금 돌무더기 그물 방식이 전승되는 곳은 선운사가 있는 선운강 하류와 탐진강 하류 둘 뿐이다. 각각 '장어얼', '장어다믈'이라 부른다. 해양수산부에서 펴낸 「한국의 해양문화」에 보면 선운강 장어얼과 강진만의 장어다믈에 대한 자세한 조사기록이 나온다. 당시 강진만의 사례는 '독다믈'이라 보고했다. 현지에서 부르는 이름을 사용했기 때문이다. 목포대 나승만 교수가 책임을 맡고 내가 보조 연구원으로 참여해 완성한 2002년 해양문화 기록이다.

최근에 또 강진만 장어다믈을 조사 연구할 기회가 있었다. 돌무더기를 쌓아서 장어를 유인해 잡는 원칙은 변하지 않았다. 바닷물 속에 1미터 남짓한 돌무더기를 만들어 장어를 유인하는 방식이다. 그물은 장어를 잡을 때만 친다. '사릿발'에만 작업을 할 수 있다. '조금발'에는 물의 유동이 적어 탐진강 하류에 설치한 돌무더기들이 거의 드러나지 않기 때문이다. 사리가 되어 물이 많이 빠지면 쌓아두었던 돌무더기들이 드러난다. 이 주위로 대나무 혹은 쇠말뚝을 박는다. 사각으로 그물을 친다. 그물에는 임통, 쑤기통 등으로 부르는 유인구가 있다. 어부가 그물 안으로 들어가 돌들을 그물 밖으로 던져내면 돌무더기 속에 숨어있던 장어들이 놀라서 그물의 임통 속으로 들어간다. 돌을 모두 옮기면 그물을 들어 안에 갇힌 장어를 잡는다. 그물 밖으로 던진 돌들은 다시 쌓여 장어다믈이 된다. 대개 물이 가장 많이 들고나는 사릿발의 3~4일 정도가 작업의 적기다. 탐진강 하류 강진만에 많게는 200여 개의 장어다믈이 있었다고 하는데 현재는 수십여 개만 남아 있다. 조업에 참여하는 어부는 남포마을, 목리마을, 송산마을 등 3~4호가량 된다.

장어다믈의 역사

강진만의 어부들이 말하는 장어다믈의 역사는 짧다. 약 100여 년 전에 머리 좋은 모 씨의 창의로 개발되었다고 한다. 과연 그럴까?

우리가 짐작하지도 못하는 오랜 세월 동안

돌그물로 고기를 잡는 것은 인류의 오랜 지혜이다. 강진군 남포의 장어다믈 모습. 사진_ 이윤선

남도에서 독발이라 부르는 돌그물의 형태가 어로사의 가장 오래된
형태라고 한다는 점을 상기하면 문제가 달라진다. 장어 독다믈도 동
일 유형의 돌그물이라는 점에서 그 시원이나 방식들을 얘기해볼 필
요가 있기 때문이다. 실제 선운산 풍천 장어는 신재효가 정리한 판
소리 「수궁가」에도 등장한다. "풍천장어 대령하고~" 등의 가사에서
이를 확인할 수 있다.

　　고창 사람들의 주장에 의하면 선운사 앞을 지나는 주진천과 선
운천이 합류하는 지점을 '풍천'이라 호명해 온 것이 백제시대로 거슬
러 올라간다. 인천강, 주진강, 장수강 등으로 불리는 강이다. 돌담이
나 돌무더기 형태의 돌그물들이 활용되었던 곳은 선운강이나 탐진
강 하류뿐이었을까? 그렇지 않다. '독살'의 형태는 개펄 지역의 인류

남도에서 만나는 세계의 얼굴

가 공유했던 가장 원시적인 방법이었기 때문이다. 이 분야에 관한 연구를 독보적으로 한 이는 아마도 『신이 내린 황금그물』의 저자 주강현일 것이다.

강진만의 독다믈을 주목할 이유

다산이 노래했다. 높새바람 불어오면 활배를 띄워 강진만으로 나가고 마파람 거세지면 탐진강으로 돌아온다. 바람의 행간에는 조류와 해류가 있다. 탐진강에서 내려오던 유치계곡의 맑은 물들이 있고 해남과 완도를 거슬러 올라 강진만에 이르는 물이 있다. 어느 시기인가 강물은 닫혔다. 맑은 물이 짠물을 만나지 못하니 이 환경에서 서식하던 실뱀장어도 더 이상 올라오지 않는다. 다산이 노래한 '어로 싸이클'이 무너져버린 것이다. 잔존하고 있는 장어다믈을 호기심이나 지역 특성으로만 말해서는 안 될 이유다.

여기서 강을 읽고 바다를 읽고 개펄과 해양의 환경을 읽는 눈이 필요하다. 주강현이 말했던 것처럼 싹쓸이 어법으로 많은 문제들을 양산했던 근대 이후의 고기잡이 방식에 대한 성찰의 기회 아니겠는가. 남도만이 아닌, 아마도 우리가 짐작하지도 못하는 오랜 세월 동안 각 처에서 인류가 축적해온 지혜 말이다.

지도를 거꾸로 놓고
길을 찾다

가가도^{可佳島}의 둔장^{屯長} 김수생이 어업 세금과 훈련도감의 둔세를 걷어 돌아가는 길에 주민들과 함께 몰살당하는 사고가 발생했다. 모두 33명, 배 두 대였다. 둔전의 군사들과 가가도의 남녀 주민들을 포함한 숫자다. 때는 1792년 11월 20일, 구시월에도 도지기(진눈깨비)가 무서운 법인데 하물며 동짓달임에랴. 한 치 앞을 예견할 수 없는 계절 아닌가.

아마도 현지 사람들은 출항을 말렸을 것이다. 김수생이 왜 출항을 고집했는지는 기록만으로 예단하기 힘들다. 어쨌든 배가 출항하고 얼마 지나지 않아 좌초했다. 돌풍 때문이었는지는 알 수 없다. 직항로를 이용했을 것이기 때문에 지금의 하의도와 진도 가사도의 사이 즉 해남 우수영을 향한 방향이다. 첨단 장비가 발달한 지금도 먼 길인데, 하물며 300여 년 전 아닌가.

이 비극을 나주목사 이인변이 보고하고 있다. 『승정원일기』 1711책, 정조 16년 기록이다. 둔장은 한 둔^屯의 우두머리다. 해안가나 국

남도에서 만나는 세계의 얼굴

경 지역에서 왜구 및 야인(해적)들의 습격에 대비해 둔성屯城을 쌓고 그 수비를 담당하는 자를 말한다. 지금도 중국 변방에는 둔屯이라는 권역 이름이 남아있다.

가도 가도 끝이 없는 가거도

가가도는 지금의 '가거도'다. 문자 그대로 해석하면 매우 아름다운 섬이라는 뜻이다. 지금은 가히 사람이 살만한 섬이라는 뜻으로 해석하고 있다. 소흑산도라는 이름은 일제 강점기 흑산도의 부속도서로 복속시키면서 생겼다. 잘 알려져 있지 않지만 지금도 가거도에는 일제강점기 시설물의 잔재나 땅굴들이 남아있다. 가슴 아픈 흔적들이다. 역사적으로 소흑산도라 하면 지금의 우이도를 말한다. 그래서 2008년도에 다시 가거도로 이름을 바꾸게 되었다. 가거도 사람들이 소흑산도라는 이름을 싫어하는 이유가 여기에 있다. 6.25전쟁이 발발한 사실도 모르고 살 정도로 외딴 섬이었다.

그래서일까, 김수생 일행의 비극처럼 해난사고 소식이 간간이 들리는 곳이다. 절해고도가 갖는 일종의 숙명 같은 것일지도 모른다. 한날한시에 제사가 무더기로 있는 날이 있다면 필경 이런 사고와 관련이 있다. 섬에서 일어나는 사고는 대부분 기상과 관련되어 있다. 먼 바다의 섬일수록 그렇다. 때문에 섬사람들은 바람과 파도와 계절과 물때에 매우 밝다. 구름의 모양이나 바다의 물빛만 보고도 기상 상태를 예단하곤 한다.

망재산 빈지암의 움직이는 등대

여러 차례의 해난사고를 겪고 난 후였을 것이다. 사람들이 궁리를 시작했다. 배가 안전하게 출발하거나 섬에 도착하기 위해서는 유인책이 필요했기 때문이다. 날씨가 좋은 날이야 바람과 조류만 잘 타면 문제가 생길 이유가 없다. 하지만 궂은 날에는 배가 드나드는 것이 고행이었다. 배가 들어올 물때가 지났는데도 도착하지 않으면 사고를 떠올리게 되고 조바심 난 마을 사람들은 하나 둘 망재산 빈지암에 올라 바다를 지켜보게 되었다.

아마도 지금의 3구 대풍리 맞은편 산을 '망재(망을 보는 언덕)'라 부른 이유가 여기 있을 것이다. 배가 들고나는 것을 지켜보는 것뿐만 아니라 오랜 기다림과 안전을 기원하던 그 마음들 말이다. 빈지암은 망재 아래 깎아지른 절벽 바위를 말한다. 가거도의 물길로 보면 빈지암 앞바다가 가장 중요한 물길이다. 가거도의 길목이라고나 할까. 조류가 이곳을 중심으로 가거도 주변을 흐르기 때문에 풍선 시절의 배들은 모두 이곳을 돌아 드나들었다.

그래서 생각해낸 것이 조대나무 횃불이다. 조대는 조릿대를 말한다. 높이가 1~2미터밖에 되지 않고 촘촘하게 자라기 때문에 횃불을 만들기에 안성맞춤이다. 줄기로 조리를 만든다 해서 조릿대라는 이름이 붙었다. 다른 지역에서는 산대 혹은 신우대라고도 한다. 이 조릿대를 한 주먹 모아 가운데에 억새풀을 촘촘하게 집어넣고 칡덩굴로 묶는다. 속살은 억새로 채우고 겉살이 조릿대가 되는 셈이다. 큼지막하게 한 다발을 묶어내서 횃불을 만들면 바람이 불어도 꺼지지

남도에서 만나는 세계의 얼굴

않고 오래 탄다. 배들이 들어오는 시간이면 마을 사람들은 모두 빈지암에 올라 조대나무 횃불을 흔들었다. 언제부터 시작했는지는 모른다. 하지만 해난사고의 역사가 오래되었다는 점을 상기해 보면 망재산 빈지암의 횃불 역사 또한 매우 오래되었을 것이다. 문자 그대로 망재산 빈지암의 움직이는 등대였다.

소리를 보는 안개피리 등대

횃불만 유용한 것이 아니다. 해무가 가득하거나 짙은 구름이 낀 날은 한 치 앞을 내다보기도 힘들다. 날이 좋다가도 갑자기 돌풍이 불거나 풍랑이 일기도 한다. 그래서 생각한 것이 북 치고 꽹과리 치며 소리를 내는 일이었다. 가거도에서 빈지암은 물이 돌아나가는 길목이기도 하지만 소리를 가장 멀리 보낼 수 있는 장소이기도 하다. 기상이 급격히 안 좋아지면 사람들은 또 북과 징과 꽹과리를 들고 빈지암에 올랐다. 소리를 크게 내어 들어오는 배들에게 신호를 주었다. 소리로 신호하는 무적霧笛 기능 또한 등대의 중요한 요소다. 풀어 말하면 안개피리[霧笛]요, 불교의 용어를 빌어다 쓰자면 일종의 관음觀音, 즉 소리를 보고 방향을 잡는 등대다. 어두컴컴한 밤이나 해무 짙은 날에는 소리를 보고 방향을 잡아 배들이 들어올 수 있다는 점에서 그렇다.

항용 이렇듯 움직이는 등대 역할을 하다 보니 망재 빈지암의 기다림이 마을의 행사로 발전했다. 마을 사람들은 하나둘 밥도 싸고 반찬도 싸가기 시작했다. 언제부터인지는 모르지만 밥과 술, 고기를 싸가는 일종의 소풍놀이가 되었던 것이다. 북장구 치고 징과 꽹과리를 울리며 조대 횃불을 높이든 가거도 사람들을 상상해보라. 움직이는 안개피리 무적의 등대들을.

근대식 가거도 등대

시간이 흘러 가거도에도 근대식 등대가 세워졌다. 주강현 교수에 의하면 근대식 등대가 한반도에 선을 보인 것은 대한제국 시절이다. 1903년에 팔미도, 월미도, 백암, 북장사서에 등대가 설치되고 1904년에 부도, 1905년에 제뢰, 거문도, 1906년에 영도, 우도, 울기, 1907년에 옹도, 1908년에 호미곶, 소청도 등대가 세워진다. 현재 가거도 등대 안내판에는 다음과 같이 기록되어 있다.

이 등대는 서남해안을 오가던 선박들의 길잡이 노릇을 한 시설물로, 1907년에 무인 등대로 축조했다가 1935년 유인 등대로 증축하였다. 현관 포치가 돌출되어 있고, 등명기를 보호하는 등롱燈籠은 빛을 모든 방향으로 전달하기 위해 원통형으로 만들었으며, 내부에는 기계실의 펌프와 기름 탱크, 도르래의 원리를 이용하여 소리를 규칙적으로 내는 무적이 원형 그대로 남아있다.

하지만 1923년 「동아일보」 기록에 가거도 등대지기 이야기가 나

지도를 거꾸로 보면 가거도가 한반도의 첫 마을이다. 가거도 등대. 사진_ 이윤선

온다. 변남주 교수에 의하면 이 등대지기가 대풍마을을 중심으로 한
가거도 아이들을 가르쳤고 유수한 학교로 진학시키는 동기가 되었
다. 가거도의 높은 향학 열기가 여기서 비롯되었다는 뜻이다. 따라서
1907년 무인등대로 설치되었다는 점과 1935년 유인등대로 증축하
였다는 사실관계는 수정될 필요가 있다.

한반도의 첫 마을에서 기다리는 미래

우리나라 지도를 거꾸로 놓고 본다. 앞을 향하여 시야를 돌리면 오른쪽으로 가거초와 중국이 있고 앞쪽으로는 이어도, 왼쪽으로 일본이 있다. 곧장 나아가면 동남아시아의 여러 나라들에 닿는다. 마라도를 포함하여 가거도는 가히 한반도의 첫 마을이다. 굳이 따지면 섬등반도 항리 마을이 우리나라의 첫 마을인 셈이다. 등대는 대풍리의 북단에 세워져 있다.

주강현은 근대식 등대가 독립적 국가와는 무관하게 제국의 배를 인도하는 불빛이었음을 성토한다. 생각이 깊어진다. 등대는 무엇일까? 등대의 사전적 풀이는 항로 표지의 하나로 설명하고 있다. 바닷가나 섬 같은 곳에 탑 모양으로 높이 세워 밤에 다니는 배에 목표, 뱃길, 위험한 곳 따위를 알려주려고 불을 켜 비추는 시설이라는 설명이다. 하지만 나아가야 할 길을 밝혀주는 사람 혹은 그런 사실을 비유적으로 이르는 말이라는 뜻도 있다.

그렇다. 등대는 길잡이다. 마땅히 나가야 할 길을 밝혀주는 인도자다. 그렇게 보면 등대는 또 기다림이다. 살아가는 방향을 잃고 안개에 갇힌 자들을 인도하는 횃불이요, 안개피리다. 지금의 등대 역할을 하는 많은 이들을 본다. 혹여 아직도 제국의 배들만을 인도하는 길잡이 역할을 하는 것은 아닌지. 한반도의 첫 마을 가거도 등대에서 망재산 빈지암에의 묵상이 깊어만 간다.

남도에서 만나는 세계의 얼굴

먼 데 사람들과의 관계를
중히 여기다

바람 한 점 없는 날씨였다. 하늘은 높고 바다는 깊었다. 잔물결 하나 일으키지 않은 바다는 유리알 같았다. 수심 깊은 곳을 지날 때만 물결들이 부르르 떨었다. 거대한 바다의 용들이 잔 비늘을 털어내는 듯했다. 나주 바다, 지금의 신안군 북쪽 언저리를 돌아 왕등도에 도착한 것은 다음날 이른 아침이었다.

통상 연안항로를 이용하는 것이 유익했다. 사릿발의 조류 한물을 타면 축지법을 쓴 양 배가 나아갈 수 있기 때문이었다. 이튿날도 파도 하나 없었고 돛은 바람을 받지 못했다. 썰물을 밀고 올라가려니 속도는 몹시 더디었다. 그러나 날씨가 너무 좋으면 변통을 생각했어야 했다. 이물사공이 얼마나 졸았던 것일까. 갑자기 검은 구름이 내려오기 시작했다. 윤달 칠월이니 사실상 팔월이 채 가지 않았기에 구시월의 도지기(진눈깨비 돌풍을 말하는 서남해 사람들의 용어)는 아니었다. 단순한 돌개바람이었을까. 돛폭이 고물 편으로 도는 것을 보고 퍼뜩 잠이 깼다. 이미 들물이 시작한 터라 물살과 바람을 받은 배가 급속하게 움직였다.

순간이었다. 내안 방향에서 왜구들의 배가 쏜살같이 달려들었다. 본래 배질을 잘하는 이들은 조류와 바람을 잘 이용하는 법이라. 호랑이보다 더 무섭다는 구시월의 돌풍일지라도 배를 움직이는 데는 오히려 유리할 수 있기 때문이다. 필시 이 자들은 위도나 왕등도 어느 갯바위 곁에 숨어있었을 것이다. 모두 열다섯 척이었다. 조류 흐름을 타고 있던 터라 왜구의 배들이 순식간에 이물에 이르고 말았다.

대비할 틈도 없었다. 뱃전으로 뛰어오르는 왜구들을 향해 결사항전을 벌였다. 긴 칼과 삼지창이 무용지물이었다. 복부가 터지고 머리가 잘려 물속에 곤두박질치며 비명을 질러댔다. 피투성이가 되어 물에 떨어진 자들이 고물 너머로 쏜살같이 밀려났다. 들물 받은 배들이 엉키면서 멀리 관리도 깃대봉 방향으로 흐르기 시작했다.

왜구들이 함성을 지르며 깃발로 신호를 했다. 다행이랄까. 황급히 선두를 돌리는 왜구들을 뒤로 하고 뱃전의 모든 돛폭을 폈다. 앞섬을 향하여 전력 질주했다. 군산도群山島에 이르니 언제 그랬냐는 듯 하늘은 다시 청정해졌다. 파도만이 호흡을 멈추지 못하고 갯바위에 부딪치며 헐떡댔다. 이 싸움에서 살아남은 자들은 고작 40명이었다.

조선에 사신 온 조와국의 진언상

조와국爪哇國 사신 진언상陳彦祥이 보고한 전라도 군산도 싸움 얘기다. 여기서 말하는 군산도는 지금의 고군산군도 선유도다. 조선왕조실록에서 보고하고 있는 조와국은 오늘의 인도네시아 자바섬이다. 이 싸움에서 죽은 자가 스물한 명이요, 왜구들의 배로 납치된 자가 예순 명이었다.

왕조실록은 이들을 남방의 야만국에서 온 자들 즉 '번인蕃人'이라 표현하고 있다. 번인은 야만인이나 미개하여 수준이 낮은 사람을 말한다. 이들은 왜 먼 북방의 땅 조선에 왔던 것일까? 배 안에 있던 물품을 보면 그 대강을 짐작할 수 있다. 타조, 공작, 앵무, 잉꼬, 침향, 용뇌, 후추, 소목, 향과 같은 약재들이었고 토산 천들이 그것이다. 중국의 정화가 아프리카까지 일곱 번의 무역을 하며 교역했던 물품들과도 통하는 측면이 있다. 향신료, 침향을 비롯해 여러 종류의 새들이 있다는 사실이 흥미롭다. 왜구들이 남방의 비싼 약재들을 겨냥하고 항로를 지키다 겁탈했던 것이다.

전라도 진포 바깥의 군산도로 들어오다

태종 6년 음력 9월의 기록에 보면 진언상 일행에 대한 기록이 자세하다.

자바국 진언상 등이 돌아갔다. 임금께서 후하게 하사하여 그들을 보냈다. 진언상이 정부에 글을 올려 말하기를 "영락永樂 4년 5월 18일에 저희의 왕이 저희들을 보내며 토산물을 받들어 특히 조선국에게 진상하라고 했습니다. 이에 그해의 5월 22일에 출발하여 배 한 척을 타고 윤 7월 초1일 미시

未時에 조선의 전라도 진포鎭浦 바깥의 군산도 외각에 다다랐을 때 홀연히 일본 배 15척을 만났습니다. 그날 서로 싸우게 되어, 초3일 오시에 이르러서는 적은 수로 많은 수를 감당치 못하고, 역부족으로 모두 약탈을 당하고 말았습니다. 죽은 자가 21명이요, 잡혀간 자는 남녀 모두 60명이었습니다. 현재 목숨을 부지하여 해안에 올라온 자는 진언상을 포함해 남녀 모두 40명입니다. 진상하려던 토산물과 제가 바치려던 것, 그리고 여러 사람들이 배에 가득 실은 화물들은 모두 약탈당하고 말았습니다. 지금 옷과 양식을 하사해 주셔서 본국으로 돌아가게 되었습니다.

지면상 앞부분만 인용했다. 당시의 조와국 혹은 남방 여러 나라들과의 교역을 추정할 수 있는 중요한 기록임을 알 수 있다.

동남아 사람들은 언제부터 한반도에 왔을까

조흥국의 연구에 의하면 인도네시아를 비롯한 동남아와의 교류는 그 역사가 깊고 범주도 넓다. 지금으로 말하면 인도네시아를 포함해 태국, 싱가포르, 말레이시아, 필리핀, 부르나이, 캄보디아, 라오스, 미얀마 등 동아시아 전반에 걸쳐 있고 고려 이전으로 거슬러 올라가기도 한다. 예컨대 한국과 태국과의 접촉을 보고한 첫 문건은 『고려사』로 알려져 있다. 공양왕(1389~1392) 3년 음력 7월의 기록이다.

시암왕국이 나이공 등 여덟 명을 보내어 토산물을 바치며 서신을 보내어 이르기를, "시암왕이 이번에 나이공 등을 사신으로 삼아 배를 감독케 하고 토산물을 싣게 하여 고려국왕에게 바치도록 명했습니다."라고 했다. 서신은 성명이 없고 봉인되어 있지 않으며 단지 작고 둥근 도장이 찍혀 있을 뿐인데, 그 진위를 역시 조사할 수 없었다.

기록은 이들의 출신에 대해 의문을 표하며 정황들을 묘사하고 있다.

왕이 그들에게 뱃길로 그들의 나라에서 고려까지의 상거를 물으니 그들이 대답해 말하기를, "북풍을 받으면 40일 만에 이곳에 도달할 수 있습니다."고 했다. 그들 중에 어떤 자는 윗도리를 벗었고 어떤 자는 신을 신지 않고 있었다. 높은 자는 흰 천으로 머리카락을 감추었다. 종복들은 존장자를 보면 옷을 벗고 몸을 드러낸다. 세 번을 통역해서야 그 뜻이 전달되었다.

여기서의 시암은 태국의 옛 명칭이다. 조선왕조실록의 인도네시아 사람들의 전라도 접촉 기사와 더불어 동남아 전반에 걸친 교류의 역사를 추정해볼 수 있는 단서들이다. 나라를 대신하는 사신이라고 하기에는 서신이 미흡하고 무역 상인들로만 보기에도 의심쩍다. 그렇다면 진언상은 사신일까, 무역 상인일까?

자바국 상인 진언상이 주는 교훈

실록에는 진언상을 조와국 사신으로 기록하고 있다. 하지만 조흥

동남아와의 교류 역사는 깊고도 넓다. 자카르타 순다캘라파 항구에 정박된 목선 위에서 노는 아이들. 사진_ 이윤선

국은 태국의 사신들인 장쓰다오의 예를 들며 남중국해 및 동중국해에서 무역활동을 하던 중국 상인 즉 화교일 가능성을 말하고 있다. 진언상이 처음 등장하는 1394년 조선왕조실록에 그에 관한 상세한 언급이 없는 점으로 보아 사신이기보다는 무역 상인의 성격이 강했을 것이라는 점을 주목하는 셈이다.

이후 1405년 진언상이 다시 조선을 찾게 되는데, 사신이든 상인이든 그 성격을 명확하게 할 수 있는 근거는 약하다. 진상품이라는 약재와 각종의 남방 조류, 물품들을 어떻게 해석해야 할지도 관건이다. 어쨌든 그도 지적했듯이 진언상을 비롯한 동남아 해역을 누리던 이들이 조와국 즉 자바국의 사신이었을지 중국계 상인이었을지는

남도에서 만나는 세계의 얼굴

향후 후학들이 풀어야 할 숙제일 듯하다.

정작 중요한 문제는 사신이든 무역 상인이든 동남아시아와의 교역 및 교류가 매우 오래되었다는 점이다. 우리가 북방을 중요하게 생각하다 보니 상대적으로 남방에 대한 추적을 많이 하지 못한 것이 사실이다. 문화적, 종교적, 사회적 교섭 양상이 매우 큰데 말이다. 내 보기에는 고대로 거슬러 올라갈수록 교역의 사례들이 늘어날 것이다. 설화까지 거론하자면 『삼국유사』의 여러 기록들을 추적해 볼 만도 하다. 결국은 고대의 고속도로라고도 하는 배를 통해서 문물이 오갔을 것이기 때문이다.

조와국 사신 진언상 혹은 동남아 무역을 행하던 수많은 동남아인들을 통해 받는 영감이 있다. 옛것은 옛것대로 중요하지만 바로 오늘을 사는 우리에게 남겨진 몫이 있다는 점이 그것이다. 지금은 생각지 못할 기회의 땅, 옛 조와국을 포함한 동남아시아의 문화를 추적하는 일이 긴요한 것은 바로 우리 미래의 먹거리와 비전의 문제들을 포함하고 있기 때문이다.

동남아시아 사람들은 언제 한반도에 왔을까? 본문에 싣지 않은 조선왕조실록 기사들을 추가 인용한다. 당시의 상황 이해에 도움이 될 것이다.

조선왕조실록 태백산 사고본 『태종실록』 12권
태종 6년 9월 1일(1406년) 기사

또 글을 올려 말하기를, "영락 4년 5월 18일에 국왕이 저희들을 파견하며 '특별히 토산물을 가지고 가서 진헌進獻하라.' 하기에, 그해 5월 22일에 길을 떠나 새로 만든 2천 2백료의 해선海船 한 척을 탔는데, 윤7월 초1일에 조선국 전라도 진포 바깥 군산도 밖에 닿았을 때, 뜻하지 않게도 왜적을 만나 겁탈을 당해 전부 없어지고, 본선만 남았을 뿐입니다. 지금 돌아가도 좋다는 사령使令을 받았으나, 배를 타는 수수인水手人들이 왜적 때문에 태반이 살해되고, 남은 사람은 잡혀 가서, 배를 탈 사람이 적습니다. 본선은 무겁고 커서 타기가 어려우니, 양양洋洋한 바다에서 소실되지나 않을까 염려되옵니다. 생명이 중하니, 이제 가지고 온 큰 배를 헌납할 터인즉, 40료쯤 되는 경쾌輕快한 소선小船 한 척과 바꾸어 주시기를 간절히 바랍니다. 명년에 다시 오겠습니다." 하니, 임금이 명하여 허락하였다.

『태종실록』 12권 태종 6년 9월 26일(1406년) 기사

대마도對馬島 수호守護 종정무宗貞茂가 사신을 보내어 토산물을 바쳤으니, 소목蘇木·호초胡椒와 공작孔雀이었다. 사자가 스스로 말하기를, "남번南蕃의 배를 노략하여 얻은 것입니다." 하였다. 사간원에서 상언上言하기를, "진기珍奇한 새와 짐승은 나라에서 기르지 아니하는 것이 옛 교훈입니다. 하물며, 겁탈해 빼앗은 물건이야 말할 게 있겠습니까? 물리쳐 받지 않으심이 옳겠습니다." 하였다. 임금이 먼 데 사람과의 관계를 중하게 여기시어, 공작을 상림원上林園에서 기르라고 명령하였다.

하늘 아래
최초의 세계 여행자

문순득의 입이 다물어지지 않았다. 일로코스 지방의 어떤 해안에 표류한 이후 비간에 처음 도착해서 이송된 곳이 브르고스 광장의 세인트폴 메트로폴리탄 대성당 앞이었다. 아마미오시마에 첫 표착해서 유구(오키나와)로 이송되어 겪은 문화적 충격도 상당했는데 필리핀은 더더욱 충격이 컸다.

관리자가 물었다. "돌노비?" 스페인어의 'dormir', 즉 '잠자다' 등의 뜻이다. "몰니다라?" 스페인어의 'moridera', 즉 '실신, 기절, 죽다' 등의 의미다. "씌인다?" 스페인어의 'asentat', 즉 '앉히다' 등의 뜻이다. 여러 날을 '아리가[大官, 상급관리]'가 묻고 통역을 통해 문순득이 답했다.

훗날 정약전에 의해 조선 발음으로 기록되긴 하지만 당시에는 무슨 말인지 도대체 알 수가 없었다. 일요일이면 세인트폴 대성당에서 예배를 했다. 모두들 '젼다마리(산타마리아)'를 부르기도 하고 노래하기도 했다. 브르고스 광장으로는 수시로 가마(말, 스페인어로는

남도에서 만나는 세계의 얼굴

caballo, 필리핀어로는 kabayo)가 오가고 마까오(소, 스페인어로는 vaca, 필리핀어로는 baka)가 끄는 수레가 지나가기도 했다. 큰 골목들마다 닭싸움 놀이가 유행이었는데 '만속'이라 했다. 이 싸움이야 조선에서도 유행하던 놀이이니 친근함이 있었다. 다박귀(담배, tabaco, 우리도 본래는 '타바꼬' 혹은 '담바꼬'라고 불렀다)를 피우는 사람들이 많은 점도 반가웠다. 더구나 주식 중의 하나인 마가시(쌀, 필리핀어로는 bigas, 일로코스 지역어로는 bugas)를 보니 우리와 크게 다르지 않다고 생각되었다.

「표해시말」에 기록된 여송어

문순득이 만 3년여의 표류에서 돌아와 구술한 자료 「표해시말漂海始末」에 기록되어 있는 여송어(필리핀어)다. 문순득이 표류한 것은 1801년부터 1805년까지 3년여다. 유구국琉球國(오키나와)에서는 8개월, 여송(필리핀)에서는 9개월, 마카오(중국)에서는 14개월여를 체류했다. 이 표류 사실을 당시 우이도에 귀양 가 있던 손암 정약전이 정리한 것이 「표해시말」이다.

이 보고서에 한자로 기록해놓은 단어가 모두 112개가 있다. 이 중 유구어는 81개, 여송어는 54개다. 원종민의 연구에 의하면 여기 등장하는 유구어는 중국 복건성 민남 화교의 언어와 유사한 측면이 많다. 기록된 여송어도 고유어라고 말하기 어렵다. 당시 여송국이 스페인의 식민지가 된 지 200여 년이 지난 시점이었기 때문이다. 문순득이 당시 봤던 온갖 건물이나 생활상은 사실 스페인풍이었다.

실제 약 370년의 스페인 식민통치를 받은 것이 필리핀이다. 「표해시말」에 기록된 여송국 언어는 따라서 스페인어가 토착화된 일로카노어라고 할 수 있다. 오스트로네시아어족에 속하는 단어나 일부 네덜란드어의 흔적도 발견된다. 흥미로운 사실은 이후에 제주도에 표류한 필리핀계 외국인 다섯 명의 국적 및 통역자료로 이 기록이 활용되었다는 점이다. 당시 필리핀에 관한 조선의 대표적인 자료였음을 알 수 있다.

이국적인 너무나 이국적인

문순득이 비간으로 이송된 해가 1801년이다. 필리핀 북부에서 가장 대표적이랄 수 있는 스페인풍의 대성당이 완공된 것이 1800년이니 일부 치장 작업을 감안하면 바로 완공된 시점에 이 성당을 접했다고 할 수 있다.

사실 필리핀 북부의 중심도시 비간에 성당이 처음 생긴 것은 1574년이다. 당시의 교회는 대나무와 이엉을 덮어 만든 대나무 초가집이었다. 스페인 통치가 강화될 무렵 필리핀 각지에 가톨릭 교회들이 하나둘 늘어나기 시작하던 시기다. 우리로 치면 임진왜란 한참 이전이고 세스페데스가 왜장 고니시를 따라 십자가를 한반도로 들여오기 20여 년 전쯤이다.

비간 대성당은 1575년에 지금의 형식으로 지어졌으나 건축물로 완성되기까지 지진과 화재로 무너지거나 소실되기를 거듭하다가 4

필리핀 비간 브로고스 광장 세인트폴 메트로폴리탄 성당 사진_ 이윤선

번째 축성에 와서야 지금까지 이어올 수 있었다. 1790년에 시작하여 1800년에 완공되었다. 완벽한 유럽풍이라기보다는 좀 더 동양화된 혹은 필리핀과 습합된 형태라고 말할 수 있다. 1600년에서 1900년대에 이르는 필리핀의 성당들 대개가 그렇다.

당시 한반도 서남단 외딴 섬에서 홍어 장사를 하던 문순득의 심정이 어떠했을까? 필리핀만으로도 이국적이었을 텐데 거의 유럽의 풍경이지 않은가. 목재 기와집과 토담 돌집 등이 세상 건축물의 전부인줄 알았을 그가 수십 미터 높이의 조형들과 석재 건축을 보고 느꼈을 충격을 충분히 상상해 볼 수 있다. 그렇다면 스페인만 필리핀을 점유했던 것일까?

여송국의 중국인들, 중국의 신라인들

유럽이 동양으로 진출하기 전 대거 필리핀으로 이동한 중국인들이 있다. 필리핀뿐 만이 아니다. 소상히 연구되지 않아서 그렇지 역사를 거슬러 올라갈수록 아시아인들의 해양을 통한 교류나 이주는 생각 이상의 규모들이다.

예컨대 중국인들이 집단적으로 필리핀으로 이동하기 시작한 것은 10세기경으로 알려져 있다. 이른바 화교들의 바닷길을 통한 무역과 각양의 교역, 정착 등이 심화된 시기다. 문순득의 구술을 채록한 필리핀의 언어가 중국 민남어와 유사한 이유가 여기에 있다. 이미 문화적으로 습합의 단계를 밟고 있었을지도 모른다.

우리의 상황은 어떨까? 일찍이 우리도 신라방, 신라소 등의 이름을 통해 알려져 있는 것처럼 방대한 규모의 집단 이주와 교역을 이행하던 시절이 있었다. 지금까지도 중국의 천주 및 양자강 하류 권역에는 신라초 등 신라의 이름이 많이 남아있다는 사실에서 이를 추측해 볼 수 있다. 아직까지도 이 지역에서는 주유소도 신라, 식당도 신라, 길 이름도 신라라는 이름을 쓰는 사례가 많다. 양자강 하구의 주산군도 보타도와 락가도 사이에는 불상 전래와 관련된 신라초라는 암초가 남아있다. 신라인들의 배가 얼마나 많았으면 암초의 이름에 신라를 붙였겠는가. 당대 신라인의 이주와 교류의 규모가 얼마나 컸던 것인가를 알 수 있다.

어쨌든 중국인들이 해상무역의 범주를 아시아 전반으로 넓히면서 궁극에는 정화가 아프리카까지 진출하는 단계를 밟았음을 새삼 주목

남도에서 만나는 세계의 얼굴

하게 된다. 중국은 정화를 내세워 일대일로의 한 축을 삼은 지 오래다. 아시아에서 당당하게 한 축을 맡았던 우리는 어떻게 해야 할까?

조선 최초의 세계인

천초天初, 하늘 아래 최초의 세계 여행자라는 뜻이다. 정약전이 문순득에게 준 호다. 신안 우이도 출신인 문순득은 조선시대 홍어장수였다. 1801년 12월 홍어를 사러 태사도로 출항했다가 풍랑을 만나 제주도 남방 유구국을 거쳐 여송국에 다시 표류 기착했고 마침내 마카오, 중국을 거쳐 3년 2개월 만에 귀환한 기록이 「표해시말」이다.

정약전의 이 기록을 우이도 문순득의 손자에게서 처음 접한 것은 최덕원이다. 이후 목포대 도서문화연구원의 최성환 교수가 집중 연구하여 손암 정약전의 제자 이강회가 가필한 점을 밝히는 등 오늘의 성과에 이르렀다. 서미경의 연구에 의하면 문순득에게 조선 최초의 세계인이라는 수식을 부여하더라. 문학적 수사임을 감안하더라도 충분한 의미 부여라 생각된다. 그의 책 『홍어장수 문순득, 조선을 깨우다』는 마치 한 편의 소설처럼 써내려간 글이지만 의미심장하다.

이외에도 표류와 관련하여 직간접적으로 문순득을 다룬 연구들이 늘어나고 있는 중이다. 흥미로운 것은 문순득이 당대 최고의 학자였던 다산의 형제들과 직간접적으로 교우했다는 점이다. 당시 강진에 유배와 있던 다산 정약용은 우이도에 있던 형 정약전과 기별을 주고받으며 문순득에 대해 알게 된 모양이다. 자청하여 그의 아들

신안군 우이도 문순득 생가 마당에서 극단 갯돌이 오키나와 북춤 '에이사'를 공연하고 있다.
사진_ 이윤선

이름을 여환呂還이라 지어준다. 이때의 여呂는 물론 여송국 즉 필리핀
이다. 머나먼 아시아의 표류길에서 돌아와 주었다는 뜻이다. 다산의
형제들이 문순득에게 가졌던 관심의 정도를 엿보게 해준다.

문순득이 전하는 말들에 대해

일찍이 관련 연구를 했던 고석규 총장에 의하면 표류인 송환에
대한 국제적 합의와 우리 정부의 적극적인 자세 등으로 인해 표류인
들이 돌아올 수 있었다고 주장한다. 이 표류의 경험들은 지금 나주
에서 심혈을 기울여 추적하고 있는 최부의 『표해록』을 비롯한 각종

남도에서 만나는 세계의 얼굴

표해록, 표류인의 심문 내용을 정리한 문정기, 관련 설화나 소설 등으로 전해온다.

이런 기록들을 활용하여 동남아시아 해역에 대한 지리 정보를 얻었고 수차水車를 제조하고 선박 건조기술을 모방하는 등 선진기술 습득의 시도도 했다. 하지만 문순득을 포함한 표류인들의 경험이 적극적으로 활용되었다고 보기는 어렵다.

이용후생학파인 실학자들의 경우 해양 통상, 나아가 해양 진출을 주장하기도 했지만 정책적 구현에는 실패했다. 통신通信에 머물 뿐, 통상通商에 소극적이었던 우리 정부의 입장 때문에 국제관계가 외교에 그쳤기 때문이라고 해석한다.

문순득의 표류로부터 200여 년이 흘렀다. 이제 다시 문순득 표류사를 통해 호혜평등의 아시아 국제관계의 가치와 비전을 상상할 때가 되었다. 아프리카까지 진출했던 중국인 정화와 지금 중국이 진행하는 기획을 새삼 추적해 볼 필요와 함께 말이다. 단순히 흥미로운 이야기나 신비한 체험담으로 끝내지 않으려면, 예컨대 손암 정약전이 흑산 대둔도 소년 장창대 혹은 문순득을 통해 세계 최고의 어류박물지 『자산어보』를 쓸 수 있었던 것처럼 이제는 손에 잡히는 통상에 주목할 때다. 신라방이 증언해주는 것처럼 사실 우리도 정화 못지않게 아시아 해양교류의 한 축을 담당한 주역이었기 때문이다.

익힌 것과 날것 사이

한반도 내에서도 남도 지역은 젓갈이 많기로 유명하다. 웬만한 식당에만 가도 갖가지 젓갈이 나온다. 남도 지역만 그런 것일까? 물론 아니다. 동남아를 중심으로 동아시아 전반이 젓갈의 문화를 공유하고 있다. 반찬의 기본이라 해도 과언이 아닐 만큼 젓갈의 세계가 광범위하다. 한중일을 중심으로 젓갈의 트라이앵글이라고 말하는 이유이기도 하다.

유럽의 냄새 고약한 어장魚醬과 하몽 류의 육장肉醬에도 불구하고 동아시아를 젓갈의 삼각형이라고 말하는 이유가 뭘까? 일본의 젓갈에 대해서는 1세기 전부터 다수의 학자들이 연구를 한 바 있다. 우리 젓갈에 대해서는 성분 분석 등의 식품학적 접근들이 대부분이다. 이를 문화적으로 풀어낸 논고가 많지 않다.

근자에 보니 동아시아의 발효문화에 대해 의미 부여를 하면서 레비스트로스를 뛰어넘는 문제 제기를 한 이가 전경수다. 논문 「보존과 접신의 발효문화론」(비교민속학 제41집)을 보면 젓갈을 인문학적으로 접근하는 지점들을 발견할 수 있다. 발효가 가진 문화적 특성을 신을 부르고 만나는 접신接神의 맥락까지 끌어올려 논의해주었다. 일찍이 구조주의 인류학의 아버지로 불리는 레비스트로스는 익힌 것과 날것을 가지고 인류의 신화와 생각의 구조들을 정리한 바 있다. 전경수는 말한다. 그가 정리한 이항대립의 도식으론 발효를 설명하기 곤란하다고. 내가 보기에 근자에 나온 인문학적 논의치곤 가장 탁월해 보이는 이론이다. 익힌 것과 날것 사이 삭힌 것을 통해 추적할 우리의 문화, 혹은 동아시아 문화의 지평이 한없이 넓기 때문이다.

한반도의 젓갈, 남방계와 북방계

참고할 글이 또 있다. 최덕경의 논의는 베트남의 젓갈을 통해 우리 젓갈을 돌아보게 만든다. 꼼꼼하게 추적한 정보들이 한 올 한 올 곱다. 여타의 논의에서도 언급된 것들이긴 하지만 우리 젓갈을 남방계와 북방계로 나누어 논의한 것이 탁월하다. 「동아시아 젓갈의 출현과 베트남의 느억맘」(비교민속학 제48집)이 그것이다. 논의를 빌려온다.

한반도의 젓갈은 7세기 후엽 신라의 기록에 처음 등장한다. 6세기경 발간된 『제민요술齊民要術』에 다양한 육장과 젓갈이 등장하는 것이 대표적이다. 현존하는 종합 농서農書로는 가장 오래된 책이다. 동이족 특유의 내장 젓갈과 옹기그릇이 발달했다. 10세기의 "연희식延喜式"에도 젓갈의 기록이 보인다. 물론 모두 지금의 중국 땅에서 간행된 책들이다. 간접적으로 한반도의 젓갈문화를 엿볼 수 있을 뿐이다.

최덕경은 12세기를 전후하여 한반도에 젓갈이 보급 확산되었다고 보고하고 있다. 나는 이 점만큼은 견해를 달리한다. 그보다 훨씬 이전부터 기후와 토양의 영향을 받았을 것이기 때문이다. 어쨌든 중국의 강남정권(송과 명왕조)과의 교류나 세계 제국인 원나라의 등장을 원인으로 꼽고 있다. 남방의 수전水田(쌀농사) 농업문화와 함께 백월 지역 특유의 젓갈인 액젓이 유입되었기 때문이라는 것이다. 이 주장과 함께 그간 한국 젓갈의 최초 기록, 즉 『삼국사기』를 통해 밝혀진 고구려조의 젓갈과 남방의 젓갈은 다른 발전 경로를 가지고 있다고 해명하고 있다.

젓갈을 거론할 때마다 인용하는 구절이다. 『삼국사기』 683년 신라 신문왕 3년의 기록이다. 왕비를 맞이할 '미주유밀장시포해米酒油蜜醬豉脯醢'를 지참했다. 한마디로 말하면 쌀과 기름, 꿀 등을 제외한 나머지는 모두 발효식품이라고 해석할 수 있다. 물론 이것을 오늘날 한국의 발효문화와 바로 연결시키기는 어렵다. 그럼에도 불구하고 우리의 젓갈을 남방계와 북방계로 나누는 견해는 으뜸이다. 여러 자료들에서 거론되는 사슴뒷다리젓, 거북이젓 등의 육장은 북방계일 것이고 조기젓 등의 해산물이나 강물고기의 어장魚醬은 남방계일 것이기 때문이다.

인도차이나의 느억맘과 맘넨

인도차이나 특히 베트남은 우리나라와 더불어 젓갈이 가장 발달한 국가 중 하나다. 느억맘과 맘넨이 대표적이다. 느억맘은 우리로 치

생선을 발효시켜 만든 느억맘. 베트남에서는 우리 식탁의 간장 종지처럼 느억맘이 빠지지 않는다. 사진_ 이윤선

면 액젓에 해당하고 맘넴은 건더기를 포함한 젓갈에 해당한다. 느억맘은 모든 요리의 간을 맞추는 데 사용한다. 마치 우리의 간장과 유사한 용도로 쓰인다. 한국처럼 김치를 저장할 수 있는 기후가 아니기 때문에 신선한 야채를 싸서 먹을 때 주로 소스로 사용한다. 맘넴은 돼지고기를 싸먹거나 반찬 자체로 먹는 경우가 많다.

느억맘이나 맘넴이 베트남 혹은 캄보디아, 라오스 등지에 보편적인 조미료로 정착하게 된 것은 무슨 이유 때문일까? 느억맘은 갈색의 액체다. 인도차이나 전체로 보면 메콩 강 빈탄 주와 푸쿼 섬에서 나오는 것이 가장 좋다고 평가받는다.

전경수가 보고한 바를 인용해본다. 메콩 강 따라서 배 타고 가다 보면, 군데군데 느억맘 냄새가 진동하는 장소를 지난다. 태국에서는 새우나 작은 생선들을 소금에 절이고 독에 담아서 봉한 후, 땅속에 수 개월 동안 저장한다. 결과적으로 진액 상태의 느억맘이 만들어진다. 발효가 시작된 지 2개월 정도가 지났을 때 가장 품질이 좋은 것이 생산된다. 말레이시아에서는 멸치로 만든다. '부두budu'라고 한다. 톤레샵 호수를 가지고 있는 캄보디아의 젓갈은 주로 민물고기로 만든 것이다.

쌀농사 문화권의 단백질 섭취

여러 연구자들이 이구동성으로 지적하는 사항이다. 젓갈은 쌀농사 문화권과 밀접한 관련이 있다. 최덕경도 유사한 의견을 내놓았다. 고온 다습한 수도작 농업지역이기 때문에 젓갈의 전승과 발달을 가져왔다는 것이다.

베트남을 포함한 인도차이나 지역은 몬순 시기가 되면 논은 홍수로 잠긴다. 잠긴 논에는 갖가지 민물고기들이 산란한다. 갑자기 불어난 어린 물고기들이 물이 빠질 때 대량으로 잡힌다. 이 물고기를 보존하기 위한 최상의 방법은 젓갈 가공밖에 없다. 햇볕에 말리는 건정은 우기라 생각할 수도 없다. 베트남의 상징으로 알려져 있는 수상 인형극 '조이느윽'이 발달한 이유도 여기에 있을 것이다. 베트남 북쪽 지방을 처음 여행한 사람들에게 패키지로 수상 인형극을 보여주는 이유이기도 하다.

벼농사와 양어가 자연스럽게 결합된 농법을 낙전稚田이라고 한다. 중국 남부에서 인도차이나 전반에 걸쳐 벼가 자라는 논에 물고기를 키우는 풍경을 볼 수 있다. 마을마다 혹은 집집마다 작은 웅덩이를 만들어 물고기를 키우기도 한다. 이들 물고기의 저장 패턴이 어장이라는 젓갈의 출현과 관련 있다는 것이 논의의 핵심이다.

중국 남부나 인도차이나를 비롯, 한국과 일본 모두 이런 생태적 조건을 가지고 있다. 젓갈문화가 공유된다는 뜻이다. 연구자들에 의하면 쌀농사권에서 물고기를 잡거나 키워 말리거나 젓갈 등으로 활용하는 것이 단백질 섭취와 관련 있다고 말한다. 쌀은 탄수화물이 대부분이기 때문에 물고기를 이용한 단백질 섭취가 없을 경우 구루병 등 건강에 심각한 위해를 끼치기 때문이다.

이항대립을 넘어, 접신의 발효론까지

일찍이 레비스트로스는 익힌 것과 날것을 이항대립으로 이해하여 인류의 세계관을 정리한 바 있다. 구조주의 인류학의 아버지라 불리는 이유가 이 대칭성이라는 구조를 밝힌 데 있다. 하지만 전경수는 발효식품을 매개로 또 다른 모색을 할 수 있음을 주장한다. 익힌 것과 날것의 사이에 있는 아니, 그것과는 전혀 다른 발효식품을 문화적으로 정리해보자는 뜻으로 이해된다. 보존의 과학, 접신의 미학으로 연결시킨다. 탁견이다.

그의 논의를 좀 더 빌려본다. 동남아시아의 모든 지역에서 새우나 생선으로 만드는 액젓 종류들과 동아시아의 대표적인 콩 제품인 된장 종류들이 모두 발효의 과정을 거친 보존식품들이다. 식품의 장기간 보존을 위한 기능적인 방법으로 창안된 것이 발효라는 과정이다. 멕시코의 선인장을 원료로 만든 '풀케'와 안데스의 옥수수로 만든 '치차', 아마존의 '마사'가 사례다. 내가 조사했던 미크로네시아의 갖가지 술들도, 그리고 한국의 청주(막걸리 웃국)도 모두 알코올 성분이 만든 발효 음료다.

무슨 음식들일까? 모두 신을 부르고 만나는 문화들과 연결되어 있다. 한마디로 접신 기능이다. 세계적으로 발효식품이 갖는 의미가 그만큼 크다. 유산 발효와 젖산 발효가 그 중심에 있다. 이를 몸과 정신의 상관으로 풀어낸 것이다.

근자에 막걸리 바람이 불어 전국 각처에 막걸리집 천지다. 전통에 대한 향수나 복원으로만 볼 수 없는 현상이다. 식초를 비롯한 각종 발효음식들에 대한 호응이나 기대 또한 높다. 나는 식품공학적으로 그것이 어떤 기능을 하는지는 알지 못한다. 다만 꿈꾸듯 추적할 뿐이다. 이들 발효식품들이 가지는 우리나라의 위상과 동아시아의 권위에 대하여, 그것들이 스며들어 그윽해진 문화들에 대하여.

쌀농사 문화권에서 젓갈이 발달할 수밖에 없는 생태적 조건이 단백질의 섭취에 있음을 살펴봤다. 이외에 생각해 볼 수 있는 것이 강과 바다 즉 뭍과 물이 만나는 반도나 섬의 생태적 조건이다.

예컨대 베트남은 인도차이나 반도의 절반이 넘는 해안선을 보유한 나라다. 메콩 강의 직접적인 영향권에 있다. 긴 해안의 어로문화와 메콩 강을 중심으로 하는 강변문화가 이를 추동하지 않았겠는가 생각해 본다. 라오스, 캄보디아 등의 동남아시아 대부분의 나라들도 마찬가지다. 톤레삽 호수 등 무수히 크고 작은 민물웅덩이를 포함해 메콩 강 어로문화의 영향권 안에 있다. 특히 열대지방이고 고온 다습하기 때문에 젓갈 자체보다는 이를 재가공하는 액젓으로 활용하는 것이 활용도를 높일 수 있다. 건더기가 있는 맘넴보다 액젓인 느억맘이 베트남 젓갈의 주류를 이루는 이유일 것이다.

또 한 측면은 우리나라처럼 한겨울을 나기 위해 채소를 저장할 필요가 없다는 점이다. 이 채소들을 식용할 때 반드시 필요한 것이 소금 즉 간^鹽이다. 우리나라는 김치를 만들기 위해서 액젓을 양념으로 사용하는 데 비해 베트남을 비롯한 인도차이나는 채소를 따로 먹기 때문에 액젓 또한 직접 먹는 방식으로 발달했다. 식품학적으로 많은 논의들이 있었지만 이를 문화적으로 풀어낸 연구들이 태부족이다. 아시아 발효문화권에 대한 공동 연구부터 강화해나가는 것이 필요하지 않을까 생각한다.

나비야 청산가자

아버지가 돌아가신 여름밤이었다. 수백 마리가량 되는 나비 떼들이 우리 집으로 몰려들었다. 장관이었다. 어른들은 자꾸만 손을 내저어 나비들을 내쫓았다. 하지만 어린 나는 그 나비들을 쫓아내지 말았으면 싶었다. 마치 흰 날개의 천사 같았기 때문이다. 희미한 전깃불을 찾아 날아든 나비무리가 어찌나 아름답던지 넋을 놓고 바라보았다. 어린 내 영혼을 흔들어놓았다고나 할까. 우리 마을에 전깃불이 들어온 지 얼마 되지 않은 때라 그랬을 수도, 아니면 나비들이 아버지의 영혼을 모셔가기 위해 그랬을까? 그때의 의문은 내가 성장해서도 풀지 못했다.

　나이가 들고서야 이 나비들이 긴꼬리산누에나방 혹은 밤나무나 참나무누에나방들 중 하나라는 것을 알게 되었다. 이들 누에나방을 통칭하여 산누에나방이라 하고, 이들이 만든 고치를 천잠天蠶이라 한다는 것, 나비와 나방이 다르다는 점도 알게 되었다. 색깔이 하얗게 기억되는 것은 아마도 날개가 흰색이었기 때문일 것이다. 아니

남도에서 만나는 세계의 얼굴

면 밤나무나 참나무에 기생하던 나방들이 약한 전구 불빛에 반사된 까닭이었을 것이다. 정확하지는 않다. 하지만 내게 그날의 나비(나방)들은 흰 날개를 단 요정이었음이 분명하다. 내 아버지의 영혼을 모셔가기 위해 날아온 선녀들 말이다. 이후 흰 날개 요정들이 우리 집으로 다시 날아왔는지 기억에 없다. 다만 생각한다. 아버지가 그 나방들을 타시고 아마도 머루 다래 진달래 지천인 청산으로 날아가셨을 것임을.

청산에 든 산누에나방들

나뷔야 청산가쟈. 범나뷔 너도 가쟈
가다가 저무러든 곳듸 들어 자고 가쟈
곳에서 푸대접 ᄒ거든 닙헤셔나 ᄌ고가쟈

작자 미상의 시조다. 조선 후기 김천택의 시조집 『청구영언靑丘永言』에 들어있다. 현존하는 시조집 중에 가장 오래된 것으로 평가받는다. '나비야 청산가자' 시조는 평시조 계열의 우조 시조로 분류한다. 흔히 시조창으로 불리지만 경기민요 노랫가락의 한 곡으로 불리기도 한다. 그만큼 사랑을 많이 받은 시조요, 노래라는 뜻이다.

옛말을 풀어본다. '나비야 청산가자, 범(벌)나비 너도 가자. 가다가 저물거든 꽃에 들어 자고 가자. 꽃에서 푸대접하거든 잎에서나 자고 가자.' 두 가지의 해석이 가능하다. 화자가 일상 속에서 찾는 유희의 단면이 하나다. 현실을 떠나 어느 청초한 청산에 들어 꽃나비 벗하여 쉬고 싶은 욕망이다. 하지만 대개는 화자가 나비에 투사한 대자연의 품, 곧 자연이라는 이상향으로 풀이한다. 청산을 유토피아로 해석한 다고나 할까. 고려조에서 조선에 이르는 이상향이니 지금의 유토피아와는 좀 다른 개념일 수도 있다. 세속에서 먼 세계인 것은 분명하다. 지금 말로 바꾸면 천국이나 극락일 수도 있겠다. 일상으로 찌든 삶을 떠나 꽃이나 꽃나무들의 품속으로 귀의하려는 소망이리라.

『청구영언』을 엮은 것은 1728년이지만 이 시조들은 고려 말 이래의 998수를 대상으로 삼았다. 고려시대까지 혹은 더 이상의 시대까지 거슬러 올라가는 노래라는 의미다. 그러고 보니 나비를 매개 삼아 청산에 이르는 인문학적 상상은 훨씬 거슬러 올라간다.

장주와 나비

장주(장자)가 꿈에서 나비가 되었다. 자유롭게 훨훨 날아다녔다. 꿈에서는 나비가 장주인 줄 알지 못했다. 홀연히 잠에서 깨어보니 다시 장주로 돌아와 있었다. 알지 못하겠다. 장주가 꿈에 나비가 된 것인가, 나비가 꿈에 장주가 된 것인가?

이 꿈 고사를 장자가 말한 까닭이 있다. 『장자』「제물편」에서 이렇게 말한다. "장주와 나비 사이에는 반드시 구분이 있다. 이것을 만물의 변화라고 하는 것이다." 무슨 뜻일까. 역설적으로 장주와 나비 사이에는 구분이 없다는 뜻이다. 만물은 구분되는 것이 아니라 변화의 대상이라는 것. 호접몽은 장자를 인용할 때마다 거론하는 대표

남도에서 만나는 세계의 얼굴

고사이기에 아예 사자성어로 정착되어 있기도 하다. 하지만 이 고사를 호접춘몽 혹은 일장춘몽이라 해석하여 삶의 부질없음으로 독해하는 것은 잘못이다. 오히려 삶의 변화를 인지하고 그 변화를 추동하는 메커니즘으로 주목하는 것이 장자를 옳게 이해하는 길이다.

장주와 나비는 반드시 구분이 있으나 그 또한 장주의 마음에서 비롯된 것이니 하나의 변화일 뿐이라는 것, 이 변화무쌍을 확장하여 해석하면 원효의 성속일여聖俗一如 혹은 진속일여眞俗一如와도 유사하다. 물아일체物我一體나 염정불이染淨不二와도 같다. 성스러움과 속됨이 하나니 삶이 부질없다는 뜻인가? 그렇지 않다. 속됨 속에 성스러움이 있고 성스러움 속에 속됨이 있다는 뜻이다. 나는 이 속됨 안에 깃든 성스러움을 더욱 중요하게 생각하고 있다. 때때로 관련한 상황을 들어 낮은 자들의 권위라 호명하는 이유가 여기에 있다. 여기서의 나비는 장자의 메시지를 전달하기 위해 고안된 미디어다.

4대에 걸쳐 대륙을 횡단하다

수년 전 남태평양의 여러 섬들을 돌며 풍속을 조사할 당시 놀라운 사실을 알게 되었다. 태평양을 횡단하는 나비들에 관한 이야기였다. 철새만이 아니라 수많은 곤충들도 이동하고 회귀한다는 사실도 알게 되었다. 태평양의 사례는 아니지만 아메리카를 중심으로 보고되어 있는 제왕나비가 그 상징적인 대상 아닌가 싶다.

백과사전에는 제왕나비 외 군주나비Monarch butterfly로도 나와 있

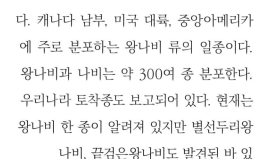

다. 캐나다 남부, 미국 대륙, 중앙아메리카에 주로 분포하는 왕나비 류의 일종이다. 왕나비과 나비는 약 300여 종 분포한다. 우리나라 토착종도 보고되어 있다. 현재는 왕나비 한 종이 알려져 있지만 별선두리왕나비, 끝검은왕나비도 발견된 바 있다. 제주왕나비도 태백산맥을 넘어 북한의 원산까지 여행한다는 보고가 있다. 하지만 구체적인 정보는 확인하지 못했다. 생태에 관한 관찰조사가 아직 안 되어 있는 듯하다.

4대륙을 횡단하는 제왕나비. 그림_ 다할미디어

제왕나비들은 아메리카 대륙을 횡단한다. 베른트 하인리히가 쓴 『귀소본능』이라는 책을 인용한다. 제왕나비는 수천 킬로미터를 스스로의 힘으로 이동한다. 철따라 이동하는 그 밖의 수많은 곤충들과 달리 제왕나비 떼는 정기적으로 쌍방향 이동을 한다. 하지만 다른 곤충 이주자들처럼 되돌아오는 나비와 떠나는 나비가 같지 않다. 대를 이어 그 길을 날아가고 날아오기 때문이다. 캐나다 중부에서 멕시코 해안까지 왕복 5,000km를 4대에 걸쳐 이동한다. 겨울나기를 위해 가을에 남쪽으로 이동했던 제왕나비는 이듬해 봄이 되면 북쪽으로 되돌아오다가 도중에 잠시 멈춰 알을 낳고 죽는다. 알에서 부화해 다 자란 2세대는 북쪽으로 여행을 계속한다. 나고 죽으며 날기를 반복해 4대에 이르러서야 그들이 목적했던 장소에 귀소歸巢하게 된다. 이 여행은 반복된다. 실로 경이롭지 않을 수 없다. 가히 한 세

남도에서 만나는 세계의 얼굴

계에서 다른 세계로 이동하는 날것들이라 할 만하다.

과학자들은 이 여행의 목적을 몇 가지 방식으로 읽어내고 있다. 문외한인 나는 아무리 설명을 들어도 잘 알지 못하겠다. 다만 인문학적으로 상상할 따름이다. 대를 이어 날아가는 이 여행의 목적지가 아마도 대를 이어 꿈꾸는 유토피아일 것이라는. 마치 우리 선조들이 나비 몰고 가고자 했던 청산靑山처럼 말이다.

나비가 돌아올 때 생각나는 것들

시조 '나비야 청산가자'를 들어보고 장자의 호접몽을 얘기하니 알겠더라. 나비가 시대를 관통하여 공유되는 이상 세계의 매개자라는 것을. 아메리카 대륙을 대를 이어 횡단하고 귀환하는 제왕나비들을 보니 알겠더라. 나비들이 데려오는 것이 사실은 저세상의 영혼들임을. 실제로도 그렇다. 나비들은 이 꽃 저 꽃을 날아다니며 꽃가루를 운반한다. 가루받이(수분受粉)하는 곤충들이 많지만 그중에서도 벌과 나비는 매개의 기능을 하는 으뜸이다. 이들이 없으면 수정과 유성생식에 이르지 못할 것이기 때문이다. 꽃에서 꽃을 연결하고 이 공간에서 저 공간을 연결하는 매개 기능을 인문학적으로 차용한 것이 이승과 저승의 매개자 아니겠는가.

마침 멕시코에서는 제왕나비들이 도착하는 시기에 맞춰 의례를 행한다. 미초아칸 지방을 중심으로 열리는 '죽은 자들의 밤'이라는 명절이자 축제다. 이들은 제왕나비가 조상들의 영혼이라고 생각한다.

죽은 자의 빵을 만들기도 하고 망자를 상징하는 해골 모양의 다양한 장식들을 준비한다. 죽은 자가 있는 묘지는 이들의 축제 장소다. 해골이란 뜻의 '칼라베리타'를 외치며 죽은 자들의 선물들을 주고받는다.

이 축제에 대해 연구해보지 않아 잘 모르겠지만 죽음을 놀이로 승화시킨 이 생각들이 도대체 어디서 온 것일지 궁금하다. 그 단서가 나비다. 이곳은 제왕나비 보호구역이다. 유네스코 세계문화유산으로 지정되어 있다. 수많은 관광객들이 제왕나비들의 겨울잠 풍경을 보려고 몰려든다. 주민들은 나비 앞에서 소원을 빈다. 나비가 바로 자신들의 조상이라 생각하기 때문이다.

나는 『산자와 죽은 자를 위한 축제』라는 책을 내면서 '진도의 재생의례'라는 부제를 붙였다. 죽은 자들을 위한 축제가 사실은 또 다른 모습으로 부활하는 재생의례라는 뜻이다. 아버지가 돌아가신 날 마치 요정처럼 우리 집에 수십수백으로 날아들던 산누에나방들을 잊지 못한다. 그 날갯짓들이 오늘 여기로 나를 데려왔는지도 모른다. 대를 이어 날아가고 대를 이어 날아오는 제왕나비들의 귀환 시기에 맞춰 죽은 자의 축제를 개최하는 것, 문화도 다르고 대륙도 다르지만 맥락은 같지 않겠는가?

나비를 보면 청산에 이르신 아버지가 생각난다. 어머니가 생각난다. 장자가 호접몽에서 비유했듯이 나비가 된 아버지는 나와 분리되어 있어도 하나다. 원효의 언술대로라면 성속일여다. 사무치도록 그립다. 혹여 장마 개인 어느 여름밤 수십수백의 나비 되어 훨훨 날아오지 않으시려나.

남도에서 만나는 세계의 얼굴

산누에나방과 멧누에나방은 다르다. 멧누에나방을 양잠누에의 야생형으로 생각하기도 한다.

　산누에나방에는 긴꼬리산누에나방, 옥색긴꼬리산누에나방, 참나무산누에나방, 밤나무산누에나방, 가중나무고치나방, 유리산누에나방, 달유리고치나방, 부엉이산누에나방, 네눈박이산누에나방, 작은산누에나방 등이 보고되어 있다.

　누에나방이 만들어낸 고치에서 실을 뽑아 만든 천이 명주明紬다. 명주실로 짠 천을 통칭하여 비단緋緞이라 한다. 명주 자체가 곱고 부드럽기 때문에 어떤 대상을 순화하는 속담이나 인용구들도 많다. 특히 우아하고 격조 있는 상태를 비유할 때 '비단 같다'는 말을 사용한다. 그만큼 빛깔이 곱고 촉감이 좋다는 뜻이다.

　흔히 야생누에에서 뽑아낸 실로 만든 것을 천잠天蠶, 곧 야생명주(Wild silk)라 한다. 반대로 농가에서 길러낸 누에고치 천은 양잠養蠶이라 한다. 하지만 양잠의 연대가 고대로 거슬러 올라가기 때문에 양잠 명주를 양식 명주라 말하는 것은 맞지 않다. 우리나라에서 천잠이 생산되는지는 내가 알지 못한다. 차후 정보를 더 갈무리하여 누에나방의 생태와 식생을 수정해나갈 예정이다. 틀린 부분들이 있으면 지적해주시기 바란다.

고래를 돌려주세요

흑산도 사리에 살았던 박유석 씨 얘기다. 한번은 혼자 물고기를 잡으러 먼 바다에 나갔다가 풍랑을 만나게 되었다. 배가 망가져 표류했다. 그때 고래 한 마리가 다가와 박유석 씨 배를 등에 태우고 왔다. 박 씨를 해안에 안전하게 내려준 고래는 유유히 풍랑 속으로 되돌아갔다. 구사일생으로 목숨을 건지게 된 것이다. 그래서 박 씨 집안은 고래 고기를 먹지 않는다. 생명의 은인인 고래를 고기로 먹을 수 없어서였으리라.

흑산도를 다시 고래의 섬으로

혹시 지어낸 이야기는 아닐까? 내게 이야기를 들려주던 이가 깜짝 놀라는 눈으로 손사래를 친다. "실제라니까 그러네." 박 씨네 아들, 손자들 이름을 줄줄이 댄다. 사실이었던 모양이다.

남도에서 만나는 세계의 얼굴

고래 하면 누구나 장생포를 떠올린다. 울산(울주) 반구대가 있고 고래축제까지 하고 있으니 그럴 만도 하다. 나주 사람 백호 임제도 「풍악록楓岳錄」에서 "큰 새처럼 생긴 몸집이 새까맣고 물을 뿜어대면 눈발 같고 소 울음소리를 내는" 고래를 언급했다. 강원도 간성을 여행하며 남긴 기록이다.

하지만 고래가 동해나 울산에만 있는 것은 아니다. 남도에서 고래가 거론되는 지역은 어디일까? 대표적인 곳이 흑산도. 사람을 살린 고래 이야기 때문만이 아니다. 1900년도 초기 흑산도는 참고래, 대왕고래, 귀신고래, 혹등고래 등 대형 고래들을 포획하는 기지였다. 이주빈이 쓴 학위논문을 보면 일제가 설치한 대흑산도 포경 근거지에서 1926년부터 1944년까지 한반도 근해 고래 포획량의 1/4이 넘는 27.4%를 포획했다.

주강현의 논의를 빌어 독도의 강치 멸종사와 흑산도 고래 집단학살사건을 동일한 의미로 해독해내고 있다. 근거들은 많다. 고래공원이 조성되어 있는 흑산도 예리 뒷산은 지금도 곤삐라산(금비라金比羅, 비를 오게 하고 항해의 안전을 수호하는 신)이라 부르는데, 이곳에 신사를 세우고 도리이[鳥居]의 좌우 양 기둥을 고래 턱뼈로 세우기도 했다. 흑산도를 다시 고래의 섬으로 부르게 하자는 이주빈의 제안은 단지 마을 역사 추적이나 마을 가꾸기의 차원을 넘어서는 얘기다. 지금의 황폐해진 어로 환경과 해양 환경을 보면 그 까닭을 알 수 있다.

사람을 살려낸 고래 이야기가 많은 것은 아니다. 동해안을 중심으로 고래 뱃속에 들어갔다 살아 돌아온 이야기들이 전한다. 성경의 '요나' 이야기 버전일까? 이보다는 나라 밖 차원에서 좀 더 추적해 볼 일이다.

풍랑 속에서 사람을 살려낸 베트남의 고래들

중국의 사례는 검토해보지 못했으니 차후를 기약한다. 베트남은 고래를 신으로 모시는 신당들이 해안을 따라 즐비하다. 가히 경신鯨神의 나라다. 중부지방 칸화Khanh Hoa에는 고래 신당이 50여 개나 있다. 남쪽 메콩 델타의 뺀채Ben Tre에는 12개의 고래 신당이 있다. 당연히 고사 등의 이야기도 많다. 이를 연구한 레 티 응옥 깜에 의하면 고래신은 베트남의 비엣족[越族]이 남진(참족을 밀어내며 남쪽으로 국토를 확장해 갔음)하는 과정에서 생겨났다. 때문에 중·남부 동해안 지역에만 있고 북부 지역에는 드물다. 베트남의 긴 해안을 따라 중부 후에 지역에서 남쪽 호치민에 이르기까지 광범위하게 분포하는 이유가 여기 있다. 여러 형태의 전설과 의례들이 있다. 그중 대표적인 것은 응엔 왕조 혹은 관음신앙 설화다.

고래신은 응엔 왕의 화신일까

응엔Nguyen 왕조를 건국한 자롱Gia Long(1762~1820)이 왕자였을 때다. 떠이선Tay Son의 추격을 피해 남쪽으로 도망을 갔다. 떠이선의 배가 강어귀에 도착할 즈음 하필 태풍이 불어 배가 가라앉기 시작했다. 자롱은 하늘에 기도했다. 그때 놀라운 일이 생겼다. 고래 한 마리가 나타나더니 배 밑으로 들어가 밤랑Vam Lang 해변까지 안전하게 피신시켜주었다. 자롱은 구사일생으로 목숨을 건져 새로운 나라를 세

다낭 남오 마을 고래 사당에는 장사 지낸 고래 뼈를 항아리에 모셔둔다. 이 마을 해변에 줄지어선 바구니배들. 사진_ 이윤선

울 수 있었다.

　이외 관음보살에 관한 설화도 여러 버전이 있다. 어부들이 고생하는 것을 보고 마음이 아팠던 관음이 법의法衣를 작은 조각으로 찢어 바다에 던져주었다. 옷 조각은 각기 고래로 변해 태풍 속의 어부들을 구해주었다. 하지만 고래가 작아서 강한 태풍에서는 사람을 구할 수 없었다. 관음은 코끼리의 뼈를 빌려 큰 체격의 고래로 화하게 했다.

베트남에서 고래를 '코끼리 물고기'라고 부르는 이유가 여기에 있다.

비엣족뿐만 아니라 참족들을 포함해 봉황이나 상인의 화신으로 등장하는 이야기들도 허다하다. 거북 설화로 연결되는 이야기들은 차후를 기약한다. 우리나라의 경우, 이와 유사한 이야기는 주로 불교의 경어鯨魚나 목어木魚 맥락에서 전해지고 있다.

세계의 고래 축제에서 우리가 주목해야 할 것들

베트남 해안에서는 고래가 죽어서 떠밀려 오거나 혹은 죽게 되면 해안 모래사장에 장사를 지낸다. 고래 장례식이다. 마을마다 차이는 있지만 약 3년여 매장해두면 탈골이 된다. 마치 사람처럼 매장 후 3일, 21일, 49일, 100일, 1년, 3년 의식을 치른다. 탈골이 확인되면 뼈만 추려서 신당 안의 항아리에 모신다. 내가 3년여 조사했던 베트남 다낭 남오 마을의 고래 사당에서 이를 확인할 수 있었다. 고래의 이차장이라고나 할까? 내 자료가 보완되면 동아시아 전반을 관통하는 이차장의 맥락을 고래를 매개로 해서도 이야기하게 될 것이다.

고래 뼈를 항아리에 모시는 과정들은 사실상의 축제다. 제사가 있고 배 경기가 있으며 춤과 노래와 향연이 있기 때문이다. 울산 고래축제가 자연스럽게 연상된다.

페로어의 고래사냥whale hunting in Faroese 축제는 그 잔인한 장면만으로도 세계의 이목을 집중한다. 스물한 개의 군도로 이루어진 이 작은 섬에서 무려 1,200년이나 이어져 내려오는 전통 축제이기도 하

남도에서 만나는 세계의 얼굴

다. 아이러니한 것은 이들이 살육하는 고래들이 선원들의 길잡이 노릇을 한다고 알려진 들쇠고래 Pilot Whale라는 점이다. 더군다나 이 주변의 섬들은 2007년 「내셔널 지오그래픽」에서 선정한 세상에서 가장 아름다운 섬이다. 뭔가 뒤틀려 보인다. 바이킹의 후예들답게 그들의 전통적 방식을 고수해왔으니 존중되어야 할까? 글쎄다. 우리가 개고기를 먹는 풍습을 전통이라 주장하는

남오 마을의 고래 축제 모습. 사진_ 이윤선

것처럼 저들도 그리 주장하지 않겠는가?

고래를 살리고 돌아오게 하는 섬

고래는 이미 문학적으로나 설화적으로, 사회적으로 일종의 은유(메타포)가 되어 있다. 포경수술을 고래잡이에 빗대는 이유는 따로 설명할 필요조차 없다. 실제로 '고래 경鯨' 자에는 '고래의 수컷', '들다',

'쳐들다' 등의 의미가 있다. 그래서 여름만 되면 고래고래 고함을 질러대며 송창식의 〈고래사냥〉을 불렀던 것일까?

오늘의 주제 흑산도의 고래로 돌아온다. 베트남의 사례와 페로어의 사례를 단순하게 비교할 수는 없다. 저마다 처한 환경과 역사가 다를 것이기 때문이다. 그럼에도 불구하고 선호에 대한 답은 비교적 명료하다. 그 행위들이 오늘날 나라와 민족과 인류에게 미치는 영향 속에서 찾을 수 있을 것이기 때문이다.

다시 이주빈의 논의를 빌린다. 고래를 살리고 고래를 돌아오게 하는 고래의 섬 흑산도를 꿈꾸기 위해 우리가 할 수 있는 일들이 무엇일까? 베트남을 교훈 삼고 흑산도 박 씨 집안의 사례를 주목할 필요가 여기 있을 것이다. 포획과 멸종의 상관을 성찰하는 것이 기본이다. 어찌 되었든 나라마다 민족마다 또 문화권마다 내면화된 고래들이 있다. 신화와 문학으로 고래를 노래한 지 오래다. 저마다의 가슴속에 고래 한 마리씩 키우고 있는 셈이다. 장마가 끝나면 본격적으로 여름이 시작된다. 올 여름, 고래의 섬 흑산도에서 저마다 가슴에 담아둔 희망의 다른 이름 그 고래들을 잡아보는 것은 어떨까.

남도에서 만나는 세계의 얼굴

딱히 알려진 어원은 없는 듯하다. '골짜기[谷]에서 물을 뿜는 입구'라고도 한다. 도교 관련 설화가 있다. 용왕의 아홉 아들 중 셋째인 포뢰蒲牢와 관련된다는 이야기다. 바다에 사는 어떤 큰 생물을 무서워해서 그것만 나타나면 큰 소리로 울어댔다. 이 호명이 와전되어 '포뢰'가 '고뢰'가 되었다는 것.

고래는 포유강 고래목의 동물을 통틀어 이르는 말이다. 본래 포유류다. 수중 생활에 적응하여 뒷다리는 퇴화했다. 앞 지느러미가 앞다리다. 털은 퇴화하고 피부에는 두꺼운 지방층이 있다.

전 세계에 100여 종이 있다. 대부분 멸종 위기에 처해 국제적으로 보호받고 있다. 4~5미터를 기준으로 삼고 이보다 작은 고래는 돌고래, 큰 것은 고래라 한다. 범고래는 돌고래인데 흰줄박이물돼지라고 하며 10미터가 넘는다. 흰긴수염고래는 최대 30미터까지 자란다고 한다.

고래의 종류로는 강거두고래, 가두고래, 귀신고래, 대왕고래(흰수염고래), 돌고래, 밍크고래, 범고래, 부리고래, 상괭이, 일각고래, 참고래, 큰돌고래, 향유고래, 혹등고래, 흰돌고래 등이 있다. 향유고래나 범고래는 육식을 한다.

고래의 산물로는 고래 고기, 고래 기름, 고래 수염 등이 있다. 우리가 '고래 심줄(힘줄)' 얘기를 많이 듣고 자란 까닭은 고래의 힘줄이 강하기도 하지만 고래 기름 등 요모조모 용처가 많았기 때문이다.

지금은 고래를 보호할 시기다. 일시적인 금어기를 만들어 각종 어종들을 보호하는 것처럼 일정한 기간 유사한 제도를 만들어 시행하는 것이 필요하다. 우리가 먹는 고래 고기의 상당 부분이 불법이라 한다. 있는 제도마저도 지키지 않는다는 뜻이다. 고래는 거대한 회유로를 따라 월경越境하니 국제적 규약과 연동해야 한다.

이곳저곳에서 고래 보호구역 지정에 대한 논의들이 활성화되어 있다. 국제 환경단체 그린피스의 활약이 눈부시다. 차제에 흑산도의 고래 관련 기억을 환기시키기 위해서는 국내뿐 아니라 국제적 연대를 도모하는 것이 긴요하다. 사람이 하는 일이다. 일을 성사시키려면 모이고 의논하는 것이 우선이다.

베니또의 오 씨 아버지

미크로네시아 추크 주 피스 섬^{Piss island}은 추크 아톨(산호)을 이루는 섬들 중 가장 북쪽에 위치한다. 이들 섬은 모두 산호초로 둘러싸여 있다. 섬 이름 뒤에 '아톨'을 붙여 예컨대 '피스 아톨^{Piss Atoll}' 등으로 부른다.

산호초 위에 얇은 땅이 형성되어 코코넛, 바나나, 브레드 푸룻 등의 나무들이 자라고 있다. 내가 함께 조사했던 핑글랩 아톨^{Pinglap Atoll}과 마찬가지로 타로 페치(구근 경작지)에서 난 타로 뿌리들을 활용해 갖가지 먹거리를 만든다. 주로 동절기에 꺼내 먹는다. 고기는 거의 작살을 이용해 잡지만 때때로 그물도 사용한다.

주 사무소가 있는 웨노에서 피스 섬으로 들어가기 위해서는 사선을 타야 한다. 나는 웨노에서 피스로 들어가는 선외기를 주로 이용했다. 베니또^{Benito} 시장의 배다. 시장이라 하니 도시의 시장쯤으로 오해할 만하다. 그러나 그야말로 마을 하나 있는 작은 섬의 리더, 우리로 치면 마을 이장 정도에 해당한다. 그래도 공식 호명을 시장이라 한다. 체제가 그렇게 되어 있기 때문이다. 인근 핑글랩 섬에는 아직도 왕이 있다. 폰페이에 나와 살고 있지만 어엿한 왕국의 왕 자격을 지니고 있다.

이곳 피스 섬은 일찍이 가톨릭 문화권이 되었다. 선출해서 뽑는 지도자, 가톨릭을 중심으로 한 종교 지도자, 본래 왕국의 리더였던 왕 등 지도 그룹이 분할되어 있다. 이 시스템들이 어떻게 가동되는지 알려면 충분한 기간 함께 거주해야만 한다.

2차대전이 만든 오 씨 아들

베니또는 일본식 이름인 듯했다. 아버지를 한국인 오 씨로 기억했다. 때는 제2차 대전, 일본군으로 징용된 군인의 이름이 오 씨였다. 현지인 아내를 들였던 모양이다. 베니또를 임신했을 무렵 전쟁이 끝났다. 일본군으로 전쟁에 나섰던 이들이 대거 소환되었다. 베니또의 아버지 오 씨는 어디로 소개疏開되었을까? 아마도 일본, 아니면 북간도나 중국 동북 삼성의 어디였을 것이다. 그저 아버지가 오 씨라는 것 외에는 알려진 것이 없다.

베니또는 어려서부터 영특했다. 저축이나 비축의 개념이 별로 없는 남태평양 사람들과는 많이 달랐다. 국립 폰페이 수도대학Capital Pohnpei University을 졸업했다. 내게 졸업장을 보여주며 스스로 자랑스러워하는 모습을 확인할 수 있었다. 피스 섬 초등학교 교장을 역임했다.

나는 베니또의 집에 머물렀다. 날이면 날마다 베니또와 차를 마셨다. 흔들리는 바람과 나무와 바다에 대해 얘기했다. 섬 사람들을 만나 살아가는 이야기를 들었다. 때때로 그물 침대에 누워 출렁이는 파도소리를 들었다. 산호로 이루어진 섬이라 내안을 '코랄 리프 인사이드 오브 코스트 Coral reef inside of Coast'라고 한다. 때때로 그 안에 들어가 조개를 잡았다. 매일 밤이면 베니또의 딸들이 들려주는 추키 노래 Chuukese Song를 들

한국인 아버지를 둔 피스 섬 시장 베니또.
사진_ 이윤선

었다. 가톨릭 노래화한 선율로 저녁마다 새로운 사랑노래를 불러주었다. 함께 웃고 박수 치며 즐거워했다. 베니또가 혹시 아리랑을 부를 수 있는지 주문해봤지만 미디어를 통해서 접한 것이 전부였다.

라포를 형성하는 '푸'

날마다 몇 번씩 '푸'를 씹었다. 푸 열매와 '와나완' 잎을 섞어서 씹는다. 여기에 조개를 갈아 만든 석회를 섞고, 거의 대부분 '수파(담배)'를

섞는다. 이것을 통칭하여 '라임'이라고 한다. 물론 라임은 조갯가루로 만든 석회 이름이다. 작은 열매는 태평양 지역에서 흔히 볼 수 있는 것이다. 와나완 잎은 향기를 내게 한다. 맛을 도와주는 역할도 한다. 일상적으로 씹어서 물을 뱉어내는 기호음식이다. 수파를 좀 더 섞거나 라임의 양을 늘리면 거의 무아지경에 이르게 된다. 일종의 마약이다. 푸를 씹으면서 입안에 물이 고이면 마치 피를 뿜어내듯 뱉어낸다. 씹은 액이 몸에 심대한 피해를 주기 때문에 삼키지 않는다. 수시로 뱉어내는 이유가 여기에 있다.

수파는 인도네시아산을 선호한다. 적도가 가까운 곳일수록 그 맛이 독하기 때문일 것이다. 토방 밑 흙에서 기생하는 균이 락토바실러스다. 정주 민족들에겐 이것이 DNA에 해당한다. 피스 섬 사람들에겐 마치 라임이 그와 같다. 처음에 라임을 씹는 것이 매우 역겨웠다. 날이 갈수록 많이 익숙해졌다.

푸는 사실 고대의 의식행사에서 반드시 행했던 의례다. 내가 공부한 바에 따르면 태평양 지역을 관통하는 전통이다. 잘은 모르겠지만 적어도 수백 년 전에 어딘가에서 태평양 지역으로 수입된 문화다. 현재 수도 폰페이 등지에 자생 푸가 많이 자라고 있다. 재배도 한다.

우리는 대화할 때뿐만 아니라 휴식할 때조차도 수시로 푸를 씹었다. 이들과 푸를 같이 씹는 것은 일종의 '라포' 형성이다. 관계를 트기 위해서는 필수적으로 씹어야 하는 의례다. 마치 근대기의 중국이나 우리의 남자들이 담배를 나누어 피던 시절을 떠올리게 한다. 이 의례에 동참하지 않으면 마음을 열지 않기 때문이다.

　　　　　　　　　　　南도에서 만나는 세계의 얼굴

금주의 섬에서 먹는 특별한 음식

코코넛 꽃봉오리를 자연 발효시켜 만든 술이 '아찌'다. 이것을 한 번 더 숙성시키면 '투바'라는 술이 된다. 피스 섬은 지금 금주의 땅이 되었다. 좁은 땅덩어리에서 범죄 등을 관리하기 힘들었기 때문이다. 그 이전에는 이런 술들을 많이 마셨다. 특히 종교의례에서 빠질 수 없는 품목이었다.

타로 뿌리를 갈아 즙을 발효시킨 술을 핑글랩 섬에서는 '사카우'라고 한다. 폰페이를 중심으로 한 전역의 전통이다. 브레드 푸룻을 짓이겨 발효시킨 '아봇트'도 이들에게는 매우 중요한 음식이다. 한국의 장류와 같은 것이다. 핑글랩 섬에서는 이를 '마르'라고 한다. 브레드 푸룻을 잘 짓이기고 다져서 일정한 묶음씩 땅 속에 파묻는다. 때때로 구더기가 생기기도 하지만 이것이 문제가 되는 것은 아니다. 1년 후 꺼낸 아봇트는 역한 냄새를 풍긴다. 그러나 발효된 음식이기에 소화를 돕는데 최상이다. 나도 역겨움을 무릅쓰고 식사에 활용했다.

피스 섬의 추수감사절에는 특별한 음식을 먹는다. 보신탕이다. 내가 조사하던 당시에도 베니또의 가족들이 개를 한 마리 잡았다. 전통적으로 1년에 한 번 혹은 두 번 정도 개를 잡아서 육고기를 섭취한다. 개고기는 땅을 파고 모래로 덮은 뒤 익힌다. 위에다가 코코넛 마른 열매들을 태워 숯을 만든 뒤 불을 핀다. 이들에게 개고기는 특식이다. 쌀 주식 민족들이 강과 하구 바다의 물고기들을 잡아 단백질을 보충하는 이유와 같다. 추수감사절 저녁에는 베니또의 모든 가족들이 모여 회식을 했다. 집안의 대장인 베니또와 우리 일행이 먼

저 음식을 취한다. 먹고 남은 음식을 여자들과 아이들이 먹는다. 괌에서 들어올 때 치킨과 구운 오리고기를 사와서 함께 먹었다. 방안과 뜰 안에 가득한 무덤들 사이에서 이 음식들을 먹고 마시는 동안 추수감사절이 지나갔고, 몇 번인가 바람들이 지나갔다. 대체로 무료한 듯한 피스 섬의 일상을 그렇게 보낼 수 있었다.

그리운 미크로네시아 피스 섬으로

연일 바람이 멎지 않았다. 아침에 일어나니 간헐적으로 비가 내렸다. 우기여서 그렇다. 섬을 돌며 마을 사람들 이야기를 들었다. 비디오 촬영을 했다. 어떤 날은 밤새 큰 비가 내렸다. 아침까지 비가 계속되었다. 바람이 심하게 불고 파도가 일었다. 이런저런 구상들을 하며 하루를 보냈다. 푸에 라임을 넣어 몇 번 씹었다. 강했던지 정신이 몽롱해졌다. 피곤해서 저녁에는 일찍 잤다. 태풍은 때때로 이곳에도 큰 피해를 입히기도 한다. 육중한 코코넛 나무들을 쓰러뜨리기도 한다. 날마다 약간의 차를 마시고 흔들리는 바람과 나무와 바다에 대해 얘기했다. 인도네시아, 필리핀, 그리고 한국과 일본, 중국을 오가는 배들에 대해서도 얘기했다.

베니또는 한국과 일본에 가고 싶어 했다. 아버지가 한국 사람 오씨이니 그럴 수밖에 없을 것이다. 나는 일종의 책임감 같은 것을 줄곧 생각했다. 일제 징용의 틈바구니에서 불행하게도 수많은 민중들이 피해를 입었다. 베니또의 출생 또한 그런 피해 중 하나였다. 하지

남태평양 피스 섬의 한가로운 풍경들. 천진한 아이들의 모습이 귀엽다. 사진_ 이윤선

베니또의 오 씨 아버지

만 생명이 탄생했으니 역설적인 축복이 되었던 것일까.

바람은 충분히 시원했다. 코코넛 잎들을 거세게 흔들지만, 살갗을 스치는 간지러움이 싫은 것은 아니었다. 이 바람을 잠재우기 위해서는 여러 날 동안 대화가 필요할 것이었다. 우리는 계속하여 여러 잔의 차를 나누어 마셨고, 차의 산지에 대해서 혹은 차의 효능에 대해서 더 많은 이야기를 나누었다. 때때로 우리의 이야기는 미국의 압제나 중국의 비상한 용솟음으로 널뛰기를 했다. 태평양을 넘어 남극의 기지에서 생활하는 사람들에 대해서도 얘기를 나눴다. 그러다 어느새 유곽 이야기로 돌아왔다. 마치 꿈속에서 시간과 공간을 넘나드는 것과 같았다. 하나의 생각이 일정하게 전개되는 것은 아니다. 꿈길의 생각들이 시공을 뛰어다니는 것은 우리의 이런 대화기법을 모사해간 것이리라.

돌아와 생각하니 불현듯 미크로네시아가 그립다. 색맹의 섬 핑글랩과 베니또의 섬 피스, 나는 이들 섬을 곧잘 이런 방식으로 호명한다. 언젠가 다시 일정을 잡아야겠다. 내 마음은 이미 남태평양 한가운데 서 있다.

남도에서 만나는 세계의 얼굴

미크로네시아 연방의 공식 명칭은 'Federated States of Micronesia'다. 줄여서 FSM이다. '작은 섬들'이라는 그리스어에서 유래한 명칭이다. 나는 이곳을 종종 새떼의 섬이라 부르곤 한다. 진도의 조도鳥島를 떠올리기 때문이다. 물론 산호초로 이루어진 섬이라 환경은 전혀 다르다. 단지 풍경들이 망망대해 태평양에 내려앉은 새들을 연상하게 할 뿐이다.

북마리아나제도의 남쪽, 팔라우와 마셜제도의 사이, 파푸아뉴기니의 북쪽에 위치한다. 캐롤라인제도의 섬들을 포함한다. 미국령인 괌으로부터 크게 '얍Yap', '추크Chuuk', '폰페이Phonpei', '코스라이에 Kosrae'로 긴 띠를 이루고 있다. 좌우로는 약 5,000km, 남북으로는 1,500km로 방대한 지역이다. 미국령 이전에 부르던 이름들과 현재의 이름들이 차이가 있어 혼란을 주기도 한다. 예를 들어 '폰페이'의 본래 이름은 '포나페'다. '추크'는 '척', '코스라이에'는 '쿠사이에' 등으로 불렸다. 수도는 폰페이의 '팔리키르'다.

내가 미크로네시아를 주목한 첫 번째 이유는 흑조의 시작점이라는 데 있다. 적도 상간에서 발생하는 태풍의 근원지이기도 하다. 남태평양에서 북서쪽을 돌아 북태평양으로 순환하는 흑조의 본류와 지류에 일본, 우리나라 등이 포함된다. 한반도 좌우로 흐르는 쓰시마 난류, 황해 난류는 그 지류다.

미크로네시아에서
술래잡기를 하다

남태평양 한가운데 있는 작은 섬 피스에서 한 무리의 아이들이 술래
잡기 놀이를 하고 있다. 작은 섬들로만 이루어진 나라 미크로네시아,
추크 주에 속한 그야말로 손바닥만 한 섬이다. 술래놀이인가? 아니
다. 손에 손을 잡고 원무圓舞를 만들기도 하고 노래를 한다.

　분석해봤다. 세 개의 놀이노래가 불려진다. 첫 번째 노래에서 술
래가 껑충껑충 뛰어서 손을 잡고 늘어선 원무 안으로 들어오려고 시
도한다. 두 번째 노래를 반복하는 동안 남자아이가 랑케Langke가 되
어 원 안으로 잡혀 들어온다. 일종의 포로다. 원 안에서 각종 장기자
랑을 한다. 세 번째 노래가 불려진다. 랑케 역을 맡은 술래 아이는 이
리저리 달린다. 원 안쪽의 여자아이를 잡아야 하기 때문이다. 원무
를 형성하고 있는 여러 아이들은 이 술래가 원 안의 여자아이를 잡
지 못하도록 갖은 노력을 한다. 여자아이가 자유롭게 피해 다닐 수
있도록 서로 잡은 손을 들어 공간을 만들어 준다. 반대로 술래 아이
가 원 안으로 들어오지 못하도록 손을 내리거나 몸으로 막아 낸다.

어디서 많이 듣고 보던 놀이다.

세계 보편의 원무 놀이와 피스 섬의 진토리

그렇다. 우리의 강강술래 여흥놀이와 같다. 원을 이루고 느린 소리로 노래하며 돌다가 점점 속도를 빨리한다. 느린 강강술래로 시작하여 자진강강술래로 이행하는 것과 유사하다.

두 사람의 술래를 정한다. 한 술래는 원무 가운데 서 있게 한다. 다른 술래는 원무 밖에 위치한다. 원 밖의 술래가 원 안의 술래를 잡으면 게임이 끝난다. 원을 형성하고 있는 아이들은 원 밖의 술래가 원 안으로 들어오지 못하도록 막는다. 대신 원 안의 술래가 자유롭게 원 밖의 술래를 피할 수 있도록 도와준다. 잡힌 술래는 춤이나 노래 등 다양한 장기를 보여줘야 한다.

이 같은 원형圓形 노래와 놀이는 세계적으로 분포한다. 유럽을 포함한 전 세계의 서클댄싱, 어라운드 댄싱이 이 범주다. 아메리카 인디언의 레이닝 댄스도 이 범주다. 물론 세계적으로 통일된 명칭이 있는 것은 아니다.

예를 들어 중국에서는 원무, 원가무, 원권무 등으로 호명한다. 한국에서는 강강술래, 놋다리밟기가 있다. 일본에서는 봉오도리의 대부분을 이 범주에 넣을 수 있다. 나는 이를 통칭하여 세계의 원가무 圓歌舞(Circle chant dancing)라 호명해왔다. 가장 특징적인 형식이 원무(둥그렇게 손에 손을 잡고 돌며 추는 춤)이고 항상 챈트 형식의 노래를

곁들이기 때문이다.

피스 섬의 '진토리' 놀이 속 랑케는, 베니또의 설명에 따르면 귀신
이다. 그것도 우스꽝스런 귀신이다. 원무를 만들어 안으로 들어와 놀
게 하는 엔터테인먼트 고스트라는 것. 때때로 무서운 형상으로 표현
되기도 한다. 베니또의 딸 줄리안이 다시 설명해준다. 이 귀신은 마
을 안의 여자아이를 잡아가는 고스트란다. 그래서 원을 만들어 원
안의 여자아이를 보호하는 놀이다. 실제로 놀이를 할 때 여자아이
를 원 가운데 두고 손에 손을 잡고 돌면서 노래를 한다. 노랫말도 그
렇게 구성되어 있다. 느린 노랫말의 내용은 랑케가 원 안의 여자아이

남도를 품은 이야기

강강술래와 닮은 진토리 놀이를 하는 피스 섬 아이들. 원형 노래와 놀이는 세계적으로 분포한다.
사진_ 이윤선

를 잡아가지 못하게 하는 내용이다. 밖에서 남자 술래는 원 안의 여
자아이를 터치하려고 갖은 애를 쓴다. 놀이에서 잡힌 랑케는 원 안
에서 다리를 흔들며 춤을 춘다. 이윽고 원 밖으로 나가면 다시 술래
가 된다. 원 안의 소녀를 터치하면 경기가 끝난다. 이 놀이는 사람을
바꾸어 가며 계속 반복된다.

노랫말은 오래된 추키어이기 때문에 완벽한 해석을 하기 어렵다.
현지인들도 모르는 말이라 한다. 아마도 일본어와 영어, 추키어 등이
섞인 말일 것이다.

랑케에 대한 해석

랑케라는 귀신에 대해 두 가지 해석이 가능하다. 첫째, 일본 군인들이 만들어 낸 조어일 가능성이다. 아마도 '양키Yankee'를 뜻하는 말일 것이다. 양키가 피스 섬의 처녀들을 잡아가니 보호하자는 뜻이다. 그렇다면 미크로네시아 사람들은 일본군이 시키는 대로 놀이를 했을까? 글쎄다. 무엇인가 자신들만의 방식을 이 놀이에 은닉해두지 않았을까. 둘째, 피스 섬 전통의 귀신들이라면 외부 적들(미군 등 연합군과 일본군 모두 포함)이 처녀들을 강탈해가니 보호하자는 놀이일 수도 있다. 나는 위 두 가지 설을 제기하며 문제 제기를 해둔다.

랑케 귀신은 아이들, 장년들 모두 포함해 적용되는 한국의 '도깨비', 일본의 '오니'를 닮았다. 특히 한국의 도깨비와 유사한 성격을 가졌다. '엔터테인먼트 귀신Entertainment Ghosts'이라는 현지인들의 해석이 이를 말해준다. 하지만 처녀 아이들을 잡아가는 귀신이라는 점에서 위협적이기도 하다. 양면성을 지니고 있다는 뜻이다. 특이한 것은 네팔에서도 히말라야에서 내려온 도깨비를 '락키'라고 한다는 것, 따라서 '락키'든 '랑케'든 발음의 유사성을 보아 아시아 태평양 지역 도깨비의 한 유형이 아닌가 싶기도 하다.

어쨌든 이 놀이는 제2차 대전 때 일본 군인들에 의해 미크로네시아에 도입되었다고 한다. 피스 섬 사람들이 이구동성으로 하는 얘기다. 여기서 말하는 일본군은 한국인을 포함한다. 일제강점기에 징용된 한국 사람들 말이다. 일본의 진토리가 술래를 정해 진영陣營을 뺏는 '진놀이'라는 점에서 역추적이 가능하다.

남도를 품은 이야기

일본의 진토리와 한국 '진놀이'의 상관

일본의 진토리陣取り는 우리의 진놀이와 동일하거나 유사하다. 서로 편을 나누어 진지를 만들고, 술래를 정해 놀이하는 구성이 같기 때문이다. 일제강점기에 우리나라에서도 많이 행해졌던 아이들 놀이다. 혹자는 일본의 진토리가 한국에 유입되었다고도 한다. 그런가? 그렇지 않다. 일본대백과 사전의 해설을 보면 진을 빼앗는 놀이나 땅따먹기 유형의 놀이들이 있는데 이 놀이가 메이지 시대 후반 청일전쟁과 러일전쟁 이후 활발해진 놀이라고 한다. 근대기에 확산된 놀이임을 알 수 있다.

우리는 어떠한가? 중종(1506~1544) 때 어떤 사람이 제자들을 데리고 음모를 꾸민다고 하여 체포된 일이 있었다. 이 사람을 조사해 보니 남산에서 진을 정하고 편을 갈라 진놀이를 한 것밖에 없어 무혐의 처리되었다. 『견첩록見睫錄』의 기록이다. 『견첩록』은 조선 초기의 인물, 제도, 문물, 풍속 등을 기록한 6권 6책의 종합서다. 야사적 맥락이 있긴 하지만 조선 초기(출판 연대는 미상)의 풍속을 헤아려 볼 수 있다는 점에서 매우 긴요한 책이기도 하다. 이 책에 나오는 진놀이가 지금의 진놀이다. 흔히 군사 훈련을 위해 고안된 놀이라고 해석하기도 한다.

1941년에 일본 학자 무라야마 지준村山智順이 쓴 『조선의 향토오락朝鮮の鄕土娛樂』에는 이 놀이가 전국적으로 행해졌다고 보고한다. 한반도의 보편적인 놀이라는 뜻이다. 아마도 동아시아 전반에 공유되는 민속놀이 형태로 추정하는 것이 합리적이지 않을까? 우리나라를 중심으로 놓고 말한다면 조선 초중기부터 민간에 널리 유행하던 한국의 편싸움 놀이라고 봐야 할 것이다.

전략과 협상, 진놀이가 말해주는 것들

미크로네시아 피스 섬의 진토리 놀이는 술래를 정하고 편을 갈라 진을 뺏는 우리의 진놀이나 강강술래의 여흥놀이와 유사하다. 마치 우리의 강강술래처럼 원무를 구성하고 느린 곡에서부터 빠른 곡까지 노래를 부른다는 점도 특이하다. 노랫말은 주로 처녀들을 잡아가지 말라는 내용이다. 자기 사람들과 자기 땅에 대한 방어나 보호로 해석할 수 있다. 현지인들은 진토리의 술래를 랑케, 즉 귀신이라 한다. 마치 중국의 '강시'처럼 껑충껑충 뛰어다니는 귀신이다. 땅과 바다, 하늘 어디든 껑충껑충 뛰어오를 수 있는 존재라고 여긴다. 우리의 도깨비나 일본의 오니를 언급한 이유다.

일본군에 의해 미크로네시아에 전파되었다는 것이 정설이다. 하지만 당시의 일본군은 강제 동원된 한국의 징용병을 포함하므로 해석의 여지를 넓힐 수 있다. 중장년층을 제외하면 지금 우리에게는 잊힌 민속놀이다. 김광언의 『한국의 민속놀이』에 보면 진놀이 하는 방법이 자세하게 설명되어 있다. 술래를 정하고 진지를 정해 상대편을 죽여(터치) 자기 편으로 데려온다. 이를 포로 만들기라고 한다. 달리기를 잘하고 동작이 빠른 편이 이기지만 적절한 전략과 협상이 또한 긴요하다. 이 놀이에서 파생된 '나이 먹기 놀이'가 전형적이다.

놀이가 주는 교훈들이 있다. 제2차 대전 이후 전 세계의 땅따먹기 경쟁은 거의 완료된 듯하다. 이제 마지막 남은 땅따먹기를 하는 공간은 바다다. 여러 곳의 섬 분쟁이 이를 말해준다. 이를 두고 진놀이를 생각한 것은 영역 놀이이기 때문이다. 무엇을 배울 수 있을까? 핵무기를 가졌거나 경제력이 우수하다고 해서 꼭 우세한 것은 아니다. 게임에서 정작 중요한 것은 전략과 협상이다.

5부

종된 것들이
주인 되는 세상

서복이 동남동녀 500명을 데리고 이 마을에 와서 샘물을 마셔보니 물이 너무 차서 '냉천(冷泉) 마을'이라고 했다. 서시천은 서불이 남해를 지나 지금의 섬진강인 다사강을 따라 올라가다가 구례의 서시천을 통해 지리산으로 들어갔다는 곳이다.

　서복이 해 뜨는 동쪽으로 건너온 까닭은 무엇일까? 의심의 여지없이 불로초를 구하기 위해서다. 불로초는 무엇일까? 산삼 같은 약초라기보다는 도교적 이상 세계에 대한 은유로 보는 것이 옛이야기의 행간을 읽어내는 기술이다.

나를 내려놓는 방식에 대하여

지구상에서 가장 오래 산 인물은 누구일까? 흔히 구약성경 창세기의 므두셀라를 든다. 에녹이 육십오 세에 므두셀라를 낳았다. 므두셀라는 라멕을 낳고도 칠백팔십이 년 동안 아들딸을 더 낳았다. 라멕이 노아를 낳았기 때문에 그 유명한 노아의 방주가 만들어졌다.

므두셀라는 대홍수가 나던 해에 죽었다. 합하니 969살이다. 동양으로 눈을 돌리면 동방삭이 있다. 삼천갑자를 살았다. 일 갑이 육십 년이니 십팔만 년이다. 서왕모의 복숭아를 훔쳐 먹고 살았는데 마고가 계교를 꾸며 죽었다. 경기도 용인 탄천의 지명 유래담에서는 염라대왕의 사자가 꾸민 계략이라고도 한다.

작년에 왔던 각설이 죽지도 않고 또 왔네

하지만 므두셀라도 동방삭도 각설이 앞에서는 명함을 못 내민다.

　　　　　　　　　　종된 것들이 주인 되는 세상

작년에 왔던 각설이가 죽지도 않고 또 오기 때문이다. 해마다 오는 가히 불사의 인물이다. 내가 편한 자리에서 농담 삼아 하는 얘기들이다.

각설이는 왜 죽지 않을까? 각설이의 기원이 걸식하는 자들에 있음은 불문가지다. 흔히 구걸이라 한다. 박전열의 연구에 의하면 종교적인 탁발의식까지 연결시킨다. 얻어먹는 것은 동일하기 때문이다. 이를 두타頭陀, 두타행頭陀行이라 하고 범어로는 'Dhuta'라 한다. 풍찬노숙하며 음식을 구걸하는 목적이 불도에 있다는 뜻이다. 기독교 초기의 수도자들, 불교 전반의 탁발의례가 여기에 속한다. 일부 연구자들이 각설이에 이런저런 의미를 부여하고 심지어 원효의 무애사상까지 해석하려 하는 이유이기도 하다. 하지만 지금 단계의 연구결과들만으로는 각설이를 무한대로 확장 해석하기가 곤란하다.

구걸하던 놀이패들은 누구일까

1526년 『중종실록』에 중요한 기록이 나온다. 유랑패들과 함께 곡예를 하고 가무를 하며 푼돈을 받아 생활하던 걸식 재인才人들에 대한 기사다. 이때의 재인들은 달단韃靼에서 흘러 들어온 유랑민들이라 한다. '달'은 종족 이름을 뜻하고 '단'은 오랑캐를 이르는 말이다. 곧 '타타르족'을 말하며 원나라 멸망 후 사방으로 흩어진 몽골족을 말하는 것으로 알려져 있다.

실록의 기록대로라면 이들은 절도, 방화, 살인 등을 거침없이 자행하여 많은 민폐를 끼치기도 했다. 중요한 것은 이들의 주된 연행이 걸식에 있다는 것이고 무복^{巫卜}이나 창우^{倡優}를 업으로 삼았다는 점이다. 점을 보고 관련 의례를 하며 노래를 하고 춤을 추어 대신 음식이나 돈을 받았다는 뜻이다. 실록에는 이를 '사당패, 걸립패, 무동패, 탈놀음패, 인형극패들과 함께 가무^{歌舞}로 푼돈을 받아가며 생활했다'고 기록하고 있다. 독자적으로도 유랑했겠지만 기왕의 여러 놀이패들과 융합하거나 연대했음을 알 수 있는 대목이다.

이보다 앞선 1456년 『세조실록』에 보면 걸식하는 자들에 대한 기사가 더 있다. 대개 백정^{白丁}을 화척^{禾尺}이라고 하고 혹은 재인, 혹은 달단이라 칭하여 그 종류가 하나가 아니라 했다. 노래하고 춤추며 걸식하던 유랑패들이 각양의 이름으로 활동했음을 알 수 있다.

『세조실록』의 기록을 좀 더 본다. 이들 재인들이 "구적^{寇賊}을 행하고 혹은 악기^{樂器}를 타며 구걸하는 자를 경외^{京外}에서 엄히 금^禁하여, 그것을 범한 자는 아울러 호수^{戶首}를 죄 주고 또 3대를 범금^{犯禁}하지 않는 자는 다시 백정이라 칭하지 말고 한 가지로 편호^{編戶}하게 하면 저들도 또한 스스로 이 농상^{農桑}의 즐거움을 알게 되어 도적이 점점 그칠 것입니다."고 했다. 백정이라 불리던 재인들이 도둑질하거나 약탈을 하고 혹은 악기를 연주하며 구걸하는 것을 금하게 해달라는 뜻이다. 노래하고 춤추며 유랑하던 재인들이 무리를 이루어 횡행하므로 사회문제가 되었음을 알 수 있다. 원문에는 이들을 '작악개걸자^{作樂丐乞者}'라 쓰고 있다. '개걸'은 구걸한다는 뜻이므로 '음악을 만들어 즉 노래, 춤, 악기 등으로 연행해 구걸'하던 무리임을 알 수 있다. 이들이 전통적인 여러 유랑패들과 연대하면서 행했을 음악 형태가 구체적으로 어떤 것인지 알기는 어렵다. 아마 관련 연구가 진행되면 밝

종된 것들이 주인 되는 세상

힐 수 있을 것이다.
다만 지금 추적할
수 있는 것은 이후
각설이라 불리던 유
랑패들의 연희 양
상이 이 백정들의
유랑 연희와 매우
흡사하다는 점이다.
호명하는 방식만 가

무안군 일로읍에 세워진 품바 발상지 기념비. 사진_ 이윤선

지고 이를 연결하는 것은 무리가 있어 보이지만 음악을 팔아 구걸한
다는 맥락에서는 양자를 연결해도 별 무리는 없다. 여러 연구자들이
'각설이'라는 이름에 대해 분석하고 의미를 부여했지만 여기서는 생
략한다.

각설이는 소멸되고 말았을까

각설이패에 대한 최초의 기록은 신재효가 정리한 「박타령」에 나
온다. "놀보가 더 반겨 동자가 한 쌍이제. 그 뒤에 사람더리 꾸역꾸역
나온단디 압피 션 두 아희는 검무장이 북재비라 풍각장이 각서리패
방정시런 외쵸라니 동물이 짓그러 나오더니"라는 대목이 그것이다.
「변강쇠가」에서는 옹녀가 강쇠의 주검을 치우려할 때 "근쳐 마을
차져가서 삭군을 얻잣더니 마침 함 각설이패 셔이 달여드난디"라 하

각설이는 죽지 않고 온다. 2010년 전국품바명인대회 경연 모습. 사진_ 이윤선

여 각설이가 등장한다. 이 연구를 가장 먼저 시작했던 박전열은 신재효의 사설집에 나타나는 유랑패들을 "걸인들, 각셔리패, 잡색군들, 풍각장이패, 가리내패, 거사들, 사당들" 등으로 다양하게 소개한다. 이들이 단순히 걸식만 일삼은 것이 아니라 노래와 춤을 포함한 각양의 음악을 연행하였다는 점에 무게를 둘 필요가 있다. 왕조실록에 등장하는 백정, 재인, 달단 등의 유랑 연희의 맥락을 잇고 있다는 점에서 그렇다.

근대기로 접어들며 이들 각설이패들은 점차로 와해되거나 소멸 단계로 접어든다. 해방 후와 6.25 이후까지도 이들이 떼거리로 모여 살면서 걸식했다는 점은 공옥진이 일본에서 건너와 광주의 각설이

종된 것들이 주인 되는 세상

패들과 함께 생활했다는 사실을 통해서도 알 수 있다. 그렇다면 각설이는 이대로 소멸되고 말았을까?

무안 일로의 '자근이패'에서 찾는 버스킹

무안 일로읍의 일명 '자근이패'가 아마도 마지막 남은 각설이패였을 것이다. 적어도 무안 지역의 노년층이라면 자근이패들이 장타령이며 각설이타령을 부르며 남도 일대 특히 오일 장터를 돌며 걸식했다는 사실을 기억하고 있다. 나는 이 전통을 중요하게 생각하여 각설이라는 전통과 품바라는 난장 연희를 '각설이 품바'라 불러왔다. 각종 축제장이며 이벤트장에서 왕성하게 연행되는 속칭 '난장 품바'들의 권위를 우리의 전통에서 찾아야 한다는 생각에서다.

그렇다면 알려진 것처럼 버스킹은 서양에서 비롯되었을까? 물론 아니다. 이른바 각설이의 전통, 더 거슬러 오르면 백정, 재인, 달단 등의 유랑 연희가 버스킹의 원조격이라는 점에서 그렇다. 버스킹은 '길거리에서 공연한다'는 '버스크^{Busk}'에서 유래한 말이다. 거리에서 고용인, 물주 등을 찾으며 공연하거나 홍보하는 행위다. 음악가들이 길거리에서 공연하는 것을 통칭하는 개념이다. 하지만 그 뿌리는 거지들의 구걸행위로부터 비롯되었다. 집시족들을 버스킹의 원조라 하거나 각설이를 집시에 비유해 설명하는 예들이 이를 말해준다.

길거리 연희, 각설이에서 얻을 지혜

연말이 되면 불우한 이웃들을 돕는 행사들이 줄을 이룬다. 가난한 사람들을 돌보는 것이야말로 공동체 구성원들이 마땅히 해야 할 일일 것이다. 하지만 정작 가난한 것은 시기하고 질투하고 조바심 내며 욕심 부렸던 우리 마음 아닐까?

그래서다. 이른바 노래와 음악을 팔아 얻어먹고 살던 각설이에 대한 시대적 의미를 환기해 보는 것도 의미 있을 듯싶다. 예컨대 왕조실록에 등장하는 사당패, 걸립패, 무동패, 탈놀음패, 인형극패들은 이미 우리 문화의 중요한 유산으로 인정받고 있다. 유랑에 수반되었던 매춘, 걸식 등의 보고 싶지 않은 맥락들을 제거해버렸기 때문에 가능한 일이었다. 그것에 비하면 각설이 품바들의 연희는 아직도 매우 비천하고 부끄러운 장르로 취급받고 있다. 상기 연희들이 마당 장르인데 비해 명실상부한 버스킹 즉 길거리 연희의 대표성을 갖는 것인데도 말이다.

시대가 변해 종된 것들이 주인 되는 세상이 되었다. 연행의 종목이나 양상은 물론 집단을 호명하는 이름들도 계속 바뀐다. 각설이를 바라보는 우리의 시각도 바뀔 필요가 있다. 패러다임이 변했다고 말하면서 머릿속은 왕조시대 그대로 유지하고 산다. 종교적 탁발에서 각설이의 의미들을 찾으려 했던 것처럼 '나를 내려놓는 방식'으로서의 연행에 각설이 품바만 한 것이 없다. 더불어 살아가는 공동체의 내 역할을 성찰할 수 있는 기회일 수 있다. 내 안의 꾸며진 마음, 속이는 마음은 다 내려놓고 내 안의 흉한 몰골 그대로 그려내어 콧물, 눈물 흘리며 노래하고 춤추는 각설이 연희로 한바탕 놀아보면 어떨까.

PUMBA, POSTER OF ALL TIME

연극 「품바」 역대 공연 포스터. 제공_ 극단 가가의회

나를 내려놓는 방식에 대하여   273

세상에서 가장 슬픈 유행가

1983년 잠실야구장, 해태타이거즈가 우승을 했다. 응원석에서 자연스럽게 노래 〈목포의 눈물〉이 터져 나왔다. 잠실야구장뿐만이 아니다. 어디서나 그랬다. 적어도 호남 사람들이라면 으레 한 곡조 뽑아내는 노래가 〈목포의 눈물〉이었으니까. 물론 이 기호는 훨씬 이전으로 거슬러 올라간다. 호남 사람들에 국한되어 있지 않다. 국민가요라 이르는 이유다.

또 하나의 장면. 2006년, 6.15 남북공동선언 6돌 기념 민족통일대축전 행사가 광주와 목포 등지에서 열렸다. 조선대에서 남북 축하공연, 목포에서 평양통일음악단의 공연이 개최되었다. 남북이 모두 어우러져 〈목포의 눈물〉을 불렀다. 아니, 북한 사람들도 목포의 눈물을 부르나? 그렇다. 즐겨 부른다. 다산연구소 박석무 이사장은 이렇게 얘기했다. "우리가 단일민족이자 동포라는 것을 광주 시민들이 뜨겁게 느끼면서 진정으로 화해를 이룬 행사였다." 〈목포의 눈물〉을 같이 부르니 그 정을 뜨겁게 확인할 수 있었다는 뜻이다.

종된 것들이 주인 되는 세상

이난영 친일 가요를 둘러싼 풍경들

목포 유달산에 오르다 보면 중턱쯤에 〈목포의 눈물〉 기념비가 서 있다. 노래도 흘러나온다. 아마도 목포 사람들 혹은 남도 사람들이 가장 아끼는 사람 중 하나가 이난영일 것이다. 〈목포의 눈물〉이라는 노래가 그 중심에 있다.

이난영의 딸들이 '김시스터즈'라는 이름으로 미국에서 개척한 가요 세계는 오늘날 한류의 시발이라는 점에서 유의미하다. 미래를 말하기 위해 언급해야 할 역사이므로 칭송해 마땅하다. 이후의 걸그룹이 승승장구 자라나 활약하는 현상도 고무적이다. 우리가 말하는 음악 기반 콘텐츠의 과거이자 미래일 수도 있다.

그렇다면 〈목포의 눈물〉 혹은 이난영은 고스란히 상속되어야 할 유산일까? 그렇지 않다. 이난영은 승계의 유산이면서 동시에 성찰의 대상이기 때문이다. 목포라는 공간이 일제의 수탈을 성찰해야 할 공간인 것과 같은 이치다. 목포를, 그리고 이난영을 진정으로 아끼고 사랑한다면 말이다.

이난영은 1943년 일본 군국주의가 막바지에 이를 무렵 〈이천오백만 감격〉이라

'가왕'이라 불린 이난영. 제공_ 한국학중앙연구원

2016년 이난영 탄생 100주년을 맞았다. 오거리문화센터에서 열린 기념전시회 개막식 모습.
사진_ 이윤선

는 군국 가요를 부른다. 이를 두고 이난영을 연구한 학자들은 소극적 친일이라 한다. 적극적이지도 않았고 불가항력이었을 수도 있다는 해석이다. 이전에 불렀던 〈목포의 눈물〉 혹은 더 이전에 불렀다고 알려진 여러 곡의 민요들과는 다른 풍경이다. 그러고 나서 또 〈신춘엽서〉를 불렀다. 이 곡 또한 군국 가요라는 점에서 친일의 오명을 벗어날 수 없는 곡이다. 가사가 확인되지 않았다고 그 정황 맥락까지 무시할 수는 없다. 이난영이 누린 명성에 비추어보면 이 두 곡을 부른 것은 일생일대의 실수다. 공인으로서 비판받아 마땅하다.

　문제는 목포를 중심으로 한 시민들과 관련 지식인들의 인식이다. 『친일인명사전』에도 오르지 않았는데 군이 그것을 드러내고 까발릴 필요가 있느냐는 온정주의적 태도가 주를 이루었다. 심지어 이난영

좋된 것들이 주인 되는 세상

이 친일이면 일제강점기 때 친일 아닌 사람 누가 있겠느냐고 항변하기도 한다. 정말 그럴까? 이를 친일이라 규정할 수 없다면, 도대체 무엇을 위해 인문학을 이야기하고 성찰을 이야기하는 것일까.

세상에서 가장 슬픈 유행가

'세상에서 가장 슬픈 유행가, 목포의 눈물', 2015년 광주SBS가 제작한 다큐 제목이다. 왜 세상에서 가장 슬픈 유행가라고 했을까. 호불호를 떠나 마치 남도의 〈흥그레타령〉이 육자배기로, 그것이 다시 왜색의 옷을 입고 〈목포의 눈물〉로 전환돼 온 맥락 때문일 것이다.

물론 나도 이에 대해 들이파고 연구해 본 적은 없다. 트로트가 단지 왜색 옷만 입은 것이 아니라는 연구 성과도 나오고 있지만 반향이 크진 않다. 트로트가 그저 전통과 단절된 공간과 시간을 파고 들어온 것이라며 거칠게 해석해왔을 뿐이다. 대부분 민요와 유행 가요는 전혀 다르다고 주장하지만, 나는 그렇게 생각하지 않는다. 이난영은 그 이전의 민요를 승계했고 눈물을 승계했고 목포라는 수탈의 공간을 승계했다. 친일 가요를 불렀음에도 이난영이 우리에게 소중한 인물이며 또 극복해야 할 대상인 까닭이다.

〈목포의 눈물〉을 바꾸어 말하면 '눈물의 목포'다. 면화를 중심으로 한 일제 수탈의 공간이 목포다. 눈물의 공간이 목포라는 점에서 〈목포의 눈물〉이라는 가요를 이해할 필요가 있다. 미사여구로 목포를 포장해보지만 일제 수탈의 중심지였다는 점이 달라지진 않는다. 흔히들 목포를 예향의 도시라고 한다. 맞는 말이다. 하지만 예향 이전에 일제의 온갖 수탈의 흔적이 남아있는 역사적 공간이라는 맥락에 방점을 찍을 필요가 있다. 주목할 것은 수탈의 흔적들이라고 해서 건물을 해체하거나 아픈 기억을 지우기 위한 방편을 도모하진 않는다는 점이다. 근대문화유산이란 이름으로 지정하여 보호하는 것이 그 대표적인 현상이다. 그 이유가 무엇인가? 바로 이 흔적과 표식을 통해 우리 역사를 성찰하자는 뜻일 것이다. 그렇다면 우리는 〈목포의 눈물〉과 이난영을 어떻게 기록하고 승계해야 하는가?

과거를 성찰해야 미래가 있다

공교롭게도 박정희가 김재규의 총탄에 맞아 사망한 10.26이 안중근 의거일이다. 안 의사는 1909년 10월 26일 동토의 땅 하얼빈 역에서 대한의병 중장의 이름으로 이토 히로부미를 사살했다. 의거 후 러시아어로 외쳤다. '코레아 우라!' 즉 '대한 만세'라는 뜻이다. 안중근뿐만이 아니다. 헐벗고 굶주리며 나라와 민족의 독립을 위해 죽어간 이름도 빛도 없는 수많은 안중근들이 있다. 한눈팔지 않고 독립운동을 했던 수많은 선조들이 있다. 머나먼 중국에서 일본에서 남태평양에서 이유도 모르고 죽어간 대한제국의 선조들이다. 10.26 이후에는 민주화를 위해 산화한 수많은 민주열사들이 있다.

이난영으로 돌아와 본다. 소극적 친일이니 거론하지 말고 넘어가야 할까. 성찰이 왜 필요한 것일까. 이난영은 국민스타의 위상에 비

좋된 것들이 주인 되는 세상

례하게 혹은 그 이상으로 친일 인사로 엄중한 평가를 받을 필요가 있다. 왜곡된 시대의 여성으로서 굴곡진 삶과 애환을 겪어왔다고 어루만져 주는 것은 그 다음 얘기다. 그는 아무 주목도 받지 못한 필부필녀가 아니었기 때문이다.

나는 그 성찰의 공간을 목포에 짓고 각종 프로그램을 만들어 운영하자고 제안한 바 있다. 안중근의 영전에, 기록되지 못한 수많은 독립투사들과 민주열사들의 영전에, 그리고 100년 전 태어났던 목포 사람 이난영의 영전에 삼가 옷깃을 여민다. '대한민국 만세!'

『친일인명사전』에 오른 인사들을 보면 당혹감이 적지 않다. 남인수, 김정구, 고운봉, 백년설, 장세정, 이화자, 나아가 손목인, 박시춘, 한상기, 홍난파, 심지어 〈애국가〉 작사자 윤치호, 작곡자 안익태마저도 사전에 올라 있거나 논란에 휩싸인 바 있다.

친일파 안익태가 작곡한 애국가는 어찌해야 하는가? 인력거도 타지 않고 두루마기와 바지를 입고 생활했던 윤치호의 양면성은 또 어찌 해석해야 하는가?

국악인 중에서 『친일인명사전』에 오른 김기수와 함화진은 동상을 세우기까지 친일 행적을 인지하지 못한 사례다. 그 후에야 이들의 친일 행위를 알고 동상에 친일 기록을 후기함으로써 역사적 교훈으로 삼기로 했으며 후손들이 사죄의 뜻을 밝히기도 했다. 김기수는 일본 천황을 위해 작곡을 했고 함화진은 홍난파, 최남선 등과 조선문예회 활동을 한 인물.

이 문제를 극복하지 못하면 미래를 열어갈 수가 없다는 것이 내 생각이다. 가수 이난영을 반드시 성찰의 대상으로 삼아야 하는 이유다.

민족문제연구소에서 접근하고 있는 『친일인명사전』 수록 방식은 친일 관련 가요 3곡을 기준으로 한다. 물론 정량적으로 재단하기 어려운 문제가 많을 것이므로 정성적 평가도 아우른다. 현재 밝혀진 이난영의 친일 관련 가요는 2곡이다. 3곡이라는 주장도 있지만 『친일인명사전』에 오르지 않았다. 한 곡의 가사를 확인할 수 없었기 때문이다. 하지만 가사가 확인되지 않았다고 해서 친일 관련 가요가 아니라고 단정하기 어렵다. 오빠와 남편 등 주변 인물들이 친일 일색이었음에도 이난영은 고작 2곡 혹은 3곡에 관여되었을 뿐이고 그것도 후렴만 불렀다는 등의 우호적 시선도 우세하다.

　두 가지를 추측해 볼 수 있다. 하나는 나머지 한 곡의 가사가 친일 관련으로 확인되면 『친일인명사전』에 등재될 수도 있다는 점. 다른 하나는 아직 밝혀지지 않은 친일 관련 가요가 한 곡이라도 더 나올 가능성은 없는가의 문제다. 이난영이 『친일인명사전』에 등재되지 않았으면 좋겠다는 목포 시민 일반의 기대와는 다른 '팩트'의 문제다.

역사 속의 인물을 불러낼 때

이국땅 삼경이면 밤마다 찬서리고 어버이 한숨 쉬는 새벽달일세

마음은 바람 따라 고향으로 가는데 선영 뒷산에 잡초는 누가 뜯으리

어양 어양 어양 어양 어허어 어어

_조용필의 〈간양록〉 중에서

1980년대 MBC 드라마로 제작되었고 주제곡으로도 불렸다. KBS 역사스페셜로도 다루었다. 수은 강항, 그만큼 널리 알려진 인물이다. 남도 땅 영광 사람이라는 점도 알 만한 사람들은 안다. 『수은집睡隱集』이 대표 저서다. 강항의 호 수은睡隱은 은거를 지향하는 강항의 의지이자 다짐이라고들 한다. 실제로 영광에 은거하며 서남해 인근의 남도 사람들을 길러냈다.

「간양록看羊錄」은 1597년 일본에 포로로 잡혀가 1600년 5월 귀국하기까지 겪었던 체험과 정보를 기록한 글이다. 본래 죄인이 타는 수레라는 뜻에서 「건거록巾車錄」이라 이름 붙였다. 반백년 후인 1654

좋된 것들이 주인 되는 세상

년 제자 동토童土 윤순거尹舜擧가 원고를 정리하면서 「간양록」으로 바꿨다. 그 이유가 궁금해진다.

수은 강항의 저작과 활동

강항은 1567년 영광군 불갑면 유봉리에서 태어나 1618년 52세로 세상을 떴다. 고향 영광에서 교육과 학문에 몰두했다. 후학들에 의해 편찬된 『수은집』은 1658년의 4권 4책 목판본이다. 「간양록」은 『수은집』의 4권에 수록되어 있다.

「건거록」에는 16세기 말에서 17세기 초에 해당하는 일본의 상세한 정보들이 들어 있다. 뿐만 아니라 영광 지역의 방어 체계, 해안 지역 수군 진보의 설치와 운영, 전선 건조, 수군 훈련, 전공자에 대한 예우, 변방의 장수에게 지급한 식읍食邑, 도서 지역의 어염과 토지 등 방대한 정보들을 포함하고 있다.

『운제록雲堤錄』과 『수은집』은 영광군 금계리 유봉 마을과 운제 마을에서 작성됐다. 수은의 생애에서 가장 많은 시간을 보낸 곳이다. 『영광임진수성록靈光壬辰守城錄』은 영광 유림들이 읍성을 사수하기 위해 자체적으로 결성한 지방조직에 대한 기록이다. 대일 관계나 조선의 제도, 남도 지역을 연구하는데 긴요한 저작들이다.

강항은 1597년 정유재란이 발생하자 의병을 꾸렸다가 일본에 나포되었고 햇수로 4년 만인 1600년 돌아왔다. 일본에서 돌아오자마자 보고 들은 바를 적은 『적중문견록賊中聞見錄』을 지어 왕에게 올렸다. 『적중문견록』은 당시의 일본 통치체제나 지도를 포함, 군대에 관한 객관적인 정보들을 담고 있다. 하지만 다시 벼슬을 하거나 중용되지는 못했다.

이긍익이 쓴 『연려실기술燃藜室記述』을 보면, "임금은 술을 하사하면서 왜 나라의 실정을 묻고 벼슬을 시키고자 하였으나 당시 조정의 의론에 꺾여서 폐고되었다"고 했다. 강항이 고향에 내려와 은거한 이유를 알 수 있는 대목이다. 이 지역 사람들은 벼슬을 내렸으나 사양했다고도 주장한다. 어쨌든 이를 왜군에게 잡혀갔다가 돌아왔다는 부정적인 시각이나 차별의식 때문에 발생한 일이라 해석한다. 어떤 이들은 이 상황을 고려 때의 환향녀還鄕女에 비유하기도 한다. 왜 나라의 실정에 가장 밝은 인물이라는 면에서 충분히 서용됐어야 하는데 오히려 비난을 받았다는 것. 당대의 정치 환경을 아쉬워하거나 토로하는 대목이다.

하지만 시기를 거듭할수록 강항에 대한 충절의 의미는 확장된다. 가히 충절의 아이콘이라고나 할까. 절의를 지킨 선비라는 평가는 그때로부터 지금까지 변함없이 확대되어 왔다.

은거의 '수은'에서 충절의 '간양'으로

강항이 재평가를 받게 된 것은 1668년(현종 9년) 의병장 김덕령과 함께 절개를 지킨 선비라는 뜻의 참의參議에 추증되면서부터 아닐까. 이후 외세에 굴복하지 않고 충절을 지킨 인물의 의미로 거듭 재구성

종된 것들이 주인 되는 세상

되어 왔기 때문이다. 18세기 말 안석경이 펴낸 『강항전』에서 "비록 시대가 지나고 형세가 바뀌어 옛날과 지금이 다르다 하더라도 강항이 지적한 바는 의거할 만하고 제기한 방책은 채택할 만한 것이 많다. 이에 「간양록」을 자세히 살펴 강항을 위해 전을 만든다"고 했다.

그렇다면 왜 제자들은 '간양'이라는 제호를 택했을까? 간양看羊은 중국 한나라의 소무蘇武가 흉노에 사신으로 갔다가 억류됐을 때 굴복하지 않고 18년간 양을 치며 절개를 지켰다는 고사에서 비롯됐다. 기원전 100년 한무제 시절의 얘기다. 흉노 왕이 소무를 추방할 때 숫양들을 가리키며 "이 놈들이 새끼를 낳는 날 너를 집으로 보내주겠다."고 했다. 숫양이 새끼를 낳는 날이라니. 보내주지 않겠다는 뜻이렷다. 그래도 굴하지 않고 절의를 지켰다는 것 아닌가. 여기서 '소무목양蘇武牧羊', 소무가 양을 친다는 고사가 나왔다. 대개 이 고사의 차용은 이민족의 회유에 굴하지 않는 충절을 끄집어내기 위해 사용돼왔다. 제자들이 「간양록」이라 이름을 고친 까닭이기도 하다. 수은이 일본에 나포되어 2년 8개월을 묶여 있었지만 굴하지 않고 조국에 대한 충성을 다했다는 의미이리라.

소무목양의 충절과 의미의 재구성

이 고사는 중국과 우리나라를 포함, 여러 장르에 걸쳐 인용되었다. 임백년은 〈소무목양도〉(고궁박물원 소장)에 "몸은 십리양장(조계지)에 있지만 이역에 있는 것과 다르지 않구나(身居十里洋場 無異置身異

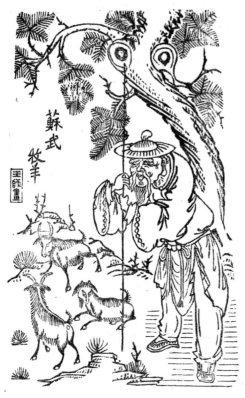

城)"라고 썼다. 무슨 말인가? 최경현은 이를 일러 당시 상해가 서양의 도시로 급변해 가는 상황을 염려했던 중국인의 반서구적 의식을 엿볼 수 있다고 했다. 1920년 조석진이 그린 〈고사인물도〉 10폭 병풍 가운데 여섯 번째의 '해상목양海上牧羊'도 동일한 사례다. 한절漢節을 든 소무가 두 마리 양과 함께 파도치는

소무목양 고사를 나타낸 중국 고판화. 출처_ e뮤지엄

바닷가를 배경으로 그려져 있다. 기왕의 소무목양을 상해의 상황에 빗대어 그렸다는 것이다.

　황종하가 그린 〈소무목양도〉도 크게 다르지 않다. 소무목양은 일본이 세운 만주국의 애국가 멜로디로도 차용되었다. 김일성도 빨치산 활동 당시에 이 시를 좋아했다. 그래서인지 이를 인용하거나 소지했다가 국가보안법으로 기소된 사례도 있다. 모두 절의나 우국충절 등을 모티브 삼고 있음을 알 수 있다.

종된 것들이 주인 되는 세상

다시 조용필의 〈간양록〉을 들으며

조용필의 노래를 다시 듣는다. 우국충절을 도모해서가 아니다. 강항의 제자들이 그를 양치기하던 소무로 만들고자 한 이유를 짐작할 수 있기 때문이다. 엘리트들이 스스로 기록한 정보들은 객관성을 유지한다고 하더라도 일정한 사사私事화의 내력을 포함하기 마련이다. 영민한 사람이라면 이를 은닉할 것이고 우직한 사람이라면 이를 드러낼 뿐.

역사적 인물은 '사실'이라는 이름을 달고 재평가되고 재구성된다. 시대의 요청이나 수요가 있을 때 그러하다. 박정희 정권 때 이순신이 호국의 아이콘으로 화려하게 소환되었던 것이나 고려 무신 정권의 삼별초가 의미심장하게 호출된 것들이 사례다. 그래서다. 강항을 우리 시대 어떤 모습으로 재소환할 수 있을까? 결국은 강항의 제자들이 소무목양의 고사를 들어 '간양'으로 호출했던 것처럼 누군가를 끄집어내거나 평가하는 것은 당대의 수요가 결정하는 것 아닐까. 중요한 것은 역사 속의 누구를 불러내든 그것이 우리 후세들이 동의하고 경청할, 그래서 부끄럽지 않을 명분과 실리를 지녀야 한다는 것 아니겠는가. 조용필의 〈간양록〉을 반복해서 묵상하는 까닭이 여기 있다.

+×+×

수은 강항은 1567년 영광군 불갑면 유봉리에서 아버지 극검과 어머니 영동 김씨(통덕랑 선손의 딸) 사이에서 태어났다. 강항의 고조 강학손이 무오사화에 연루, 영광으로 유배되어 자리를 잡게 된 것이 영광 정착의 시발이었다.

어릴 때부터 문장이 뛰어났다 한다. 16세에 향시, 22세(1588년, 선조 21년)에 진사시에 합격했으며, 1593년에 문과에 급제했다. 이듬해부터 교서관 박사, 성균관 전적 등을 거쳐 1596년(30세)에 공조와 형조의 좌랑 등 요직을 역임했다. 율곡 이이의 문인이었던 형 준으로부터 학문을 익혔다. 관직에 나간 후로는 우계 성혼의 문하에서 공부했다. 따라서 우계 성혼과 율곡 이이의 학문을 계승한 사람이며 정치적으로는 서인계라고 할 수 있다.

1597년 정유재란이 일어났다. 강항은 남원에서 명나라 군대의 군량미를 조달하는 종사관을 맡았다. 원균의 수군이 한산도에서 패했다. 육군도 남원성 전투에서 패했다. 강항은 의병을 모집했으나 이내 흩어져 버렸다. 왜군이 영광을 침입했다. 가족을 태우고 이순신이 있는 통제영으로 향하던 중 왜군을 만났다. 1597년 9월 24일 수군 지휘관 도도 다카도라에게 체포되어 대마도와 이키를 거쳐 시코쿠 이요오즈로 연행됐다. 임란이 끝나고 도도 군이 조선에서 철수하면서 오사카를 거쳐 후시미로 이송되었다. 일본에 잡혀있는 동안 여섯 차례 탈출을 시도했다. 1600년 4월 후시미의 영주에게 편지를 보내 귀국을 허락받았다. 일행 30여 명과 후시미를 출발, 대마도를 거쳐 1600년 5월 19일 부산에 도착했다. 2년 8개월만이었다.

일본 에이메현 오즈시의 경우 강항 선생 연구회 등을 조직해 현창사업을 하고 있다. 영광군과 교류하며 우호증진 사업을 벌이고 있기도 하다. 강항이 일본에 성리학을 전달했다는 뜻에서 성리학의 아버지 혹은 비조로 추앙하기도 한다. 『사서오경』, 『곡례전경』, 『소학』, 『근사록』, 『통서』 등의 정주학과 과거제도, 석전제례, 향음주례 등이 주 내용이다. 강항이 유교를 일본에 가르쳐 일본 유교의 근본이 되었다는 오즈시의 현창비 내용이 이를 말해준다. 초등학교 교재에도 등장한다. 영암 사람 왕인이 일본에 한자를 전달했다 하고 영광 사람 강항이 일본에 유학을 전달했다는 사실 관계도 체크해둘 일이다.

한반도에는
불로초가 자란다

구례군 마산면 냉천리에 서복^{徐福}과 관련된 전설이 전해온다. 서복('서불'이나 '서시'라고도 한다)이 동남동녀 500명을 데리고 이 마을에 와서 샘물을 마셔보니 물이 너무 차서 '냉천^{冷泉} 마을'이라고 했다. 서시천은 서불이 9척의 배에 청춘 남녀 3천 명을 데리고 남해를 지나 지금의 섬진강인 다사강을 따라 올라가다가 구례의 서시천을 통해 지리산으로 들어갔다는 곳이다. 하지만 불로초를 구하지 못하고 탐라(제주도)로 갔다 한다.

구례군 향토 전설에는 시황제가 서시^{徐市}라는 장군을 보냈다고 소개되어 있다. 서불^{徐市}을 오인하여 명명한 것이라고도 해석한다. 동일 발음인 서시^{西施}는 월나라의 미인을 뜻하는 말이다. 어쩌면 지리산의 경치가 너무나 아름다워 월나라 미인의 이름을 따서 지었을지도 모르지만 한반도를 관통하는 지명 전설들을 참고해 보면 서복 관련설을 무시하기 어렵다.

지명으로 남은 서복의 동도

중국으로부터 한반도에 이르는 황해 내안에는 서복과 관련된 지명이나 전설들이 산재한다. 인천시 덕적도 국수봉, 인천시 백령도 선대암과 대청도, 고군산군도의 선유도와 봉래구곡, 전남 진도군의 '서시터', 고흥군의 '서시밋등'과 '봉래섬', 구례군 지리산 자락의 지초봉, 전라북도 남원의 삼신산, 여수 백도 등이 거론된다. 모두 서복과 진시황의 불로초와 관련된 지명이거나 장소 이름이다.

이형석에 따르면 서해안의 연안항로를 따라서 이 지명들이 연결되어 있음을 알 수 있다. 서복 일행은 해안을 따라 압록강에 이르고 다시 남하하다가 백령도, 소청도, 대청도를 지나고 덕적도에 상륙하여 불로초를 찾다가 천신제를 지내고 다시 남하하여 진도 울둘목을 우회하여 서시터, 고흥의 서시등을 거쳤고, 고흥 나로도에 '봉래蓬萊'라는 땅 이름을 남기고 남쪽의 신비한 바위섬 백도에 올랐다는 것이다. 일종의 스토리텔링이긴 하지만 서복이 경유해갔다고 추정되는 황해 연안항로를 비롯해 남해 동부 해안까지 포함한 논의임을 알 수 있다. 서복의 동도東渡 루트가 한국 서해와 남해를 관통하고 있다는 뜻이다.

가장 유형적인 장소가 제주도의 서귀포다. 서복 일행이 어떤 경로를 통해 어디에 정착했을까 하는 문제는 한중일 간에 항상 논란이 되는 문제로 보인다. 현재까지는 일본 종착설이 대세이긴 하지만, 한국 기착설寄着說에 대한 논의도 무시할 수 없다. 대개 이 문제를 바라보는 학자들의 견해는 제주도나 일본에 정착했다는 기착설과 제주도, 대륙, 일본 등에 나누어 정착했다는 이산설이 대표적이다.

서복 일행의 한국 기착설

한국 기착설은 현재 제주도를 중심으로 형성되어 있다. 삼신산 중 하나인 영주瀛洲가 한라산이라는 기록을 고서 곳곳에서 찾아볼 수 있다. 삼신산과 영주에 관한 기록은 『탐라지』, 『동국세기』, 『탐라성주유사』 등에 나타난다. "금강산을 봉래라 하고, 지리산을 방장이라 하고, 한라산을 영주라고 하였다. 영주에는 영주산이 있었으니 이곳에는 선약이 많이 난다고 하여 진시황이 불로초를 구하기 위하여 동남동녀 5백을 보냈다는 서불과차의 전설이 전래되고 있다."

제주도 서복전시관에 세워진 서복 동상.
사진_ 이윤선

제주도에는 '서불과 불사약' 이라는 이름으로 서귀포 지명 전설을 전하고 있다. 서복이 황해를 거쳐 조천포에 배를 대고 신선의 열매라는 암고란(시러미 혹은 시로미)을 얻은 후 서귀포를 거쳐 일본으로 건너갔다는 것이다. 따라서 서귀포는 서복이 영주산

종된 것들이 주인 되는 세상

에서 '시로미'란 불로초를 구해가지고 서쪽으로 돌아갔다는 의미에서 지어진 이름이라 한다. 이와 관련해서 미즈노 아키라水野明는 제주도 정방폭포에 '서불과차徐市過此'라고 새겨진 유적을 근거로 서복이 제주도를 경과했을 뿐 정착하지는 않았다고 주장했다. 쟁점이 되는 것은 정방폭포에 새겨져 있던 '徐市過此(혹은 徐市過之)'라는 글귀인데 마모되었는지 후대에는 발견하지 못했다는 점이다.

경상남도 남해시 금산錦山의 각자도 동일한 형태다. 제주도 정방폭포의 경우는 촌로들의 증언을 통해서만 암각의 존재가 확인될 뿐이다. 정수일의 연구에 의하면, 제주도 금당포의 조천석 마애각, 경상남도 남해도 서리곶의 마애각, 경상남도 거제도 갈곶 마애각, 경상남도 통영군 소매물도 마애각 등도 서복 동도와 관련이 있다.

한반도에 산재한 삼신산과 불로초

삼신산은 불로초와 밀접한 관련이 있다. 삼신산은 도교적 이상 세계로 인식되어 온 산이다. 봉래산, 방장산, 영주산을 말한다. 16세기의 이수광은, 삼산三山이 모두 한국에 있다고 주장했다. 금강이 봉래고, 지리가 방장이며, 한라가 영주인데, 두보의 시에 나오는 '방장삼한외方丈三韓外'가 이를 증명한다 했다. 조선시대의 서복에 대한 인식과 조선의 주체의식까지 포함하여 해석하는 관점이다. 이른바 친명파親明派들에 의한 소중화주의와 연결된다.

그럼에도 불구하고 상대적으로 서복 관련 유적이 많은 일본이 종착지라는 점이 학계의 일반적인 추론이다. 일본 각지에는 서복에 관한 유적이 50여 곳, 전설이 30여 종, 고서 기재가 40여 종이 있다.

전북 부안군 인근의 방장산, 봉래산 등의 삼신산은 황해의 연안 항로를 끼고 있다. 전라북도 고창군, 정읍시와 전라남도 장성군 북이면의 경계에 방장산이 있다. 정읍 고부의 두승산, 변산과 더불어 전북의 삼신산으로 불려온다. 혹은 지리산, 무등산과 더불어 삼신산이라 부르기도 한다. 관련된 지명으로 봉래구곡, 선녀탕, 신선대, 선계사, 선계안골, 쌍선봉, 고군산의 선유도 등이 있다. 서복 설화가 대개 지명 전설로 남아있는 것이 보통인데 반해 전북 변산에서는 방장산을 매개로 이상향의 세계로 포장되어 나타나기도 한다.

이 설화소들 속에는 서복 일행의 삼신산 설화와 도교적 무릉도원이 중첩되어 나타난다. 불로초와 신선이라는 도교적 세계관과 매우 밀접하게 관련되어 있다. 이외에도 부산시 영도에 있는 봉래산 및 강원도 영월군 영월읍의 봉래산, 울릉도 봉래폭포 등도 동일한 맥락에서 검토 가능한 지명이다. 영월의 봉래산은 성삼문이 단종 복위 실패로 처형당하면서 읊은 시로도 유명한 곳이다.

서복이 동쪽으로 건너온 까닭

서복과 관련된 논의의 쟁점은 주로 중국에서의 출발지, 한국에서의 경유지, 일본에서의 정착지로 귀결된다. 지명 전설이나 도교의 삼신산 관련 설화들이 그 중심에 있다. 중국에만도 출발지가 10여 곳

종된 것들이 주인 되는 세상

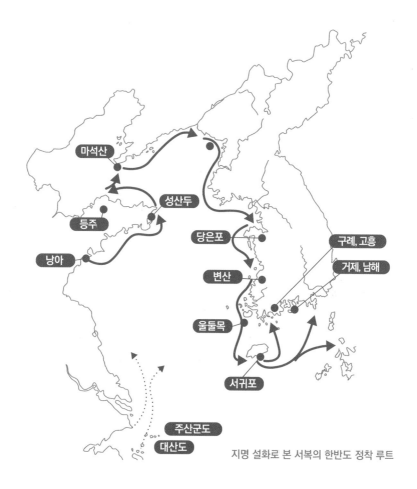

마석산

성산두

등주

낭아

당은포

구례, 고흥

거제, 남해

변산

울둘목

서귀포

주산군도

대산도

지명 설화로 본 서복의 한반도 정착 루트

을 상회하는가 하면 일본에서의 정착지도 십수 곳을 상회한다. 그만
큼 한중일의 관심이 많다는 뜻이다. 한국에서도 경유지뿐만이 아닌
기착지 등으로 전국에 걸쳐 지명 전설이 전승되어 온다. 20여 년 전
관련 논문을 쓰면서 전승되는 지명 전설을 따라 연안항로 루트를 그
려봤다. 한반도 도처에 관련 지명들이 남아있음을 확인할 수 있었다.

그렇다면 서복이 해 뜨는 동쪽으로 건너온 까닭은 무엇일까? 의
심의 여지없이 불로초를 구하기 위해서다. 불로초는 무엇일까? 산삼

같은 약초라기보다는 도교적 이상 세계에 대한 메타포(은유)로 보는 것이 옛이야기의 행간을 읽어내는 기술이다.

서복이 불로초를 찾기 위해 중국을 떠나게 된 배경을 추정하는 학자들의 견해는 세 가지로 나뉜다. 하나는 서복이 처음부터 망명을 목적으로 진시황을 속였다는 견해다. 두 번째는 서복이 진시황의 명령대로 불로초를 찾을 생각이었으나 이후 사정이 여의치 않아 망명하게 되었다는 견해다. 세 번째는 서복의 등장과 행위의 배경, 목적 활동 등은 진시황의 통일 및 순행과 깊은 관련이 있으며, 서복선단의 출항은 진나라 또는 진시황의 동방개척의 일환이었다고 주장하는 견해다. 이밖에 서복이 시황의 묵인 아래 합법적으로 망명했거나 국내에서 신망이 두터운 서복을 견제하기 위해 진시황이 추방 명령을 내렸다는 추방설도 있다. 이상을 종합해 보면 어찌 되었든 중국에서 생각했던 도교적 이상향이 바로 해 뜨는 동쪽 한반도였다는 이야기다. 전국에 걸쳐 삼신산이 즐비하고 서복 관련 지명 전설들이 많은 까닭이 여기 있다. 구례를 포함하여 진도, 고흥 등 남도 지역에도 서복 관련 지명과 옛이야기가 여러 곳에 남아있다.

서복이 동쪽으로 건너온 까닭이 주는 메시지가 있다. 오랜 세월 동안 설화의 형태로 전승되어 온 동기이자 에너지이지 않겠는가. 중국에서 생각하던 도교적 이상향, 곧 불로초가 자란다는 한반도의 의미를 한중일의 네트워크 속에서 재발견하는 숙제 말이다.

종된 것들이 주인 되는 세상

서복이 출발했다는 곳이 많다. 중국 학계에서는 하북성 일대, 산동성 일대, 강소성 일대, 절강성 닝보, 광동성 광주 등 진황도부터 광동성 연해까지 다양한 견해를 보인다. 그중에서도 가장 대표적인 곳이 랑사와 봉래 등 산동반도 북부 해안 지역, 닝보 등 절강 해안 지방이다.

　　나도 수차례 관련 지역을 답사했다. 중국 나기상 교수팀은 현지 조사 등을 통하여 두 출항지를 도출했다. 그 첫 번째 출항지는 『청주부지』와 『태평환우기』, 『삼제기』 등의 기록을 바탕으로 추론했다. 낭야군 서산徐山에서 출항했다는 주장이 그것이다. 제성조에 나오는 "시황제는 불사약을 찾도록 동남동녀 수천 명과 함께 서불을 이 산에서 바다로 내보냈다. 따라서 이곳을 서산이라 부르게 되었다."라는 기록이 한몫 거든다. 두 번째 출항지는 해주만 연안 연운항에 가까운 구산朐山 연안 일대다. 서복촌과 인접해 있는 곳이다. 따지고 보면 중국 동해의 연안 항구가 대부분 서복의 출발지라 해도 과언이 아니다. 그만큼 주목의 대상이 된다는 뜻이다.

　　그렇다면 한반도 정착설의 근거와 그 공간은 어디일까? 앞서 예로 든 지명 전설들은 대부분 경유지에 속한다. 하지만 서복 집단의 정착지로 추정되는 곳 중 하나가 진한辰韓이다. 『삼국유사』 제1권 「진한」조 기록이다. 『후한서』에 "진한의 노인들이 말하기를, '진나라의 망인亡人이 한국으로 가므로 마한이 동쪽 경계 땅을 떼어주자 서로 불러 무리를 이루었는데, 진나라 말과 유사하므로 혹 진한秦韓이라고 한다.' 12

개의 소국이 있으니 각 1만 호씩이요, 나라로 일컫는다."고 했다.

　물론 진辰과 진秦으로 서로 달라 학자들 간에 논쟁거리다. 그렇더라도 불로초를 찾아 나선 서복 일행이 도착한 곳이 한반도의 진한이었다는 데는 변함이 없다. 진나라 사람들이 와서 이루었다는 곳이 지금의 경상도 일대고 그들에게 땅을 떼어 살게 해줬다는 마한이 지금의 남도다.

　　　　　　　　　　종된 것들이 주인 되는 세상

호환마마보다 무서운 것은

호랑이가 떼거리로 나타났다. 마을 사람들이 급히 댓마선들을 불러 모았다. 모도茅島로 피신을 했다. 숫자를 헤아려 보니 아뿔싸, 할머니가 보이지 않았다. 그렇게 할머니 홀로 회동에 남게 되었다. 천만다행이랄까, 직접적인 해는 없었다.

사람들은 매일 용왕님께 기도를 드렸다. 어느 날 용왕님이 꿈에 나타났다. 무지개를 바다 위에 내릴 것이라 했다. 이튿날 회동 갯자락에 나가 보니 진짜로 모도 뿔치까지 바닷길이 열리는 게 아닌가. 바다의 무지개가 해할海割되는 바닷길이었던 것. 할머니는 그 길로 모도로 달려가 가족들과 마을 사람들을 만났으나 기진하여 숨을 거두고 말았다. 이때부터 호동虎洞이란 마을 이름을 회동回洞으로 바꿔 불렀다. 할머니가 다시 '돌아왔음[回]'을 기리는 뜻이다. 익히 잘 알려져 있는 진도 신비의 바닷길 뽕할머니 전설이다.

의문이 생긴다. 그다지 크지도 않은 섬 진도에 호랑이들이 떼로 출몰하다니, 이거 순전히 전설 아닌가? 그렇지 않다. 육지가 그러했듯이 실제 진도에도 호침虎侵이 많았고 호랑이굴도 여러 개 있다. 진도엔 호랑이가 몇 마리나 서식했을까?

헤엄치는 진도 호랑이

수년 전 언론에 공개된 사진 한 장이 우리를 놀라게 했다. 1903년 진도에서 찍힌 것으로 추정되는 호랑이 사진이었다. 사단법인 한국범보전기금이 입수해 공개한 『아시아와 북미에서의 수렵』에 실린 기사, 남해안 섬에서 찍힌 호랑이는 이게 처음이라 한다. 한반도 최초로 호랑이 사냥 사진이 찍힌 것은 1896년이다.

이 책의 저자인 포드 바클레이가 1903년 진도에 건너가 호랑이를 잡은 일화를 소개하고 있다. "제법 큰 호랑이 수컷과 암컷 한 마리, 세 살 먹은 암컷 두 마리 등 네 마리의 호랑이가 있다 들었다. 처음 두 마리는 하루 이틀 사이에 잡았다. 나머지 두 마리는 몰이꾼들을 피해 해안가로 달아났다. 호랑이 발자국이 해협과 본토 방향의 갯벌에 나 있었다." 해남 쪽으로 헤엄쳐 도망했다는 뜻이다. 육지에서 진도 등 섬으로 들어올 때도 헤엄을 쳐서 들어왔을 것이다. 결국 남은 호랑이 추적에는 실패했다. 먼저 잡은 호랑이를 놓고 사진을 찍었던 모양이더라. 포수 3명이 호랑이 뒤에서 포즈를 취하고 있다. 한 분은 호랑이를 깔고 앉았고 두 분은 장총을 들고 서 있다. 포드 바클레이는 이외에도 목포 비녀산에서 호랑이를 사냥하고 사진을 남기기도 했다.

종된 것들이 주인 되는 세상

기사가 나온 후 여기저기 인터뷰를 했던 서울대 김동진 교수에 의하면 100년 전만 해도 한반도의 호랑이 서식 밀도가 매우 높았다 한다. 호랑이 피해가 많은 육지를 피해 국영 목장을 섬으로 옮겼지만 피해는 줄어들지 않았다는 것. 실제 『조선왕조실록』이나 『승정원일기』 등에는 진도, 여수 백야도 등 섬에서의 호환虎患 기록을 확인해 볼 수 있다. 보고들을 종합해 보니 약 100년 전만 해도 진도에 최대 10여 마리의 호랑이가 서식했음을 알 수 있다.

진도 호구동 액맥이굿

호랑이를 인용하여 마을 이름을 짓는 사례가 더러 있다. 진도 호구동虎口洞이 그렇다. 지형이 호랑이 형상이라 그랬다는데 혹시 호침이나 호환과 관련 있는 것은 아닐까? 음력 정월 대보름굿을 보면 이를 알 수 있다.

이때가 되면 으레 액맥이굿을 했다. 벽사액맥이굿이라고도 하지만 호식虎食액맥이굿이다. 일찍이 진도북춤 명인 양태옥 씨가 호구동 액막이굿 시나리오를 내게 보여준 적이 있다. 당시는 남도문화제 출전을 위한 것이었으므로 기획이나 각색이 좀 가미된 내용이었다. 진도문화원 측이 이를 종합하여 2007년 남도문화제에 출전하고 우수상을 받았다. 앞서 2001년에는 마을 어귀에 '풍종맹호상風從盟虎像'이라는 애향비를 세운 바 있다. 호침 관련 민속 의례가 오랫동안 전승되어 온 마을임을 짐작해 볼 수 있다.

호색 복장을 하고 탈을 쓴 진도 소포 걸군농악의 대포수. 사진_ 이윤선

경남 영일 구룡포의 호탐굿이라 부르는 범굿이나 황해도 봉산, 충남 청양의 호식액맥이, 기타 범을 소재로 한 탈굿들이 호구동 액맥이굿과 유사하다. 뿐만 아니다. 호랑이에게 물려 죽으면 창귀倀鬼가 된다는 속설이 있다. 무덤을 따로 쓰지 않는 대신 피해자의 남은 시신을 불태워 돌 상자에 넣고 돌무더기를 쌓아올려 꼭대기에는 시루를 엎어놓는다. 이를 호식총虎食塚이라 한다. 창귀를 돌무더기로 누르고 완전히 없앤다는 뜻이 담겨있다는데 시루를 왜 엎어놓는지에 대해서는 좀 더 추적이 필요해 보인다. 정월 대보름의 의례로, 혹은 무속의례로, 아니면 호식총 등의 공간 의례로 자리를 잡을 만큼 호환이 많았다는 뜻이기도 하다. 따라서 나라에서도 호랑이 잡는 방비책을 세웠는데 그중 대표적인 것이 착호군 혹은 착호인이다.

종된 것들이 주인 되는 세상

호랑이 잡는 착호인

착호군捉虎軍의 임무는 호랑이와 표범을 잡는 것이었다. 심승구 교수가 정리한 자료를 간략하게 인용해 본다.

호환에 대비한 전문 군대인 착호갑사는 1421년(세종 3)에 당번當番·하번下番 각 20명씩으로 처음 제도화되었다. 그 후 갑사의 정원이 증가함에 따라 착호갑사도 늘어났다. 『경국대전』 「병전」에 따르면 갑사 1,800명 중 착호갑사가 440명으로 늘어났다. 중앙에 착호갑사가 있던 것과 달리, 지방의 착호인은 각 도의 절도사가 해당 지역의 군사軍士 및 향리와 역리, 공천公賤과 사천私賤 중에서 자원을 받아 뽑고 자원자가 없는 경우에는 장용壯勇한 자를 택하여 정하였다. 지방 수령은 호랑이가 출현하면 중앙의 명령을 받지 않고 지방의 착호군을 동원할 수 있었다.

조선 후기에 들어서면 총포술의 발달로 민간 자격의 포수들이 늘어나게 되었다. 별도의 착호군을 둘 필요 없이 포수가 호랑이 사냥을 맡게 되었던 것. 『대전통편大典通編』을 보면 1785년(정조 9년)에 착호군을 폐지했다고 나온다. 지방 중에서도 진도 같은 섬 지역 포수들의 면면은 국가의 시책과는 좀 달랐을 것으로 추정된다. 특히 20세기 초 서양 및 일본인 포수들의 역할이 늘어나면서 호랑이 포획은 정점에 달하게 되고 급기야는 한반도의 호랑이를 전부 잡아들이거나 몰아내게 되었던 것이다.

정월 매구굿의 대포수는 어디서 왔을까

음력 정월이 되면 마을마다 고을마다 마당밟이를 한다. 초사흘부터 시작한 매구굿(흔히 농악이라 하거나 근자에는 풍물굿이라는 표현을 쓴다)은 대보름까지 이어지기 일쑤다. 가가호호 방문하며 마당밟이를 한다. 큰 마을이면 며칠씩 걸리기 때문이다.

몇 가지 궁금한 것이 있다. 여기서 다 밝힐 수 없으므로 한 가지만 짚고 넘어간다. 매구굿을 치는데 각양의 잡색들이 등장한다. 이 중 관심을 끄는 것이 포수다. 지역에 따라 대포수라 한다. 마을마다 꾸미는 형태는 다르지만 호랑이 가죽(혹은 노루 가죽)을 입고 호랑이 벙거지(혹은 꿩 깃털을 단 모자)를 쓰며 장총(혹은 채찍)을 든다는 점이 공통분모다. 표면적으로만 보면 일반 사냥꾼의 형상을 하고 있지만 이면은 착호인이다. 대포수는 매구패의 선두에 서서 주로 '조리중'이라는 잡색과 음양 관계를 이뤄 굿판을 이끈다. 헛총을 팡팡 쏴대기도 하고 악한 것들을 물리치는 시늉들을 한다. 영광, 화순, 정읍, 남원 등지의 농악대 대포수가 잘 알려져 있다.

경남 진주농악의 대포수는 아예

액맥이 마당밟이의 하나인 농악. 일제강점기 나주농악 풍경이다.
제공_ 윤여정

종된 것들이 주인 되는 세상

호랑이탈을 쓴다. 매구굿의 포수는 호환을 물리치고 굿장을 정화하는 축귀逐鬼 기능을 담당한다. 그래서다. 나는 정월 매구굿의 잡색 포수가 착호인에서 왔다고 생각한다. 그렇지 않다면야 왜 사냥꾼을 형상하거나 혹은 호랑이를 형상하는 옷과 모자를 두르고 장총을 멨을 것인가.

가혹한 정치는 호랑이보다 무섭다

공자가 제자들과 같이 길을 가다가 무덤 앞에서 울고 있는 여인을 만났다. 왜 우느냐고 물었다. 시아버님, 남편, 자식이 호랑이에게 물려가 죽었다 했다. 다시 물었다. 그렇다면 왜 이런 위험한 곳을 떠나지 않느냐? 대답하기를 "여기는 최소한 벼슬아치에게 세금 뜯길 일은 없다."고 했다.

'가정맹어호苛政猛於虎'란 말이 여기서 나왔다. 가혹한 정치는 호랑이보다 더 무섭다는 뜻이다. 호환마마虎患媽媽와 비슷한 얘기다. 호랑이에게 잡아먹히는 것이나 천연두에 걸리는 것이 가혹한 정치에 비유되고 있다. 마마는 천연두의 다른 표현이다. 두창, 별성마마, 손님마마, 역신마마 등으로 불린다. 호랑이를 적시하지 않더라도 호랑이만큼 무서운 것들이 천지임을 알 수 있다.

정월 매구굿이 귀신을 땅에 매장하는 매귀埋鬼굿이라는 점도 이해할 수 있다. 매귀는 땅을 풍요롭게 하는 지신地神이 아니라 창귀 같은 악귀의 다른 이름이다. 그래서 마당밟이라 한다. 창귀는 먹을 것이 있는 곳으로 호랑이를 인도하는 나쁜 귀신이다. 혹은 남을 못된 짓 하도록 인도하는 사람을 가리키는 말이기도 하다. 가혹한 정치가 이 창귀보다 더 무섭다고 하니 바른 정치를 하는 것이 얼마나 중요한지 알겠다. 앞으로는 제발 정월 대보름 매구굿의 대포수 같은 이른바 호환마마 잡는 정치를 볼 수 있었으면 좋겠다.

종된 것들이 주인 되는 세상

심승구 교수가 정리한 착호군 정보 중 일부를 여기 인용하여 공부 자료로 삼는다. 착호군은 기본적으로 호랑이와 표범을 잡는 임무를 맡았다. 착호군의 구성은 크게 서울과 지방으로 나뉘었다. 서울의 착호군은 중앙군이자 번상군番上軍이던 갑사甲士 가운데서 별도로 착호갑사捉虎甲士를 선발했다.

당시 중앙군의 핵심 조직 가운데서 착호군을 만든 것은 그만큼 서울 인근의 호환이 체제 안정을 위협한다고 판단했기 때문이다. 착호갑사의 임무는 임진왜란 이후 훈련도감을 비롯한 어영청·금위영 등의 오군영이 설치되면서 중앙 군영이 대신하게 되었고, 정조 때에는 장용영 내에 착호군이 조직되었다. 이들은 주로 도성과 경기도 인근의 호환을 막는 임무를 띠고 있었다.

호랑이를 잡으면 포상을 하는 것이 원칙이었다. 수령이 1년에 열 마리 이상 잡으면 품계를 올려 주었고, 다섯 마리를 잡는데 화살과 창으로 먼저 명중시킨 자는 2품계 이상 올려 주었다. 만약 향리·역리·천인이면 면포 60필을 주었다. 다섯 마리 가운데 세 마리를 다른 사람보다 먼저 명중시키고, 두 마리는 다른 사람보다 늦게 맞힌 자는 1품계를 올려 주었다. 다섯 마리 가운데 한두 마리를 먼저 명중시키고, 서너 마리를 다음에 명중시켜도 1품계를 올려 주었다. 품계가 당하관인 통훈대부나 어모장군일 경우에는 준직准職에 임명했다.

정실부인은 호방했다

　편안하고 결백한 마음을 지녀 밖으로 화사한 미색을 끊고 안으로 사사로운 생각을 없앤다면, 어찌 굳이 편지를 보내 공을 자랑한 뒤에야 알겠습니까. 곁에 친한 벗이 있고 아래로 가족과 종들이 있어 뭇사람이 눈으로 보아 저절로 공론이 퍼질 것이니, 굳이 애써 편지를 보낼 것도 없습니다. 이로써 본다면, 당신은 아마도 겉으로 인의를 베푸는 척하는 폐단과 남이 알아주기를 서두르는 병폐가 있는 듯합니다. 제가 애틋한 마음으로 가만히 살펴보니 의심스럽고 걱정스러움이 한량없습니다.

　덕봉이 남편 유희춘에게 보낸 편지의 일부다. 경오년(1570년, 선조 3) 6월 12일이다. 미암 유희춘이 홍문관 관리로 한양에서 벼슬하고 있을 때, 4개월 동안 홀로 살면서 음악과 여색을 일체 가까이 하지 않았다. 이것을 편지로 써서 홀로 살아가는 고통을 보답하기 어려운 은혜라고 자랑했다. 이에 부인 덕봉이 담양 본가에 있다가 위와 같은 내용으로 답장을 했던 것이다.

　　　　　　　　　　　　　　　종된 것들이 주인 되는 세상

호방한 부인 송덕봉과 남편 유희춘의 고택 겸 미암박물관. 담양군 대덕면에 위치한다. 사진_ 이윤선

정실부인 덕봉, 남편을 꾸짖다

흔히들 이 시기의 여성들은 억압되어 있고 남편이나 시가에 종속
된 존재로만 생각한다. 그런 면에서 보면 덕봉의 편지는 놀랍다. 당
당함을 넘어 남편을 꾸짖고 훈계하는 데까지 이르고 있기 때문이다.
하지만 이 편지가 그런 세계만을 담고 있을까?

뜰의 꽃 흐드러져도 보고 싶지 않고
음악 소리 쟁쟁 울려도 관심 없어
좋은 술, 어여쁜 자태엔 흥미 없으니
참으로 맛있는 건 책 속에 있다네

「지극한 즐거움을 읊어 성중에게 보여주다」라는 제목으로 미암이 쓴 시다. 이에 부인 덕봉이 차운次韻하여 답한다.

봄바람 아름다운 경치는 예부터 보던 것이요
달 아래 거문고 타는 것도 한 가지 한가로움이지요
술 또한 근심을 잊게 하여 마음을 호탕하게 하는데
그대는 어찌 책에만 빠져 있단 말입니까

덕봉의 차운 시가 보여주는 세계는 이처럼 호방하다. 내용만으로 보면 적어도 봄이면 피고 지는 꽃들도 보고 음악도 들으면서 약주 한 잔 하는 것이 진정한 즐거움이지 않느냐는 뜻이렷다. 하지만 정실부인 외의 첩을 공식화했던 사대부들의 당대 사정을 감안하면 이 시들이 갖는 행간의 의미는 좀 더 다른 모습으로 다가온다.

우리나라 여성 최초 문집 낸 송덕봉

덕봉의 글을 묶은 것이 우리나라 여성 최초의 문집이다. 1571년 3월 덕봉의 나이 51세 때다. 난설헌, 황진이에 견줄 만한 남도의 여성 문인이라고 할 수 있겠다.

송덕봉(1521~1578)은 담양 대곡리에서 세거한 이요당 송준의 딸이다. 16세기 호남 5현 중 한 사람인 미암 유희춘의 부인이다. 덕봉은 호이고 본래 이름은 종개다. 담양이 친정이고 남편 유희춘이 해

우리나라 최초 여성 문집인 『덕봉집』. 사진_ 이윤선

남에서 났으니 명실상부한 남도 사람이다. 조선 중기의 고급관료 아
내로 삼강오륜이나 유교 이념에 투철한 사람이다. 시부모 삼년상을
치루고 쓴 글이나 친정아버지 비석을 세우고 쓴 글들을 보면 이런 내
력을 확인할 수 있다. 남편 유희춘이 장기간 유배 생활을 겪었기 때
문에 가정사는 거의 덕봉이 맡은 것으로 알려져 있다. 하지만 덕봉의
시문을 통해 드러나는 세계들이 16세기 양반 사대부 부부관계의 전
형인지는 알기 어렵다. 맥락을 주목할 이유, 그 행간을 추적할 이유
이기도 할 것이다.

미암이 취한 첩실과 기녀들

머리를 고쳐 끼워 옥비녀를 갈아 꽂으리이다
다른 이가 지나가되 임이 혼자 일컬으시니
그에 더한 일이 있으리까

미암의 첩실 옥경아가 부른 노래이다. 당시 33살의 옥경아는 기녀였다. 미암이 전라감사 시절에 전주부에 들를 때마다 술 시중을 하며 만났다고 전해진다. 이 시는 미암이 임금의 은혜에 감격해서 지은 노래인데 옥경아가 익혀 노래로 불러낸 것이다. 미암이 본래 옥경아에게 지어준 시는 이러하다.

옥의 경이여, 온화하면서도 쟁그랑 소리가 난다
마음으로 사랑하노니
어느 날인들 잊으리오

당시 전주 사대부들의 밤 풍경이 눈앞에 그려지는 듯하다. 이와 유사한 풍경은 아니지만 미암의 첩실 방굿덕을 주목하는 것도 필요하다. 해남 출신 계집종이다. 미암보다는 15살 연하. 함경도 종성에서 20여 년 유배 생활을 하면서 둔 첩이다. 이 둘 사이에는 4명의 딸이 있었다. 첩의 역할은 미암의 옆에서 시중을 드는 것이다. 덕봉이 호방하기는 했지만 첩실 방굿덕을 어떻게 생각하고 대했을지 말하는 이는 없다. 덕봉의 시를 보면 이런 기분들을 짐작할 수 있다.

종된 것들이 주인 되는 세상

천지가 넓다고 말들 하지만

그윽한 규방에서 참뜻을 몰랐네

오늘 아침 얼큰히 술 취하고 보니

사해가 끝없이 넓은 것 알았네

이 시의 제목은 「취한 기분으로 부르노라」이다. 아침부터 술 한 잔하고 그 기운으로 쓴 시다.

억압과 굴종, 종속만이 아니다

억압이나 굴종, 종속의 관계만으로 조선시대의 여성들을 파악하기는 어렵다. 덕봉의 호방함을 통해서 우리가 읽어낼 의미 중 하나다. 열녀와 효부를 들어 사대부나 종가의 전횡을 고발하고 비판하지만 그 또한 행간의 의미들을 좀 더 면밀히 추적해야 할 과제임을 강조하는 측면일 뿐이다.

그렇다고 이를 메갈리아 논쟁까지 확대 해석할 필요는 없다. 지금 페미니즘 논의들이 어느 단계에 이르렀는지 알 수는 없지만 조선으로부터 근대, 현대기까지 그리고 계급별, 지역별, 주제별 등 다양한 접근의 방식들까지 얽히고설키어 착종된 우리의 현실을 주목할 필요가 있다. 여성과 남성이라는 이분법적 접근만으로는 위험하다는 뜻이다.

지금의 사정으로 조선 중기 사대부들의 행실을 평가할 수도 없는 일이다. 송덕봉의 사례가 대표적이다. 그럼에도 불구하고 기생이나 첩

정실부인은 호방했다

실 제도가 일반적으로 통용되던 시기의 자료들을 우리 시대의 언어로 어떻게 끄집어내는가의 문제는 여전히 내게 남겨진 숙제이기도 하다.

송덕봉은 남도를 대표하는 여성 문인 1호라 할 수 있다. 덕봉을 통해 우리가 읽어낼 수 있는 것은 무엇일까? 흔히들 남편 미암과의 부부관계나 문학적 성취들을 이야기한다. 행간을 보지 못했거나 의도적으로 보지 않는 경우다.

이제 봄이다. 덕봉이 말한 것처럼 이 따스한 봄날, 책상머리에 앉아 책만 읽고 있을 수는 없는 일이다. 조촐한 막걸리 한잔 받아놓고 우리 시대의 의미망으로 읽어내야 할 덕봉의 시 세계를 상상해야겠다. 행간의 방긋덕과 옥경아를 읽어내면 금상첨화이고.

종된 것들이 주인 되는 세상

유희춘柳希春(1513~1577), 해남 출신으로 본관은 선산善山이다. 자는 인중, 호는 미암眉庵이다. 아버지 유계린과 어머니 탐진 최 씨의 2남 3녀 중 둘째 아들이다. 미암의 외할아버지는 홍문관 교리를 지내기도 했던 『표해록』의 저자 최부(1454~1504)다.

　　처음에 최산두에게 배우고 뒤에 김안국에게 사사했다. 1538년 (중종 33) 별시문과에 급제했다. 1544년 사가독서를 한 뒤 수찬, 정언 등을 지냈다. 1547년 양재역 벽서사건에 연루되어 제주도로 유배되었다가 함경북도 종성으로 이배되었다. 1567년 선조가 즉위한 뒤 석방되어 지제교, 대사성, 부제학, 전라도 관찰사, 예조 참판, 이조 참판 등을 지내고 낙향했다. 당시 사류들과 같이 문장에 뜻을 두지 않고 경학에 몰두했다. 선조 초에는 경연관으로 경사 강론에 주력했다. 담양 의암서원에 제향되었다. 시호는 문절이다.

　　송덕봉 문집은 1571년 3월에 묶여져 나왔다. 우리나라 최초의 여성문학 문집이라 한다. 현전하는 한시 작품은 25수이다. 문집 이후에도 시가 창작되었는데 전하지 않는다. 혹은 어느 종가의 문서에 포함되어 있을지도 모를 일이다.

　　현재 덕봉의 시는 『미암일기초』, 『덕봉문집병미암집』, 『미암선생집』에 수록되어 전한다. 작품의 형태는 「몽중시」 7언 2구와 「영설연구」 7언 1구를 제외하고 모두 5언과 7언의 절구시다. 산문으로는 「답 미암」이라는 편지 두 편과 「착석문」 등이 있다. 덕봉은 남편과 수시로 편지를 주고받은 것으로 알려져 있다.

문희순이 정리한 바에 따르면 덕봉의 시문학 세계의 특징이 몇 가지로 나누어진다. 첫째, 유교적 부덕의 실현이 표상화되었다. 둘째, 부부 수창시와 남편을 대상으로 읊은 시가 많다. 셋째, 아들과 사위 조카 등 가족애가 표상되었다. 넷째, 잠재된 욕망이 표출되었다. 다섯째, 호방한 여성의 하루가 표현되어 있다.

덕봉에 관한 연구나 단행본 자료들이 많지는 않다. 조선대학교 고전연구원 국역총서1 국역 『덕봉집』이 2012년 1월에 출간되었다.

종된 것들이 주인 되는 세상

여성, 풍속의 주도자들

　진실로 폐단의 근본을 헤아려 보면 요망한 무당과 교활한 박수가 활과 화살을 만들어 선인을 수천백 년간 더러운 구덩이로 빠뜨린 짓이 아님이 없다. 이 같은 요망하고 교활한 말은 부녀자가 혹 질병과 우환에 걸렸을 때 믿고 감동하면, 가장이 당연히 냉정하게 꾸짖고 엄하게 배척하여 감히 근접을 못하게 막아야 한다. 그러나 지금 자신이 믿고 스스로 현혹되어 오히려 그들이 감히 신주를 옮기는 여부, 제사의 여부를 관여하게 한다. 슬프게도 남도의 준수한 자들은 본래 같은 이성을 지녔는데도 어찌하여 지극히 슬픈 마음을 참고 어렵지 않은 일들을 포기하며 정상에 가깝지 않게 천륜 아닌 인정을 달게 받아들이는가. 오늘날 풍속은 요망하고 허탄한 지관의 말에 많이 현혹된다. 자손이 영체榮替하면 산화山禍 탓이라 하고, 벼슬하지 못해도 산화 탓, 병에 걸려도 산화 탓, 의식衣食이 넉넉하지 못해도 산화 탓이라 하여 기어코 묘를 옮긴다. 그래서 아침에 쓴 묘를 저녁에 계장하는 것을 대수롭지 않은 일로 보고 오래된 묘를 파내면서 조금도 어려워하지 않는다.

유와^{牖窩} 김이익^{金履翼}(1743-1830)이 『순칭록^{循稱錄}』에서 남도 사람들을 일컬어 꾸짖는 장면이다. 200여 년 전의 기록이지만 우리 시대에 전하는 역설적 메시지들이 유효하다. 꾸중을 달게 받고자 함이 아니라, 그 나무람의 진위를 좇아 지금과 같고 다름을 재고해 볼 수 있다는 뜻이다.

김이익, 남도 여성들을 꾸짖다

진도의 유배 기간 중 기록한 글이어서 진도 사람들을 대상으로 한 듯 보이지만 사실은 본문 중에 자주 호명하는 남도 혹은 호남 등의 이면에 주목한다. 사안에 따라 다르긴 해도 겨냥하는 대상이 남도 지역 전반이라는 뜻이다.

꾸중의 행간을 살피면 김이익이 폐단이라 표현한 기층 풍속의 담당자들이 주로 여성들임을 알 수 있다. "가장이 당연히 냉정하게 꾸짖어 배척해야" 함을 강조한 것, 유약한 가장들이 "신주를 옮기는 일, 제사의 일" 등을 여성에게 관여하게 하는 것 등의 언급이 이를 말해준다. 당골과 박수무당의 폐해를 지적하는 내용에 이르면 이장^{移葬}을 하는 일에서부터 풍속 전반의 주도자들이 여성이다. 역설적이게도 지배집단의 '천륜^{天倫}'에 대응하는 기층의 '인정^{人情}'을 본문에서 확인하게 되는데, 이 인식이 사실은 여성적인 역할을 염두에 둔 것이다. 지배 이데올로기보다는 사람을 풍속의 중심에 두는, 특히 여성을 의례의 결정자로 인정하는 풍속 말이다.

좋된 것들이 주인 되는 세상

혼인 풍속의 같고 다른 점

혼인을 함에 있어, 구고례舅姑禮 때 양종兩種(기러기 암수)의 폐백을 준비하지 않았다고 비판한다. 그 밖의 행동거지도 해괴하고 부끄럽지 않은 것이 없다 했다. 결혼하는 첫날 한 번도 여자에게 절하지 않는 것이 잘못이라는 지적 또한 『주자가례朱子家禮』나 『사례편람四禮便覽』의 기준에서 해석한 것이다. 해괴하고 부끄러운 행동의 구체적 사례를 들지 않아 자세히 알 수 없지만 남도의 기층문화가 본래 가지고 있던 풍속을 여실히 보여주는 대목이다.

예컨대 전통혼례에 사용하는 기러기는 부부의 화합과 해후를 염원하는 것일까? 기러기는 오히려 일부종사一夫從事 즉, 남편과 시댁에 대한 영원한 복종을 의미한다. 삼천 년 가까이 되었을 『시경詩經』에서 이미 그렇게 밝혀두고 있다. 사주단자 보내기에 있어, 당골과 점쟁이의 속설을 믿는 어지러운 풍속이 많아 혹은 궁합이 불길하다는 핑계로 결혼 약속을 어긴 경우가 있다고 지적하기도 한다. 택일단자 보내기에 있어서도, 날짜에 구애받는 일이 많고 성혼 날짜를 멀리 정하는 경우가 있는데 이것이 잘못되었다는 것이다.

당시 남도에서는 왜 성혼 날짜를 멀리 잡았을까? 지금이야 모두 연애결혼이니 다년간 서로를 파악할 수 있지만 오로지 중매가 대세였을 당시의 혼인 배경을 살피지 않을 수 없다. 양반 집안들은 대개 부모가 정해 준 대로, 혼인을 미룸 없이 성사시켰음을 상기해 보면 그 시절의 풍경이 손에 잡힌다. 납폐(폐백)에 있어, 남쪽 지방 풍속은 오직 많이 보내는 것을 훌륭한 일로 여기며 의례 동안에도 잡담과

부부 화합과 해로란 무엇일까. 중국 절강성 주산군도의 승산도에서 만난 어민화. 어촌 일상 풍경을 그린 가운데 혼인을 상징하는 부분이다. 사진_ 이윤선

장난을 한다고 나무란다. 심지어 무식한 상놈들이 하는 짓거리라고 혹평한다. 과연 그럴까?

상·제례 풍속의 같고 다른 점

남도 지역 상례에 있어 조석으로 슬프게 곡하는 풍속이 있는데, 수일 후에 갑자기 거두고 하지 않는다고 비판한다. 조석으로 올리는

종된 것들이 주인 되는 세상

상식도 삼년 동안 하지 않는데, 이를 습속에 유혹되었다고 꾸중한다. 행간을 살피면 기층에서는 삼우제三虞祭 이후, 곡하는 것을 이행하지 않았고 삼년상도 지키지 않았음을 알 수 있다. 특히 상주들은 사나흘 음식을 먹지 않고 다만 죽을 먹어야 하는데, 머리를 풀고 편안히 앉아 술잔을 잡고도 부끄럽게 여기지 않았다. 진도 지역의 다시래기가 전승되어 오는 이유가 드러난다. 이른바 유교식 의례와는 판이하게 달랐음을 이해할 수 있는 대목이다.

'애고'라고 곡하는 것은 다만 상주 쪽에서 해야 하고 조객은 하지 않아야 하는 것인데 모든 조객들이 '애고' 하고 곡을 하는 풍속도 비판하고 있다. 상주들뿐만이 아닌 마을 사람 모두가 상주 역할을 하는 듯한 이 풍경을 어떻게 해석해야 할까. 또한 상가에서 배불리 먹고 떠드는 것은 죽은 자를 생각지 아니하고 산자를 생각하기 때문이라고 꾸중한다.

왜 남도 사람들은 김이익의 주장처럼 죽은 자를 위하는 것이 아닌 듯 먹고 마시고 떠들며 상례를 치렀을까? 지금까지 전승되는 씻김굿이나 다시래기의 예를 보면, 조문객들과 더불어 웃고 떠들고 즐기고 먹고 마시는 것을 상례의 기본으로 생각한다. 부끄러운 풍속이 아니라 오히려 자연스럽고 자랑스럽게 생각하는 풍속이었음을 알 수 있다. 그 이유 중의 하나가 상여의 운구에 있어 북장구 치고 노래 부르고 떠드는 풍속으로 전승되지 않았나 생각된다. 이외에도 화려한 색깔로 상여를 꾸미거나 북장구 치며 상여를 운구하는 일 등이 포함된다.

제사를 지냄에 있어서도, 사당을 세워 신주를 모시는 사람은 열에 한두 명도 없다고 지적한다. 무슨 뜻일까? 90%의 사람들이 제사를 지내는데 사당을 짓거나 위패, 신주 등을 모시지 않고 지방紙榜(종이에 돌아가신 분의 이름을 써서 붙이는 형태)으로 대신했다는 뜻이다. 유교적 질서가 남도까지 습윤되지 않은 이유일지는 모르겠지만 적어도 대다수의 사람들이 지방을 써서 기제사를 모셨음을 확인할 수 있는 대목이다.

장지를 선택함에 있어서도, 호남은 의원이나 당골, 점쟁이의 역할이 컸음을 알 수 있다. 사람의 이목을 현혹시킨다거나 요사의 패설, 잡서의 이론을 탐내는 일 등으로 폄하하고 있기 때문이다.

남도 풍속 담당자, 여성과 신앙

권세의 크고 작음을 떠나 김이익의 『순칭록』이 주는 교훈들을 감사하는 마음으로 주목한다. 200여 년이 지났는데도 여전히 풍속의 같고 다름에 대한 질문을 던지고 있다는 점에서 그렇다. 지배집단의 질서를 천륜에, 기층민중의 질서를 인정에 대비하고 있음이 역설적이다. 인정이라는 이름으로 사람 중심의 풍속을 미리 말해주었기 때문이다.

예컨대 부모가 정한 배필과 망설임 없이 혼인하는 양반들의 중매 풍속과는 달리, 수년 동안 배필을 지켜보게 하고 심지어는 혼인 약속을 파기하는 풍속들이 등장한다. 강강술래 놀이가 사실상의 짝짓기 놀이라는 점을 에둘러 확인할 수 있는 대목이기도 하다.

부모의 묘를 나란히 쓰지 않고 따로따로 쓴다. 가뭄이나 역병이 왔을 때 '도깨비굿'이라는 이름으로 가장 좋은 명당의 묘지들을 여성

종된 것들이 주인 되는 세상

전유의 반란으로 파헤쳐 버린다. 풍수라는 이름의 공간 인식이 남도 지역 특히 진도라는 공간에서 어떻게 소비되고 있었는지를 짐작해 볼 수 있다.

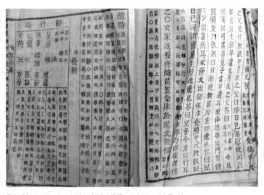

『순칭록』에서 상여 관련 내용. 사진_ 이윤선

이 모든 결정에는 어김없이 풍속을 교란시킨다고 비판하는 당골과 점쟁이, 그 이면의 여성 혹은 여성성이 등장한다. 김이익은 줄곧 지관이나 무당, 점쟁이의 말에 현혹되는 일이 실로 호남처럼 심한 곳이 없다고 비판하고 있다. 이를 거꾸로 읽으면 역설의 풍경이 펼쳐진다. 그때의 당골과 점쟁이에 의존하는 습속이 현대의 고등종교 역할로 오버랩 될 수 있다. 의사결정의 패권은 남성보다는 여성에게 주어진다.

무엇보다 『순칭록』이 주는 교훈은 현재, 여기, 우리의 풍속을 읽고 이해하는 역설적 안목은 물론이고, 적어도 남도가 남성 중심의 이데올로기에 함몰되지 않은 여성적 권위의 기층 질서를 토대 삼았다는 데 있지 않을까 싶다. 나는 이 기층문화를 전통이라는 이름으로 소환하는 중이다.

『순칭록』에 기록된 진도 상여

꽹과리를 울리고 북을 치며 큰 소리로 노래를 한다. 사람들은 뒤따르며 발을 구르고 덩실덩실 춤을 춘다. 막걸리와 소주를 서로 주거니 받거니 마시는가 하면 질펀한 웃음들과 진한 농담들이 오간다. 한편의 축제장이다.

그런데 이상하다. 앞자리에 상여가 있고 긴 베를 잡고 가는 소복의 여인들이 있다. 뒤따르는 한 무리의 상주들이 있다. 웃고 떠드는 무리들 속에 간간이 울음소리가 새어 나왔던 까닭이 여기 있었구나. 어디서 보았음직한 풍경들.

그렇다. 현행되고 있는 진도 지역의 장례행렬 풍경이다. 근자에는 흘러간 유행가를 제창하기도 하고 수입한 춤을 추기도 한다. 이를 주목하여 내가 쓴 책이 『산자와 죽은 자를 위한 축제』이다.

장례가 죽음을 슬퍼하는 의례가 아니라 어떤 곳에서 다시 태어날 것, 이른바 '거듭남'을 축하하고 추모하는 축제라는 의미다. '진도의 재생의례'라는 부제를 단 이유가 여기 있다.

북 치고 노래하고 울긋불긋 치장하는 상여행렬

"상여 나갈 때 북을 치며 앞에서 인도하고 큰 소리로 울며 뒤에 따라가는 것은 결코 오랑캐의 풍속이다." 누구 말일까? 진도에 유배 온 김이익이 남도의 풍속을 보고 개탄한 내용이다. "의관을 갖춘 집 안에서 차마 이런 풍습을 본받겠는가?"라고 토로한다. "애경사와 관계된 일은 더더욱 반상의 구별이 있어야 마땅하다."고도 말한다.

이 지적을 통해 역설적으로 얻게 되는 정보들이 있다. 당시 진도의 평민들은 상여가 나갈 때 북을 치며 앞에서 인도하고 큰 소리로 울었다는 사실이다. 이를 중앙 관료들 혹은 내륙 일반의 조선 사회에서는 오랑캐의 풍속으로 폄하했음도 알 수 있다.

김이익의 지적은 이어진다. "또 향상, 교의, 등롱은 앞에, 만장과 '삽선翣扇'은 좌우에 있는데 이는 의장물이다. 들고 있는 사람과 상여꾼은 필히 머리에 건을 써야 하고, 상여 위에 채색을 꽂는 짓은 결코 해서는 안 된다." 여기서 확인할 수 있는 정보는, 당시 진도 지역의 상여가 울긋불긋 채색되어 있었다는 사실이다. 아마도 어떤 무리들은 머리에 두건을 쓰지 않았을 가능성도 있다. 이를 '(상것들이 행하는) 짓거리' 정도로 폄하하고 있음도 확인할 수 있다.

김이익은 그의 표현대로라면 오랑캐적인 남도(진도를 포함한 남녘 지역으로 확대 해석해도 무방하다) 지역의 풍속을 개화시키기 위해 『순칭록』이라는 저술을 하게 되었던 것이다.

진도 풍속은 상여 앞에서 북 치고 노래한다. 위에서부터 시계 방향 사진 3점은 1972년 진도 임회면 상만 마을의
상여 운구 모습들이다. 제공_ 이토 아비토
왼쪽 아래 사진은 1982년 진도 지산면 인지리의 출상 장면. 제공_ 설진석

　　　　　　　　　　　　　남도를 품은 이야기

저술 배경과 진도 풍속의 면모

우리 성상께서 등극하여 5년이 된 을축년(1805)은 내가 벌을 받고 이곳으로 유배 온 지 6년이 되는 해이다. 이곳 진도에서 오래 있었기에 이 지역 풍습에 대해 많이 들었는데 대부분 하나 같이 그릇되어 개탄스럽고 매우 나쁘게 여겼으나 어떻게 고칠 방법이 없어 항상 근심할 뿐이었다. 하루는 갑자기 고을에서 인망人望이 두터운 박진종朴震琮 후옥厚玉 군이 나에게 사례四禮 의절儀節에 대해 질문하면서 "가르침을 주시어 저희가 의절에 대해 깨닫기를 원합니다."라고 하였다.

지목한 것처럼 『순칭록』은 진도의 문하생 박진종의 요청에 따라 진도 유배 6년에 김이익이 저술한 의례 지침서다. 고을 풍습 중 크게 잘못이 아닌 것은 제외하고 옛 것을 따르라고 하면서도 사례에 기록된 성인들의 말씀에 대해 정성을 다하고 온 고을 선사善士와 같은 집안 친척들이 익혀서 행한다면 성세聖世의 풍속으로 교화하는데 도움이 될 것이라 했다.

문답 내용은 대화체 서문으로 쓰고 있다. 김이익의 진도 풍속에 대한 시선이나 관점은 물론 당시 지배세력의 문화적 지향이나 지점들을 명료하게 보여주는 저술이다. 장례뿐만 아니라 혼례, 상례 등 사례편람에 속하는 남도의 풍속들에 대해 언급해 두었기 때문에 자료적 가치가 매우 높은 책이다.

하지만 김이익의 소망대로 진도의 풍속이 크게 변한 것 같지는 않다. 70여 년 후인 1873년 소치 허련이 진도군수에게 건의한 '변속

죽음도 축제가 된다. 악기가 등장하고 웃음이 있는 흥겨운 만가 행렬. 2013년 명량대첩 축제
에서. 사진_ 이윤선

팔조變俗八條'에도 '거전타고擧前打鼓를 금하라'는 내용이 나오기 때문
이다. 상여 앞에서 북을 치는 것을 금하라는 뜻이다. 이후 오늘에 이
르러 상여 앞에서 북 치고 노래하며 춤추는 풍속은 전남도 무형문화
재로 지정되었다.

　무슨 뜻일까? 중앙 혹은 내륙 지역들과는 다른 풍속이 매우 오랫
동안 진도 혹은 남도 지역에 전승되어 왔다는 말이다. 사실 이 풍속
은 『수서』「동이전」 고구려조의 기록까지 거슬러 올라간다. "장례를
하면 곧 북을 치고 춤추며 노래 부르는 가운데 주검을 묘지로 운반
했다."는 기록이 그것이다.

　　　　　　　　　　　　　　　　　　　　　남도를 품은 이야기

김이익의 진도 유배와 집필 생활

정조가 죽고 어린 순조를 대신하여 정순왕후가 수렴청정했다. 친정 세력인 벽파僻派가 안동 김 씨 중심의 시파時派를 견제하면서 진도 금갑도로 유배된 것이 김이익 일생의 세 번째 유배다. 순조 즉위년 1800년이다.

여러 저술에서 밝히고 있듯이 유배 생활의 억울함을 주로 집필 생활을 통해 해소했던 것으로 보인다. 김이익은 6년 동안의 진도 유배 생활을 하면서 40여 책의 많은 저술을 남긴다. 유배지 금갑도는 수군만호가 주둔하는 진鎭으로, 지금의 의신면 금갑리에 일부 성터가 남아있다. 1801년 『주역』을 필사하는 것을 비롯해 1804년 금강유경편 집필까지 해마다 집필에 몰두한다. 시조 50수를 수록한 『금강영언록金剛永言錄』, 유배 시기의 글 40여 편을 모은 가사집 『금강중용도가金剛中庸圖歌』 등이 대표적이다.

『순칭록』은 1805년 유배 마지막 해에 집필하게 된다. 서문은 1805년 6월에 작성되었다. 그 뒤 진도 지역의 문장가인 강재康齋 박진원朴晉遠(1860~1932)이 교정하고 떨어져 나간 곳을 보완하여 1928년 『가정절검家庭節儉』이라는 이름으로 다시 간행한 것이 현재 전해지는 『순칭록』이다. 본문 첫 장에 '가정절검'으로 내제를 표기하고 있다. 『순칭록』은 지난 1993년에 진도문화원에서 원문을 영인하여 소개한 바 있다.

『순칭록』을 어떻게 봐야 할까

『진도와 진도 사람들』이란 책을 집필한 박병술에 의하면 진도에 유배한 문인들 중 소재 노수신, 유와 김이익, 무정 정만조를 으뜸으로 꼽는다. 이들이 진도 유배 기간 중에 집필한 방대한 양의 저술은 물론 내용면에서도 백미를 이루기 때문이다.

나 또한 진도와 남도의 풍속을 논할 때 무정 정만조의『은파유필恩波濡筆』을 자주 인용하고, 노수신, 김이익, 정만조를 진도 유배 삼걸로 칭하기도 한다. 하지만 정만조가 한말의 대표적인 친일 유학자라는 점은 명확히 해둔다. 예컨대 일본인들이 쓴 일제강점기 동안의 방대한 책들을 자료의 소중함 때문에 취하는 것이지 그들을 존경하거나 닮기 위함이 아니라는 뜻이다.

김이익의『순칭록』도 진도 풍속의 개화를 목적으로 쓴 저술이라는 점에서 나의 이 관점은 명확하다. 김이익이 시종 '남도'로 표현하는 범주의 지역 풍속 중 다른 지역과 변별되는 점들을 비교해 볼 수 있는 자료다. 200여 년 전의 진도 지역 풍속의 한 측면을 엿볼 수 있다는 점만 주목해도 그 의미는 충분하다.

유배 후 승승장구했던 행로를 보면 짐작할 수 있듯이 김이익은 조선 후기 중앙집권 세력의 핵심 위치에 있던 사람이다. 성세의 문화 곧 왕조 중심의 문화가 사례의 근간이라 여기고 실천했던 사람이다. 유배 섬 중의 대표적인 공간이었던 진도의 기층문화가 이와 달랐을 것임은 군이 말할 필요조차 없다. 이를 "가엾고 병폐로 여겨" "풍속으로 교화"하고자 쓴 책이『순칭록』임을 서문에서 밝히지 않았는가.

남도를 품은 이야기

"말한 사람은 적임자가 아니라 부끄럽지만"이라는 대목으로 보면 중앙과는 다른 진도의 기층문화를 인정하는 측면이 아닌가 생각할 수도 있다. 하지만 교화해야 할 대상으로 진도의 풍속을 바라봤다는 점은 부동의 사실이다.

진도 사람들의 이에 대한 실천과는 별개로 오늘날 『순칭록』을 어떤 시선으로 해석해야 하는가의 관점은 비교적 선명하다고 할 수 있다. 김이익의 『순칭록』에서 얻는 교훈은 어떤 시대, 어떤 지방 혹은 어떤 나라의 풍속을 교화하거나 개화시킨다는 명분으로 접근하는 것은 옳지 않다는 것이다. 진도 내에서 박진종과 소치 허련 등이 그들의 표현대로라면 진도의 풍속을 '개화'시키려 했으나 결국 실패하지 않았나. 결국 문화란 주체적 수용자들과 창의적인 집단들에 의해 상속되고 혹은 변화하는 것이라는 점, 새삼 생각하게 해준다.

김이익의 생애

생애에 대해 덧붙여둔다. 조선 후기의 문신으로 본관은 안동安東, 자는 보숙輔叔, 호는 유와牖窩, 시호는 간헌簡獻이다. 증조부 김창업金昌業이 김수항金壽恒의 넷째 아들이고, 할아버지는 김우겸金祐謙이다. 곧 김이익의 고조부가 김수항이다. 아버지는 김유행金由行이고, 어머니는 이덕영李德英의 딸이다.

1777년 35세로 진사시험에 합격한다. 1785년(정조 9) 43세 때 알성문과謁聖文科에 장원급제한다. 1788년 교리가 되어 영의정 김치인金致仁

을 탄핵하다가 이성에 유배되었다. 유배에서 풀려난 뒤 장령, 동부승지, 대사성, 대사간 등을 거쳐 1793년(정조 17)에 안동부사가 되었다. 안동부사 재직 시 형벌로 백성이 죽은 사건 때문에 유배되었다. 형벌이 과다하다는 안동 사람들의 소청에 따른 것이다. 이듬해 이조참의와 대사간을 지내고 1795년 강화유수를 역임했다.

1799년에는 호조참판에 올라 사신으로 연경燕京에 다녀왔다. 1800년 순조가 즉위한 뒤 벽파가 득세하자 시파로 지목되어 대왕대비(사도세자의 비 헌경왕후)에 의해 진도 금갑도로 유배되었다. 1801년 11월 12일 천극栫棘에 처해졌다. 탱자나무로 가시 울타리를 집 밖에 치는 위리안치를 말한다. 안동 김씨가 집권하자 1805년 7월 26일 유배에 풀려나 진도를 떠난다.

진도 유배에서 풀려난 후 공조판서, 병조판서, 수원부 유수, 대사헌, 형조판서, 한성부판윤을 지내고 대호군으로 치사하는 등 안동 김씨의 세도정치에 가담하여 권세를 누렸다. 1830년 88세로 타계했다.